高等职业教育新形态一体化教材

创新创业基础
——创新创业素质测评和团队组建

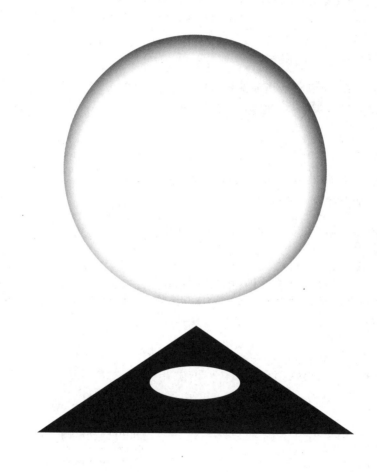

高等教育出版社·北京

主编 韩秀荣 韩竹 胡丹莹

内容提要

　　本教材围绕创业团队素质测评与组建的相关内容，按照创业团队成长的逻辑进行编写。本教材分为六章，章下每节依据案例导入、理论梳理、拓展阅读、相关链接、拓展活动、实践与拓展的体例来撰写，实现理论和实践的有效结合。

　　本教材通过介绍创业的内涵、创业精神培育、创业人生规划来全面展示创业人生；界定了人格与职业之间的关系，阐释了不同的人格理论，并对创业人格展开详细分析；基于对创业团队内涵和重要作用的介绍，来解释创业团队的组建原则和步骤，并完成团队画布；依据人际交往理论，来阐述如何成为创业赢家；密切结合创业团队的特征，分析创业团队决策过程模式；介绍了有助于创业团队管理的原则和工具方法，以及如何打造高效的创业团队。

　　本教材涉及面广，内容翔实，对于创业团队的打造具有很好的借鉴作用。教材具有多方面的功能，对于创新创业的教育工作者、高校创新创业学院的学生以及想从事创业工作的实践者，均具有很好的参考价值。

图书在版编目（CIP）数据

　　创新创业基础：创新创业素质测评和团队组建 ／ 韩秀荣，韩竹，胡丹莹主编. －－北京：高等教育出版社，2020.10

　　ISBN 978 - 7 - 04 - 054318 - 6

　　Ⅰ.①创… Ⅱ.①韩… ②韩… ③胡… Ⅲ.①大学生 – 创业 – 高等职业教育 – 教材 Ⅳ.①G717.38

　　中国版本图书馆 CIP 数据核字（2020）第 102343 号

创新创业基础——创新创业素质测评和团队组建
CHUANGXIN CHUANGYE JICHU——CHUANGXIN CHUANGYE SUZHI CEPING HE
TUANDUI ZUJIAN

| 策划编辑 | 马小晴 | 责任编辑 | 马小晴 | 特约编辑 | 姚春玲 | 封面设计 | 张志奇 |
| 版式设计 | 徐艳妮 | 插图绘制 | 于博 | 责任校对 | 马鑫蕊 | 责任印制 | 刁毅 |

出版发行	高等教育出版社	网　址	http://www.hep.edu.cn
社　址	北京市西城区德外大街 4 号		http://www.hep.com.cn
邮政编码	100120	网上订购	http://www.hepmall.com.cn
印　刷	河北鹏盛贤印刷有限公司		http://www.hepmall.com
开　本	787mm×1092mm　1/16		http://www.hepmall.cn
印　张	16		
字　数	380 千字	版　次	2020 年 10 月第 1 版
购书热线	010-58581118	印　次	2020 年 10 月第 1 次印刷
咨询电话	400-810-0598	定　价	38.90 元

前 言

　　本教材是依据浙江省人民政府办公厅印发的《浙江省人民政府办公厅关于推进高等学校创新创业教育的实施意见(浙政办发〔2016〕9号)》精神,参照相关的国家创新创业教育标准和社会对创新创业类人才提出的要求编写的。本教材注重创新创业的教学实践活动与专业实践教学的有效衔接,致力于打造与专业课教学内容相融通的多层次、立体化的教材体系,对于高校创新创业教育的开展具有深远的指导意义。

　　2015年5月,国务院办公厅指出要完善人才培养标准,使创新精神、创新意识和创新创业能力成为评价人才培养质量的重要指标。而创业团队是创业者的基石,一个企业的成功发展离不开一支优秀的创业团队。本教材理论体系完整,逻辑结构合理,实践探究性强,能够极大推动高等职业院校创新创业人才的培养。本教材遵循教育教学规律和学生思维发展习惯,坚持理论与实践相结合、学校与企业相结合、现状与展望相结合的编写思路,通过案例导入、理论梳理、拓展阅读、相关链接、拓展活动以及实践与拓展等多种模块的设置,来充分调动学生的学习热情,激发他们的积极性和主动性,培养创新思维,加深他们对理论知识的理解和动手实践能力。

　　本教材可作为高职院校创新创业公共基础必修课教材,关于教材设计,主要特点如下:

一、教学目标设计

　　本教材在理论学习的基础上,主要通过对众多案例的分析、探究活动的设计以及实践机会的增设,力图实现以下三个目标。

　　(1)知识目标:帮助学生掌握创业人才所必备的素质要求和组建创业团队的相关细则;认识创业活动的特殊性,能够辩证地分析创业精神、创业特质、创业人格、创业团队。

　　(2)能力目标:使学生初步具备创业能力和团队组织管理能力,学会规划创业人生,学会组建创业团队,掌握创业团队决策的方法,掌握创业团队管理的方法,从而使整个创业团队的能力得到不断提升。

　　(3)素质目标:培养学生创业的综合素质,培育创业精神,提升创业团队情绪管理和压力应对能力,优化创业团队的决策思维过程,打造高效的创业团队。

二、教学内容设计

　　我们从创业认知出发,依据人格特征发展阶段以及创业团队的成长过程,遵循"何为创业人生—何为创业人格—如何组建创业团队—如何提升创业团队—怎样进行创业团队决策—怎样打造高效创业团队"的基本思路来构建教材体系。本教材分为六章:

第一章为"创业认知——感悟创业人生"。本章通过对创业本质、步骤以及价值的解释，凸显创业的基本概念和意义；通过对创业精神的本质、来源以及意义的解释，来分析创业精神培育的策略；在分析创业者所需具备特征的基础上，充分展示出创业团队的内部特质；创业人生规划是非常重要的环节，我们基于对创业人生规划必要性的分析，向读者重点展示创业人生规划所必备的环节及注意事项。

第二章为"人格测评——完成人格认知"。本章主要包括创业人格的界定、人格与职业以及人格分析三方面内容。我们在界定人格内涵的基础上，分析了人格的结构组成，据此引发对人格影响因素的深入探讨；分别从能力、职业兴趣以及工作价值观三方面阐述了人格与职业之间的关系，结合伟大创业者的成功案例，来详细解释伟大创业者的人格特质；基于不同理论分别对人格展开分析，由此得出五类创业人格特质。

第三章为"团队组建——开启创业之门"。本章通过界定创业团队内涵及其组成四要素，综合考虑创业历程及其具体阶段的特征，来分析创业团队在各个创业阶段的重要作用；在确定创业团队组成及团队成员角色分配的基础上，阐释了创业团队组建的基本流程及潜在的风险和应对对策，结合信息技术的强大优势，引发对创业团队画布模式和技术方法的深入探讨。

第四章为"素质提升——完成自我修炼"。本章包括创业团队中的人际交往、情绪管理和压力应对三方面内容。首先，关于创业团队中的人际交往，在基于对人际交往与人际关系探讨的基础上，重点介绍了人际交往中的七个心理学效应；接下来，通过对情绪内涵、类型以及功能的介绍，分析了创业团队常见的情绪困扰及其产生的原因，依据优秀创业团队的特征，阐述了优秀创业团队情绪管理能力的培养模型；最后，在解释压力特征的基础上，分析创业团队压力来源和特点，并对创业团队压力应对步骤及具体事项展开探究。

第五章为"团队决策——引领创业之路"。本章阐述了创业团队决策的界定、创业团队决策过程模式的分析和创业团队决策思考模式的分析三方面内容。通过对决策内涵、类型及其风格的解释，来探讨团队决策的内涵、优缺点以及影响因素；综合考虑创业团队决策的过程阶段及具体特征，分别探讨了四种创业团队决策的过程模式；在界定传统管理决策思维误区的基础上，引出创业团队决策思维需要发生的转变，并重点探讨六顶帽子思考模式的注意事项及具体应用。

第六章为"团队管理——打造高效团队"。本章通过对创业团队管理原则、管理模式和方法以及团队管理中激励策略的介绍，依据高效创业团队的特征来探讨高效创业团队的管理策略，使得整个创业团队不断得到提升。

三、教材体例设计

本教材将理论性、实践性和创造性融为一体，依据社会对创新创业人才培养所提出的挑战，基于对学习者特征、教学目标以及教学内容的分析，设计了案例导入、理论梳理、拓展阅读、相关链接、拓展活动以及实践与拓展等多个模块。通过这些模块的设置，来加深学生对学习内容的理解。

（1）案例导入：通过导入实际案例来开始本章节的学习，有利于提高读者的阅读兴趣，活跃读者的阅读思维。而且，实际的案例能够引发读者的自我反思，从中总结并归纳创业实践经验。

（2）理论梳理：本教材以模块形式梳理各章节的知识内容，按照一定的学习规律形成知识脉络并呈现给学习者,帮助学习者掌握创业素质、团队组建、创业决策等理论知识点。

(3)拓展阅读:本教材提供了丰富的延伸阅读材料,来拓宽学生的学习视野,丰富学生的理论素养,为未来的创业实践奠定基础。

(4)相关链接:各模块通过介绍创业人物案例,来巩固学习者对理论知识的掌握。除了介绍具体的实践案例外,本教材还对这些案例展开分析,并总结归纳出创业关键点,以拓宽读者的学习空间。

(5)拓展活动:随着教育教学理论的不断发展,以及"从做中学"理念的开始盛行,"体验式教学"开始风靡于各大高校,即教师通过拓展活动的设计来增加学生学习体验。每个拓展活动针对具体的教学专题,设置开放性的问题来引导学生的深思和讨论,在思想的积极碰撞中,激发学生的学习热情和学习活力。

(6)实践与拓展:创新创业教育应该是"知"与"行"相互结合的过程,不仅需要课堂教学这一过程,也需要通过积极营造良好教学生态体系来拓宽教学时间和教学空间。例如,通过拜访成功企业家、参观知名企业,来加深学生对理论知识的深入理解。还可以依据"组间异质、组内同质"的原则,将班级学生分成学习小组来开展协作学习,既有利于活跃学生学习思维又有利于小组成员之间的有效沟通和学习分享,从而促进群体智慧的形成。

总之,本教材通过对教学内容的科学编排、对教学方法的合理设计、对教学工具的恰当运用、对教学途径的适当拓展,可以使学生在掌握创业人格、创业者所应具备的素质和创业团队特质等理论知识的同时,提升创业人生规划、创业团队组建、创业团队决策、创业团队提升等能力,激发学生创新创业意识,培养学生创新创业素养和社会责任感。

本教材由宁波职业技术学院韩秀荣、韩竹、胡丹莹主编。参与本教材编写的人员有宁波职业技术学院许彦伟、李欢、朱珊珊、陈宇晓、沈巧云。

由于编写水平所限,疏漏之处恳请各位读者批评指正!

编　者
2019 年 12 月 28 日

目　录

/ 第一章　创业认知——感悟创业人生 ………………………………………… 1

第一节　创业的基本概念和意义 …………………………………… 1
第二节　创业精神培育 ……………………………………………… 15
第三节　创业特质认知 ……………………………………………… 22
第四节　创业人生规划 ……………………………………………… 31

/ 第二章　人格测评——完成人格认知 …………………………………… 43

第一节　创业人格的界定 …………………………………………… 43
第二节　人格与职业 ………………………………………………… 58
第三节　不同理论背景下的人格分析 ……………………………… 68
第四节　创业五类人格分析 ………………………………………… 80

/ 第三章　团队组建——开启创业之门 …………………………………… 87

第一节　创业团队认知 ……………………………………………… 87
第二节　创业团队组建原则 ………………………………………… 93
第三节　创业团队组建步骤 ………………………………………… 111
第四节　团队画布 …………………………………………………… 117

/ 第四章　素质提升——完成自我修炼 …………………………………… 131

第一节　创业团队中的人际交往 …………………………………… 131
第二节　创业过程中人际交往的心理学效应 ……………………… 143
第三节　情绪管理 …………………………………………………… 148
第四节　创业团队的压力和挫折应对 ……………………………… 162
第五节　实战分析：如何成为创业赢家 …………………………… 171

/ 第五章　团队决策——引领创业之路 …………………………………… 181

第一节　决策概述 …………………………………………………… 181
第二节　团队决策 …………………………………………………… 190
第三节　创业团队决策的过程模式分析 …………………………… 198
第四节　创业团队决策的思考模式分析 …………………………… 206

/ 第六章 团队管理——打造高效团队 ·· 215

第一节 创业团队管理原则 ·· 215

第二节 创业团队管理模式和方法 ·· 220

第三节 创业团队管理中的激励 ·· 227

第四节 创业团队提升 ··· 233

/ 参考文献 ·· 243

第一章

创业认知——感悟创业人生

 学习目标

1. 了解创业的本质和价值；
2. 掌握创业的步骤；
3. 培育创业精神；
4. 掌握创业特质（创业者和创业团队）；
5. 学会规划创业人生。

第一节　创业的基本概念和意义

 案例导入

小黄车（ofo）的创业故事

共享单车因其便利性、价格合理性而广受大众青睐，但与此同时也会存在诸多的运营问题。

小黄车起源于北大，五个创始人都是北大学生，他们一起创业的时候还没有毕业。共享单车的想法来源于戴威，他4年的本科生活丢了5辆自行车，还都是一两千块钱的山地车。这些经历促使他思考能否把自行车做成共享模式。那时正好赶上毕业季，学校有很多毕业生遗弃的自行车，戴威认为可以让学生把自行车共享出来，这样每个人就都能骑大家共享的单车。

2015年夏天，北大孵化器招募入孵项目，合格的团队可以得到免费公位，小黄车以其富有创意的想法在二十几个团队的路演中获得了投资。

在早期项目中，"团队"是第一要素，小黄车在之后一年半时间里飞速发展。2015年9月才在北大正式上线的小黄车，仅用一年时间便在全国范围内推广了两百所高校。2016年10月，小黄车拿到1.3亿美元的C轮融资。2016年11月，小黄车正式宣布进入城市。2017年3月，小黄车宣布完成D轮4.5亿美元融资。2017年5月，全球知名的品牌咨询公司Interbrand发布了"2017全球最具突破性品牌"榜单，小黄车成为该榜单最年轻的企业，也是整个共享单车行业唯一入选的品牌。小黄车的快速发展，与"注重用户需求、用户体验至上"的经营理念是密切相关的。每一款小车、每一次改进，都是为了让用户体验更好。截至2018年3月，小黄车已完成9轮融资。

随着共享经济热潮的逐渐褪去，小黄车也开始出现运营危机。从2018年下半年开始，小黄车不断出现负面新闻。2018年的冬天，对于小黄车来说是异常的"寒冷"。目前，小黄车面临着严重的用户退押金的问题，其现状也不容乐观。

尽管如此，但小黄车的创业故事也给创业者带来一些启示，即如何抓住用户的真正需求，为用户、

为社会、为投资人创造价值：首先，必须要有一个强有力的团队，团队人数必须是两个人以上，并且团队中需要有领导者；其次，互联网产品一定要有自己的特色；再次，开放共赢非常重要，要实现与产业各方的共享共赢；最后，赢利模式需要明确，小黄车之所以失败，一个很大的因素在于缺乏明晰的赢利模式。

（资料来源：改编自北大科技园的新闻资讯网。）

 理论梳理

一、创业的本质

（一）创新创业时代背景

1. 全球创新创业浪潮的兴起

英国在 1981 年后实施了"创业计划"等项目，以鼓励学生加入创新创业队伍中。法国自 1990 年以来就开展了"教中学生办企业""在中学里办企业"等活动，来激发学生的创业意识和创业热情，培养他们的创业素养和创业能力。自 20 世纪 90 年代以来，新一轮创业高潮开始风靡于美国，这给整个美国社会创造了两千多万个就业机会。根据美国一份相关报道，美国中学生已开始掀起从商热潮，甚至小学生也已经有了此方面的意识和行为。美国创业教育先驱杰夫里·蒂蒙斯（Jeffry A. Timmons）教授强调，创业革命对整个社会产生了深远的影响，其在 21 世纪所产生的影响甚至比工业革命所产生的影响还要深远。

1994 年，联合国大会一致通过了一项决议，支持并鼓励所有新兴国家和发达国家把促进创业当作一项国策。随后，许多国家都开始借鉴美国在创业方面的做法，吸收其在此方面的成功经验，并开始鼓励大学生参与创业实践，并相继将创业教育融入学校教育体系中。

2. 我国创新创业的新动态

随着全球创业行动的不断开展，我国对外开放政策的不断推进，以及我国在技术领域的自主创新，我国创新创业事业的发展不断绽放出异样光彩。

（1）我国所实现的技术新突破

自改革开放以来，中国经济已取得飞速发展，综合国力也得到极大提升。目前，我国在航空航天技术方面已实现了重大突破，自主研发的大型客机 C919 已于 2017 年 5 月试飞成功。人工智能通过精准计算来帮助人们解决重大难题，已在计算机领域得到广泛关注。2017 年 7 月，国务院印发了《新一代人工智能发展规划》，强调我国要将人工智能上升为国家战略。随着信息化事业的不断发展，我国已成功步入网络大国行列，并在科学技术方面取得相应成果。近些年，中国电子支付技术得到不断发展，人们外出时不用带现金就可以顺利完成各种支付。

2018 年 4 月，习近平出席全国网络安全和信息化工作会议并发表重要讲话。他强调，我们必须敏锐抓住信息化发展的历史机遇，自主创新推进网络强国建设。网络强国战略思想的提出是我们党充分运用马克思主义立场、观点和方法对信息化提出的一系列重大问题的创造性回答，是经实践证明了的能指导我国网信事业发展的科学行动指南，必须要长期坚持贯彻落实。

（2）创新创业文化氛围愈加浓郁

在 20 世纪 80 年代前后,我国开始掀起创业浪潮。随着改革开放的不断推进,人们思想开始逐渐同国际接轨,很多新想法不断为人民群众所提出,社会上由此出现了一批创客。他们不断通过个人行动,将创意转化为实际产品和服务,赋予了创新创业以新的时代内涵。

目前,我国出台了一系列政策来支持草根创新创业活动,例如《国务院办公厅关于推广支持创新改革相关改革举措的通知》(2017 年)、《国务院关于强化实施创新驱动发展战略进一步推进大众创业万众创新深入发展的意见》(2017 年)等。并且,创新创业类学习平台也相继搭建,例如 36Kr、亿欧等,这些都为公众的创新创业行为提供途径。随着国家对创新创业的不断重视以及全球创新创业浪潮的推进,我国的创新创业文化氛围也愈加浓郁。

（3）创新创业教育体系初步形成

现如今,国与国之间的竞争在于其创新能力的竞争。正所谓,少年强则国强,少年富则国富!青少年是祖国的花朵,是中华民族的希望和未来,他们创新能力的发展关乎国家的发展和繁荣,因而需要重视对他们创新能力的培养。2010 年以后,我国政府将创新理念融入学校教育体系中,以实现创新和创业之间的融合,学校开始推行创新创业教育,并强调以创新来推动创业,培育具有创新创业精神的新时代人。

基于国家对创新创业人才的极大需求,许多高校纷纷开展创新创业教育。这不仅有利于我国知识经济的发展,也有利于全民素质的提升。目前我国大学生人数在飞快增长,但社会所提供的就业机会却没有呈相同比例增长,这给整个社会造成巨大就业压力。创新创业教育的有效实施,有利于大学生加入创新创业队伍,有效缓解整个社会的就业压力。

（二）创业的内涵

说到创业,相信大家对其并不陌生。那么,到底何为创业?许多专家、学者都对其进行了界定。杰夫里·蒂蒙斯在其著作《创业创造》(New Venture Creation)里提到,创业是一种为机会所驱动的思考、推理和行为方式,需要在方法上全盘考虑并拥有和谐的领导能力。百森学院则将创业界定为,创业是一种思考、推理和行动的方法,它不仅要关注机会,还要求创业者有完备的实施方法和讲求高度平衡技巧的领导艺术。哈佛大学教授霍华德·史蒂文森(Hoard Stevenson)等人将创业界定为,创业是指不拘泥于当前的资源条件而追求机会,将不同的资源进行组合,以利用和开发机会并创造价值的过程。

综上所述,本教材编者认为创业是创造经济利益或者社会价值的过程,与创业者个人资源整合能力以及思考、推理方式有关。关于创业的具体内涵,我们可以分别从广义视角和狭义视角展开讨论。在这里,广义视角是指人们通俗的想法,狭义视角是指创业更本质的含义。从广义视角来说,创业的目的在于赚钱,创业者也会由此获得不菲的利润。从狭义视角来说,可以将其分为盲目型创业和冷静型创业两种类型,其目的很明确,但不限于赚钱。创业的内涵见表 1-1-1。

表 1-1-1 创业的内涵

关键词	广义视角	狭义视角	
		盲目型	冷静型
创业目的	除了赚钱,没有其他明确目的	创业目的很明确,且不限于赚钱	
创业者	喜欢创业、一般会过得很快乐	自信,做事冲动且大多为博彩爱好者	是创业者中的精华,喜欢提前做好充足准备
失败概率	不比兢兢业业的创业者高	很容易失败	行动后成功概率通常较高

(三) 创业的特征

创业是理解未来社会经济变化的一个关键概念,是创业者充分利用各种资源展开思考、推理和判断的行为方式。并且,创业过程需要付出时间和精力,创业者也会因此而获得相应成就。具体而言,它具有以下特点:

- 是创造具有"更多价值的"新事物的过程。
- 是需要付出必要的时间和极大努力的过程。
- 是需要承担必要的风险和极大压力的过程。
- 是能够获得极大的满足感和成就感的过程。

创业者的创业过程可用图 1-1-1 表示。

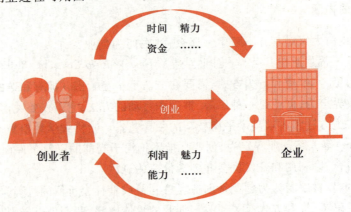

图 1-1-1 创业者的创业过程

企业的步骤

二、创业的步骤

随着国家对创新创业的不断推进,以及社会就业压力的不断增大,越来越多的青年加入创业队伍之中。但是,创业是一条充满未知与挑战的道路,因而,在创业前进行周密的流程设计和计划安排是非常有必要的。综合众多学者的观点,本书将创业的步骤归纳为构建创业设想、进行市场调研、拟订创业计划、开始资金筹集、办理相关手续、实施创业计划。创业的步骤如图 1 - 1 - 2 所示。

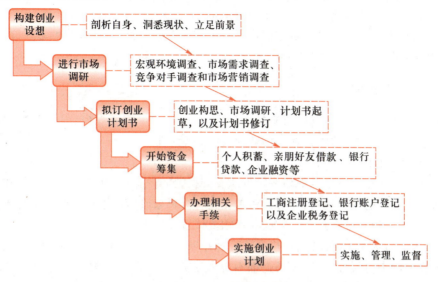

图 1 - 1 - 2　创业的步骤

（一）构建创业设想

形成好的创业设想是创业成功的前提,在创业设想形成前需要瞄准创业项目。创业是一门技术活,尤其在前几年是非常艰苦的,兴趣、理想与热情是支持创业者坚持到底的原动力,甚至决定了新创企业的发展和未来。而且,对于整个行业的充分掌握也是必不可少的。那么,该如何来选择创业项目呢?

创业项目的选择要剖析自身、洞悉现状、立足前景,详情见图 1 - 1 - 3。剖析自身是指创业者在选择创业项目时需要综合考虑自身,比如个人的兴趣爱好以及能力素质等。通过对自身进行剖析,来选择与自身实际相吻合的项目,做到量力而行。洞悉现状是指创业者要实施深入的市场调研,了解整个行业的实际情况和发展态势,这有利于创业者及时把握住创

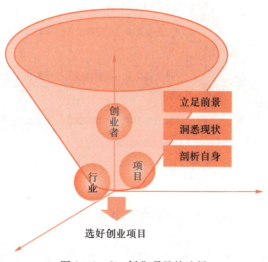

图 1 - 1 - 3　创业项目的选择

业机会。立足前景要求创业者做到深谋远虑、立足长远,在选择创业项目时能够关注该项目的发展前景,千万不要因为眼前利益而仓促决定。

在选好创业项目后,就可以对该创业项目展开深入思考,且要综合考虑实际情况和创业目标,构建创业设想。

(二)进行市场调研

我们可以通过充分的市场调研来精准分析市场,以了解市场规模、发展趋势、客户需求以及竞争对手的情况等,这也是选好创业项目的关键环节。

1. 市场调研的作用

市场调研是企业进行市场战略决策的重要依据,具有描述、诊断和预测三种功能。通过市场调研掌握产品的数据资料,并对这些数据进行分析来诊断出本产品的发展态势,据此做出科学、合理的决策和精准预测。它的作用主要体现在以下三个方面:

第一,了解市场需求,发现营销机会。现如今我们处于信息化时代,几乎所有事物都处于瞬息万变的状态,任何产品在市场上都不会永远被用户接受,需要不断进行调整,不断适应整个市场的变化。我们可以通过市场调研,把握消费者的消费趋势、消费偏好和对产品的期望,据此制定出营销策略,设计出满足消费者需求的产品。

第二,提供准确信息,作为决策依据。一般而言,企业决策需要基于真实可靠的数据资料,以避免盲目性和主观性。通过对这些数据的结构化分析,来了解数据背后所传达的信息及其所蕴含的意义。通过广泛的市场调研,可以获得多方面、多角度的数据信息,使创业者能够更全面、更深入地了解市场,从而做出精准的决策。

第三,树立企业形象,提高竞争能力。一个企业若拥有良好的企业形象,对于其市场拓展是非常有利的。一般而言,企业可以通过市场调研来精准把握市场需求和市场环境,有针对性地提升企业产品的质量、功能、性能等。这有利于企业树立良好的企业形象,提高企业的竞争力。

市场调研的作用如图 1 - 1 - 4 所示。

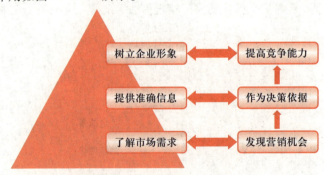

图 1 - 1 - 4　市场调研的作用

2. 市场调研的内容

市场调研主要包括宏观环境调查、市场需求调查、市场营销调查和竞争对手调查四方面内容,如图 1 - 1 - 5 所示。

第一,宏观环境调查。宏观环境包括政策环境、经济环境、人口环境等。通过对宏观环

图 1 - 1 - 5　市场调研的内容

境的调查,可以了解国家的法律法规、社会发展以及人文结构等内容。

第二,市场需求调查。通过调查市场需求,可以了解整个市场的消费结构、消费者习惯以及消费偏好等,为企业未来发展决策的制定奠定基础。

第三,竞争对手调查。正所谓,知彼知己,百战不殆。可以通过调查本企业市场竞争对手,了解他们的产品及其价格服务等情况,并参照本企业的实际情况来有针对性地制定发展对策,提升本企业的市场竞争力。

第四,市场营销调查。关于市场营销的调查,主要在于了解营销渠道、产品价格、市场推广效果等,据此来形成或者修订本企业的营销策略和途径。

3. 市场调研的方法

市场调研方法有很多,如实验法、访谈法以及观察法等。随着现代信息技术的快速发展,市场调研方法不断丰富,并逐渐信息化,如网络问卷调查等。在进行具体市场调研时,可以依据市场调研的实际需求选择合适的方法。

(三) 拟订创业计划书

拟订创业计划书对于创业项目的顺利开展是非常重要的。创业计划书详细记载了整个创业项目的实施思路和过程,能够指导创业项目的有效开展,也有利于监督创业项目的实施效果。当我们在开始撰写创业计划书之前,需要认真思考创业项目是否具有创新性、合理性和科学性。

一般而言,创业计划书需要包含执行摘要、公司概述、市场分析、经营方案、关键风险、管理团队、财务融资、营销规划以及经营目标等内容。撰写创业计划书包括创业构思、市场调研、方案起草以及方案修订等步骤。

第一步,创业构思。创业构思对于企业的创办是非常重要的。在进行创业构思前,要先确定好企业的类型,之后依据企业类型对其重点因素展开讨论,同时要对本企业所存在的创业机会和实施的可行性展开分析。

第二步,市场调研。创业者可以通过市场调研来分析市场痛点以及竞争对手的基本情况,据此做出合理的营销战略决策。同时,创业者可以通过分析调研数据来发现市场痛点,做出合理的企业决策并预测行业发展趋势。

第三步,计划书起草。在进行市场调研后,就可以初步撰写创业计划书,同时需要添加上封面、摘要以及附录等内容。

第四步,计划书修订。在起草完创业计划书后,需要认真审查,必要时需要进行修订,包括字句表述、逻辑结构以及内容安排的科学性和合理性等。同时,创业计划书需要配备目录,以便阅读者能够快速定位目标内容。修订创业计划书时需要注意:(1)是否凸显你具有管理公司的经验;(2)是否显示出你有偿还借款的能力;(3)是否表明你已进行过市场分析;(4)是否容易被投资者所领会。

创业计划书的撰写步骤如图 1 - 1 - 6 所示。

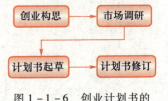

图 1 - 1 - 6 创业计划书的
撰写步骤

(四)开始资金筹集

创业项目的有效实施需要资金支持。关于创业资金,创业者可以通过国家政策贷款、个人积蓄、亲朋好友借款、银行贷款以及企业融资等途径获得。

(五)办理相关手续

关于创办企业的手续,需要依据我国政府的法律法规,比如工商注册登记、银行账户登记以及企业税务登记等进行办理。只要企业是依据法律法规办理手续,那么所创办的项目就能受到这些法律法规的保护,同时也能合法享有政府和银行优惠政策。

(六)实施创业计划

待前面阶段完成后,我们就可以实施创业计划了。为了确保整个创业计划的有效落实,需要对实施过程进行有效管理。

三、创业的价值

创业在促进国家经济发展、提升社会生产力以及维持社会稳定等方面扮演着重要角色,同时也与个人的发展密切相关。企业的价值如图 1 - 1 - 7 所示。

(一)创业与社会发展

1. 创造精神物质财富

对于任何一家企业来说,势必是通过给客户创造价值来满足客户需求,从而从中获取利益。除此之外,也给社会创造了许多精神和物质方面的财富,这是企业能在竞争激烈的市场中站稳根基的前提。物质财富主要包括企业所缴纳的税款以及所提供的服务等,精神财富主要包括企业文化、创新精神等。

2. 缓解社会就业压力

相关统计数据表明,我国社会就业压力在不断增加,越来越多的年轻人开始选择创业。创业者规模在扩大,社会可提供的就业机会开始增多,这有利于缓解社会就业压力。

3. 提高自主创新能力

自主创新是中华民族复兴的必由之路,是国家兴旺发达的不竭动力,也是我国国家战略

社会发展
- 创造精神物质财富
- 缓解社会就业压力
- 提高自主创新能力

创业

个人发展
- 满足基本需求
- 满足精神需求
- 满足尊重需求
- 满足自我实现需求

图 1 - 1 - 7　创业的价值

的重要组成部分。创业的本质在于创造新的价值。创业者基于商业嗅觉来发掘创业机会,并创造性地利用各种资源,实现由创意向产品的转变,这对于创业者的自主创新能力提出要求。随着创新创业队伍的日益扩张和创业活动的快速增加,整个民族的自主创新活力不断得到激发。

（二）创业与个人发展

依据马斯洛层级需要理论,人类有生理需求、安全需求、情感需求、尊重需求和自我实现需求(Self - actualization needs)五类需求,其层级顺序是由低到高。创业过程是整合资源、利用资源,从而实现自身价值的过程。创业对个人发展的价值主要有:

1. 满足基本需求

在这里,人类的基本需求包括生理需求以及安全需求。人们可以通过创业活动来获取物质财富,从而帮助人们改善个人及家人的生活质量,这将满足人们的生理需求以及安全需求。

2. 满足情感需求

首先,创业是一个复杂且具有挑战性的过程,要求大家能够共同参与且相互协作。在创业过程中,人们会组建创业团队,同时也会基于各种目的去结交不同的人,例如投资人、合伙人、生产商等。说到底,创业就是一个社交的过程,能够满足人们的社交需求。其次,在创业过程中,人们可以通过个人努力,创造出丰厚的价值回报,为家人以及个人生活提供物质基础,能够增加个人的工作满足感。与此同时,在创业过程中,人们可以充分发挥个人的聪明才智和技术专长,将其转化为相应的创业项目或者所经营的业务,这能够不断增加个人成就感。

3. 满足尊重需求

一旦创业者获得成功,就能对外充分展示其非凡的能力和独特的人格,这对于创业者自身魅力的提升非常有利。随着企业不断给社会和顾客创造价值,甚至于在国内外树立企业品牌,能够帮助创业者树立名声和提升影响力。由此可知,创业活动可以满足人类获得尊重的需要。

4. 满足自我实现需求

其实,创业活动不仅能够满足人们的生理需求、安全需求以及情感需求,也能够满足人们的自我实现需求。自我实现需求是人类最高层次的需求,是指人们不断通过自身努力,使得自己最终成为个人心中所希望成为的人物的需求。创业是一个充满未知性和富有挑战性的过程,在此过程中会遇见各种各样的挑战和挫折,这对于个人能力和素养的提升都是非常有利的。

拓展阅读

你适合哪种创业类型

每位创业者所拥有的个人背景、知识能力以及人脉资源等方面的差异,导致其创业时所选择的创业类型会存在差异。依据创业者对创业过程的不同认知,会存在以下四种创业模式:

1. 复制型创业:主要是基于原有公司的经营方式进行复制,其创新成分一般不高。

2. 模仿型创业:该种创业类型的创新成分也偏低,但是不同于复制型创业,模仿型创业的创业过程具有很大的冒险成分。

3. 安定型创业:此种类型的创业强调创新活动,不强调新组织的创造。尽管它给市场创造了新的价值,但是并没有改变创业者本身,他们做的依旧是比较熟悉的工作。

4. 冒险型创业:这种创业类型具有很高的难度和较高的失败率,这对创业者的创业素养、创业时机、创业计划等提出相应的要求。虽然这种类型的创业所带来的回报有可能非常高,但却具有极大的不确定性。

不同创业类型具有不同的适用条件,我们需要依据自身条件以及创业项目的实际情况来选择合适的创业类型。不管企业选择哪种创业模式,其创业过程都会存在一定的风险。正所谓"预则立,不预则废"!因而,创业者需要提前做好充分的调研,了解整个市场及其精细需求。同时,创业也会对创业者的心理、知识、能力等方面素养提出要求,需要创业者能够通过不断的学习和实践,来不断充实自己和积攒相关经验。

相关链接

王继成的创业资金筹集

王继成是衡水学院的一名学生,所学的专业是电子商务。自 2008 年毕业后,他便返回到农村从事农业活动。在毕业后的六年时间里,他和村里的乡亲们一起努力,开始了自己的创业之路,带领着大家一同实现"致富梦"。

在 2008 年毕业的时候,王继成非常荣幸地成了我国第一批大学生村官中的一员,很快被分配到了河北省平泉市黄土梁子镇梁后村工作。当时,梁后村还是一个贫困村,那里的村民们还是靠种地为生。2008 年冬天,王继成在县里四处考察学习,结合当时村里的实际情况,确定了首个创业项目,即种植食用菌项目。最终,在平泉县委组织部和镇里的协调下,王继成贷款 10 万元建起 10 亩(1 亩≈666.67 平方米)食用菌园区。

2009 年,该项目盈利 3 万元。王继成说,"许多人觉得一个不会种地的大学生,一下子就能挣这么多钱,有点不可思议。于是一些人开始盘算着也想试一试。"2010 年,梁后村建起了大规模食用菌园区,全村投资将近 100 万元,一年的总产值达到 150 万元。为了带动更多人参与创业当中,王继成和当地一家蔬菜种植公司商定,成立大学生村官创业基地,共筹集了 24.6 万元,承包了 28 个大棚。2011 年 9 月,王继成在第一期服务期满后又续签了 3 年,开始带头发展创业成本更低的中药材种植业,让一些资金短缺、抗风险能力弱的村民,也加入到了创业的队伍中来。

几年来,王继成不仅从创业中学到了许多知识,还从创业中得到了实实在在的收益。

在此案例中,王继成的创业资金来源主要有银行贷款、乡亲们(身边好友)的存款。除了这两个来源,创业者还可以通过利用国家政策、个人积蓄以及企业融资等途径来获得。

(资料来源:改编自秋天网。)

拓展活动

请从以下三个活动中选择其中的一个展开实践。

活动 1:走访身边成功创业人士

随着国家对创新创业活动的逐渐重视,以及国家用来支持双创活动政策的不断推出,近年来参与创业活动的人数在不断增加,很多人取得了成功。请和班级同学组成学习小组,以小组为单位对本地区比较有名的两位创业人士进行访谈,并完成以下表格。

小组名称:＿＿＿＿＿＿＿＿＿＿＿＿＿＿＿＿＿＿＿＿＿＿＿＿

人员名单:＿＿＿＿＿＿＿＿＿＿＿＿＿＿＿＿＿＿＿＿＿＿＿＿

访谈日期:＿＿＿＿＿＿＿＿＿＿＿＿＿＿＿＿＿＿＿＿＿＿＿＿

访谈地点:＿＿＿＿＿＿＿＿＿＿＿＿＿＿＿＿＿＿＿＿＿＿＿＿

人员姓名	人员简介	创业过程	我的启发

访谈日期:＿＿＿＿＿＿＿＿＿＿＿＿＿＿＿＿＿＿＿＿＿＿＿＿

访谈地点:＿＿＿＿＿＿＿＿＿＿＿＿＿＿＿＿＿＿＿＿＿＿＿＿

人员姓名	人员简介	创业过程	我的启发

活动 2：走访身边知名企业

请和班级同学组成学习小组，以小组形式对本地区比较有名的 3 家企业展开调查，并完成以下表格。

小组名称：_____

成员名单：_____

调研日期：_____

企业名称	企业简介	创业过程	创业类型
			□ 复制型创业 □ 模仿型创业 □ 安定型创业 □ 冒险型创业
			□ 复制型创业 □ 模仿型创业 □ 安定型创业 □ 冒险型创业
			□ 复制型创业 □ 模仿型创业 □ 安定型创业 □ 冒险型创业

活动 3：大学生参与创业活动的现状

随着国家对"大众创业、万众创新"的逐渐重视，现如今有越来越多的大学生开始加入"双创"行列。但是，大学生由于自身经验不足以及创业资源条件不足等原因，其创业成功的案例不多。请上网查阅相关资料，对大学生参与创业活动的现状展开 SWOT 分析，并就大学生在创新创业过程中可能遇见的风险及解决对策与班级同学展开讨论。

存在的风险	解决对策

实践与拓展

请你依据个人兴趣，选择一个企业类型（如甜品店、茶餐厅、玩具店、化妆品店等）进行创业设想，结合前面所学习的内容构思创业计划书。

我的创业计划书

1. 企业名称：_____　　创建时间：_____
2. 企业所有制形式
□ 个体　　□ 有限公司　　□ 股份制　　□ 其他_____
3. 企业定位

4. 客户群体：_____
5. 企业产品

定位	功能/特色

6. 竞争对手

名称	详细介绍

7. 营销思路

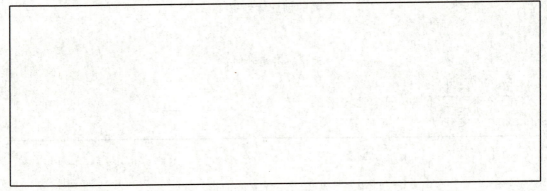

8. SWOT 分析

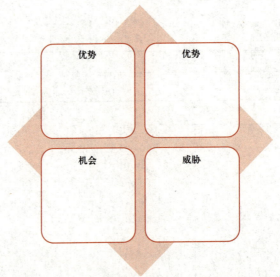

9. 经营计划

总体目标	经营计划

10. 其他

第二节 创业精神培育

 案例导入

携程旅行网的创业故事

携程旅行网(以下简称携程)是专门为旅游者、旅行团体及旅游相关行业提供在线旅游服务、旅游产品介绍的旅游门户,提供旅行社、酒店、餐饮、娱乐、购物、交通等综合信息,可以网上预订(订票、订房、订团、订餐等)。 携程创立于1999年,总部位于上海,是由红杉资本中国合伙人沈南鹏、携程董事长梁建章、汉庭酒店CEO季琦、携程CEO范敏共同创办的。 季琦在谈到创业缘由时提到了两点:一是财富的梦想,当时的四人都没什么钱;二是四人心中的理想。

1995年,季琦从美国回来后准备自己创业。 在经历了自己所创办的企业被总经理卖出后,他决定自己开公司。 1997年9月,他自己开了一家公司,赚取了足够的启动资金后,1999年3月他与校友梁建章商议开个网站公司。 于是,他们找来精通投资的沈南鹏,由梁建章和季琦各出20万元,各占30%的股份,沈南鹏出60万元,占40%的股份,新公司就这样建起来了。 当时,由于受美国互联网热潮的影响以及他们对旅游的热爱,他们三人决定开办一个旅游网。 但是在这个团队中,梁建章擅长技术,沈南鹏擅长投资,季琦擅长公司的经营与管理,还差一个熟悉旅游业的成员。 于是,他们找来了精通旅游业的范敏。

公司建立起来了,四人商议由季琦一个人先将公司做起来。 季琦说:"我总觉得我们是在进行一场接力比赛。 我是第一棒,负责市场;梁建章是第二棒,负责技术;沈南鹏是第三棒,负责上市;范敏是

第四棒，负责管理。"

但是，一家公司刚成立，需要大量资金支撑。在章苏阳的介绍下，携程进行了第一次风险融资，携程旅行网正式上线了，并在《上海微型计算机》周刊上刊登广告软文。1999 年年底，携程进行第二轮融资。在获得资金的同时，携程迅速抢占市场，扩大市场份额。2002 年 3 月，携程并购北京海岸航空服务有限公司，成为国内酒店预订和机票订购的领头羊。终于于 2003 年 12 月 9 日，携程在美国纳斯达克交易所上市。

 ## 理论梳理

一、创业精神的本质

（一）创业精神的内涵

创业精神不是每个人都拥有的，也不是人们与生俱来的，它需要通过有目的、有意识地培养而不断形成。它能够使创业者保持前进的动力和奋斗的激情，并逐渐将职业要求内化为个人职业准则。

关于创业精神的内涵，许多专家学者都提出个人观点。它的英文为 Entrepreneurship，可被译为"企业家精神"。公司创业研究的先驱 Miller 指出，创业精神体现于创新、承担风险和主动进取等行为。Sharma 等学者认为，创业精神不仅包含理念观点，也包含组织内外所创立的新组织以及所进行的创新活动，可以分为个体的创业精神和组织的创业精神。哈佛大学教授 Stevenson 认为，创业精神是指一种不断追求机会的行为，此种行为未来有可能会创造新的价值。我国学者汪宜丹认为，创业精神包括两层含义，其一是精神层次的，其二是非精神层次的。从精神层次来说，创业精神主要是指创业家的心理特质。从非精神层次来说，创业精神则侧重于发现机会，利用现有资源来组建新公司，不断创造新的市场价值。

综上所述，创业精神是创业者在创业过程中所表现出来的综合特质，不仅包含精神层面的特质，如坚持不懈的精神、艰苦奋斗的精神，也包含行为层次的特质（如创业作风）和理念层次的特质（如人们对创业的认识）。

（二）创业精神的本质

结合上文对创业精神内涵的分析可知，其本质是对创业者在创业过程中所表现出的特质的高度概括，主要为坚持不懈、敢于创新、敢于冒险、敢于拼搏、团结协作、诚信务实、积极主动等品质。

二、创业精神的来源

创业精神是对人们创业行为的高度概括，是人们在创业实践过程中逐渐形成的。因此，关于创业精神的来源，我们可以通过分析创业者的成功之路来探析。

纵观每一位成功创业人士，可知他们的创业之路并不是一帆风顺的，都是在经历一番磨难后取得了成功。在创业这条崎岖的道路上，人们难免会遇见许多的困难和挫折。若遇到困难直接放弃，则永远不会成功，最终的成功都是基于坚持不懈的努力。创业本就是一个庞

大的工程,仅凭一己之力是难以走到最后的,但若拥有一支优秀的创业团队则能绽放异样光彩。大家相互扶持,相互鼓励,不断克服困难,向前迈进。说到底,创业者之所以能够坚持到底,在困难面前能够越挫越勇,这主要归结于自身的创业动机。

随着创业者的不断实践,整个创业过程得以不断向前推进,创业者的创业精神也得以逐渐形成。因而,创业精神的最初来源是创业实践。

创业精神和创业实践的关系可用图 1-2-1 来表示。

图 1-2-1 创业精神和
创业实践的关系

企业的
精神

三、创业精神的意义

创业精神包括坚持不懈、敢于创新、敢于拼搏、团结协作、诚信务实、积极主动等品质,它不仅有助于国家的发展,对个人的发展也具有重要作用。

创业精神的意义可用图 1-2-2 来表示。

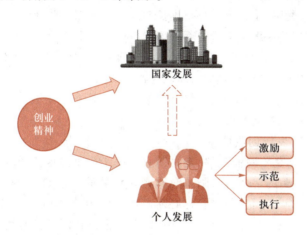

图 1-2-2 创业精神的意义

(一)创业精神与国家发展

信息技术的不断发展,导致国与国之间的竞争表现为自主创新能力的竞争。在当今社会,谁拥有了自主创新能力谁就会掌握主动权,站在市场发展的制高点。创业精神的核心就是创新,而自主创新是中华民族发展的不竭动力,因而创业精神有助于推动国家的发展。

(二)创业精神与个人发展

创业精神是新时代的象征,代表着积极向上的精神面貌、敢于冒险拼搏的精神品质以及艰苦奋斗的作风。它不仅是创业者所必备的素质,也是每个人所应该学习和追求的精神境界。创业精神对个人发展的作用主要表现如下:

1. 具有激励作用

每一个成功创业者都不是一帆风顺的,过程中需要克服各种困难和挫折。坚持不懈的精神和敢于冒险的精神是创业成功人士最优秀的品质。具备创业精神的人会以积极向上的心态直面各种挫折,并不断学习新技术、新知识和新技能来充实自己,实现发展。

2. 具有执行作用

一个人的成长与其经历是密切相关的。具有创业精神的人会不断追求新知识、新技能,不断提升个人理论素养和个人本领;具有创业精神的人会不断突破自我,挑战自我,实现自我成长;具有创业精神的人会脚踏实地,坚持到底。

3. 具有示范作用

成功者的创业精神具有示范、引领的作用,他们的创业经验可以为初始者所借鉴。尤其是在初始者遇到困难或者挫折的时候,成功者的创业精神可以激励他们不断努力,坚持不懈,迎难而上,克服困难,最终实现个人发展。

四、创业精神的培育

在商界流传着这样一句话,"欧洲有犹太人,中国有温州人"。在温州人看来,环境是没有好坏之分的,职业也没有高低贵贱之分,只有挣钱才是王道。现如今,温州所产的很多产品,例如皮鞋、服装和低压电器等,在国内外市场占有很大的份额。在那里,也出现了众多的知名品牌,如红蜻蜓、奥康、正泰等。温州人长期以来就把创业精神作为实现人生价值、体现人生尊严的一种追求,并在现实生活中不断落实。他们身上所体现出的那种敢闯的精神、精明能干的特质以及敏锐的商业嗅觉,都为大家所称道。现如今,温州已不仅仅是一个地域名称,它更多地是一种文化和精神的象征,即创业精神。

创业精神是新时代的一面旗帜,对整个国家的发展是非常重要的。学生关乎国家未来的发展,其创业精神的培养至关重要。

1. 坚定创业信念,发扬创业精神

任何创业活动都不是一蹴而就的,是由创业者一步一个脚印走出来的。创业者的最终成功,与创业者坚持不懈的努力与自强不息是密切相关的。例如,前阿里巴巴 CEO 马云曾经说过,"如果你想成为一个亿万富翁,你必须得相信!"20 多年前,马云对互联网一窍不通,却着手发展当时大家都不理解的互联网 B2B,并说出豪言壮语,"这种生意能够改变世界"。当时,大家都觉得他说的是胡话。可是,马云相信它真的存在。也正是因为他的这种创业信念,形成了现如今的阿里巴巴。

再比如,中国最大的自营式电商企业京东,它的创始人是刘强东。刘强东在企业的发展过程中,始终贯穿着这样的发展理念,即先人后企。也就是说京东的壮大离不开组织中人的发展,人是京东发展的核心助推器。也正是这样一种发展理念,极大地促进了京东的发展。

对大学生来说,学校需要运用一切可能的资源和方法,来帮助他们树立并坚定创业信念,不断发扬创业精神。

2. 营造创业环境,保障创业氛围

创业精神的有效培养,离不开创业环境的支持和保障。在这里,创业环境包括有形环境和无形环境。其中,有形环境是指物理环境,例如与创业相关的基地、基金等;无形环境是指创业氛围,例如创业精神的宣扬、企业家的宣讲等。通过营造有利的创业环境,来激发学生们的创业热情,鼓励他们参与创新创业活动,从而形成创业精神。

3. 提升心理承受能力,培养创业精神

随着社会竞争压力的增加,以及市场环境的复杂多变,对当代大学生的心理素质提出新要求。积极乐观的心态、坚持不懈的精神、艰苦奋斗的精神以及适应能力是创业者应该具备的素质。例如,娃哈哈的创始人宗后庆就在创业的过程中吃了不少的苦,在创业的几十年来,他几乎每天都工作16个小时,一年中200多天都奔波在市场一线。正是因为他的这种坚持和付出,才成就了今天的娃哈哈。

学而思的创始人张邦鑫是从农村走出来的孩子,他的创业想法来自自己的家教经历。从最初的两人创业团队到公司上市,再到现如今成为全国范围内颇受家长和学生信赖的中小幼课外辅导品牌,在这其中,张邦鑫遇到了很多的困难和挑战。2006年,随着学而思的战绩越发不错,它的高中市场迅速打开局面。然而,突然在一天之内,团队中的五名优秀教师被竞争对手挖走。随着互联网教育的不断发展,许多教育培训机构相继涌现,这对学而思的市场份额提出极大的挑战。但是,张邦鑫没有被困难打倒,反而通过坚持不懈的努力和他的聪明才干,不断将学而思发展壮大。

对大学生来说,学校需要采取相应措施来提升他们的心理承受能力,为他们进行创业实践活动奠定基础。

4. 培养创业能力,拥有创业意识

创业是创业者综合运用各种资源,将创意转化为产品或者服务的过程。在创业过程中,创业者需要进行广泛市场调研,发现市场需求、挖掘创业机会,同团队队友进行合作、相互配合,不断推动创业项目。创业者的决策能力在企业的发展中发挥了重要的作用。

例如,1982年,美国国际商用机器公司决定花费2.5亿美元买下美国英特尔公司12%的股权。这一举措其实是具有一定风险性的,但其结果是鼓舞人心的。在有了这一次的成功经验之后,该公司在后期的决策就更加大胆了。紧接着,1983年,该公司以2.8亿美元收购了美国罗姆公司15%的股权,来维持自己在办公室全自动化设备方面的"霸王"地位。由此可见,正确的决策对于企业的发展发挥着至关重要的作用。

企业的可持续发展对创业者的创业能力提出了挑战。因而,大学生创业能力的培养对于学校教育来说是非常重要的。

拓展阅读

何谓创业精神

一、创业贵在坚持

相信大家都听过坚持,那么到底何为坚持呢?下面就直接给大家举个例子。在一家稳定的大公司(属于BAT类型),如果有一天领导跟你说,这个月公司有困难、你就不拿工资了。你会答应吗?相信任何在大公司工作过的人都不会答应。这就是打工精神,拿多少钱、干多少事,而且只可同甘、不能共苦。而创业公司则是非常简单粗暴,创业公司CEO跟你说:"小陈,这个月不太行,顶一顶,下个月一起发行不。"小陈回答:"没问题,我懂得。"一句"我懂得",就是对坚持最直接的解释。

创业公司的领导和员工,组成一个强大的利益共同体,为了达成这个美好的目标,一个月不拿工资,两个月、三个月、甚至半年。为了一份没有盈利的股权而努力,这就是创业者的精神,这份坚持才是"中国互联网创业做什么都能成功"的精神所在。

二、要做巨头不屑的事

中国的互联网不存在蓝海，在我们看到的情况下，大公司的布局是数得清的。但是在我们看不到的情况下，大公司的项目可能有几十个，甚至是几百个。几乎一切项目在大公司内部都有雏形，只不过这个领域是否能达到自己公司内部的认可、成为战略点，这很难说。

更多时候创业者面对的是大公司做而不专的市场，大公司可以做、也想过做，但是不会投入大精力，甚至可以说对这个市场不屑。最鲜明的例子就是58同城，地推团队几千人，每天接触成千上万的小商家，对于大公司来说是不会采取这种做法的，但却给小公司留下了市场空间。

做而不专的市场有很多。很多"准创业者"总是想跟乔布斯一样，想出一个能够足以改变世界的想法。在"准创业"的过程中，甚至耗费了很多金钱、时间来探索此想法，但是他依然没有踏出这一步。当有一天他真的想到了自己心中的那个想法的时候，已经迟了人家一大步。创业更多需要的是落地，各位准创业者不要再想什么蓝海市场了，沉下心来先干吧。

三、在创业过程中不断试错

在当今中国互联网创业浪潮中，更多的是"准创业者"而不是创业者。"准创业者"的特征是：害怕失败，理想丰满但知行不一，道听途说，每天都有一个新想法但没有冒险精神。如果你有其中一项特征，表明你不太适合成为一名真正的创业者。

你可能永远都只是一名"准创业者"，一直想着把创业作为一个兼职，而迟迟不肯下决心把自己现有的生活给颠覆掉，把自己从一个每天按点上下班，领工资的打工者，变成一个三餐不定、上下班时间不定、收入支出不知的创业者。试问连自己的生活都不敢去颠覆，谈什么颠覆互联网、传统行业，甚至于颠覆整个世界呢？

成功的创业者更多的是，当他心里有一个小想法的时候，他已经开始做了。在自己一步一个脚印的节奏中，以最初的目标作为切入点，在创业过程中不断"试错—实践—修正—试错—实践—修正"并最终形成良性循环，而这一切在互联网创业家中体现得淋漓尽致。

例如，奇虎360公司的周鸿祎从雅虎出来时只想做一个搜索社区，包括像现在百度百科一样的问答式搜索；但是在创业探索过程中，他以一个查杀流氓软件插件作为切入点，改变路径，以免费杀毒直接颠覆了这个几十亿价值的"收费杀毒"市场，使奇虎360公司成为中国颇具影响力的互联网企业之一。

此案例并不是告诉大家，创业最终上市了才算成功，而是这几个例子在"试错—实践—修正—试错—实践—修正"路径中更具有代表性。任何成功的创业公司，都是在改变中成功的。相信很多准创业者需要好好反思自己的出路了。对于那些满足以上严苛条件的互联网领域的创业者，如果碰到一时的困难，请坚持下去，你们会是未来互联网的中坚力量。

（资料来源：改编自创业邦。）

相关链接

化整为零

在广东珠海的某条繁华街道上，有一个专门卖"五趾袜"的店铺。这个店铺的面积不大，只有十平方米，但它每个月的收益却超过万元，说出来很多人都觉得不可思议。

那么，这家店铺到底有什么奥秘呢？

这家店的店主叫小玉(化名),她是来自于江西省的一个打工妹,已经只身一人来到珠海打工了好多年。她在有了一定积蓄之后,便萌生了自己创业的想法。但是,具体做什么生意,她却拿不定主意。咨询了周围的朋友,也没有一个人能提出很好的建议。在这种情况下,小玉只好自己想办法。后来,她想到了袜子专卖店,并且将目标瞄准了"五趾袜"。这种袜子有一个好处,即因为将脚趾分隔使人不容易犯脚气。广东温暖潮湿,患脚气病的人很多,因而"五趾袜"是一种迎合市场需要的产品。但"五趾袜"不是很时尚,没有人愿意肯下功夫去推广,以至于很难在偌大的珠海买到一双五趾袜。小玉看准了此机会。

起初,小玉的决定遭到了朋友们的极力反对。他们的理由是:第一,在这之前从未听说过有什么袜子专卖店的;第二,像袜子这样一种薄利小商品,何时才能赢利呢?但是小玉打定了主意,她的店也很快开张了。她从浙江义乌进了一万双袜子,每双的进价在5元到10元。这批货加上租赁店铺和装修花费,不但花光了小玉的所有积蓄,还让她背上了外债。于是,一些冷言冷语开始在小玉耳边响起,但小玉还是坚持了下来。

到了第二个月,这个袜子店就开始赢利了。收入虽然不多,但这却是一个好兆头。尽管在此后的经营当中也时不时地会有些磕绊,但总体经营还是比较顺利的。现在小玉靠卖袜子,每个月可以获得上万元的收入。

小玉的创业案例告诉我们,创业要善于瞄准商机,发现未被人们挖掘的市场。当有人质疑自己的想法的时候,不要被外在的言论所动摇,要不忘初心。

拓展活动

联邦快递公司的创业之路

请认真阅读以下案例,并完成后面的思考题。

联邦快递(Federal Express)公司成立于1971年,全球总部设在美国的田纳西州孟菲斯,另在中国香港,加拿大安大略、多伦多和比利时布鲁塞尔设有区域总部。它以无可比拟的航空路线权以及强固的信息技术基础设施,在小件包裹速递、普通递送、非整车运输、集成化调运系统等领域占据了大量的市场份额,成为全球快递运输业泰斗。

它的创始人是弗雷德·史密斯。

弗雷德·史密斯其实是一位富二代,出生在美国一个富商家庭,他的父亲是一位企业家,创立了一家巴士公司,并经营得很成功。尽管家里很有钱,但弗雷德·史密斯的唯一爱好就是研究飞机,他从小就爱思考和飞机相关的问题,比如飞机如何飞行、如何运货等。

当弗雷德·史密斯18岁的时候,他考上了耶鲁大学,主修飞行运输专业。当时美国的包裹运送现状不容乐观,不仅花费时间长,而且运输起来也非常麻烦。史密斯在认识到货物运输时效性的问题后,便产生帮助人们运输货物的想法,并将该想法撰写在学年论文中。但是,他的这一想法遭到了指导他的教授的质疑,教授认为这其中的花费太大而难以快速赢利。可他却并没有就此放弃,而是始终坚持往货物运输这一方向努力,最终于1971年6月28日正式成立了联邦快递公司。

在创业之初,史密斯拿出个人35万美元的积蓄,又得到家人360万美元的资助,一口气买了两架"猎鹰"喷气式飞机,便开始去做生意。当时,大家都对他的做法持质疑和反对的态度,这导致他的市场难以开拓,客户也难以找到。于是,史密斯开始雇用调查小组深入市场展开调研,结果显示美国人真的很需要更加快速和便捷的包裹运输服务,这极大地增加了史密斯的创业信心。于是他将自己的全部身家都投了进去,并通过到华尔街到处游说的方式筹得了9 600万美元的资金。

1973年4月,联邦快递公司开始为25个城市提供快递服务。但是,好景不长,由于飞行运输成本的原因,联邦快递在营业的26个月的时间里亏损了2 930万美元,欠下了4 900万美元的巨债。即便如此,史密斯依旧不放弃,深信自己的想法是有市场的,只是大家还没接受"飞机送货"的概念而已。

最终,他凭借着自己的运气和坚持不懈的努力取得了成功。

目前,联邦快递已跃入世界500强企业。2018年7月19日,《财富》世界500强排行榜发布,联邦快递位列155位。2018年12月18日,世界品牌实验室编制的《2018世界品牌500强》揭晓,联邦快递排名第52位。

看到这里,或许你能感受到,弗雷德·史密斯的成功有两大非常重要的原因:

第一,面对自己坚信的事情,无论如何都要尝试。

第二,即使现状再艰难,也要咬紧牙关坚持到底。

弗雷德·史密斯是一名成功的企业家,他的创业故事很好地折射出他的创业精神,比如坚持不懈的精神、敢于创新的精神、敢于拼搏的精神、敢于挑战的精神,等等。也正是因为他的这种创业精神促使着他不断向前奋进,在困难面前敢于拼搏,坚持到底。他的事迹和他的宝贵的精神品质,是值得今天的我们去细细品味和学习的。

请结合以上案例,分析弗雷德·史密斯为何会取得创业成功?结合自身展开自我反思,谈谈以上案例对自己的生活和学习有哪些启发?

实践与拓展

1. 创业精神是指企业家的心理特质,也可以是指企业家通过不断发掘机会,充分利用资源来创造市场价值。那么,创业精神到底具有哪些特征呢?请你认真思考,并与班级同学展开讨论。

2. 请你和班级同学组成学习小组,以小组为单位对本地区比较有名的3位创业人士进行访谈,了解他们对于创业精神培育的看法。在访谈结束后,请你结合此次访谈的经历,来思考此次访谈活动对自己有哪些启发。

第三节　创业特质认知

 案例导入

复星科技集团的创业团队

1989年,郭广昌从复旦大学毕业后留校任教。3年后他利用从4个同学那借来的3.8万元创业。

如今，复星集团（以下简称复星）已经坐拥 200 多亿资产，位列中国民营企业前三甲，并在医药、房地产、钢铁、矿业四个领域都有出色表现。

在复星多元化的产业链条中，郭广昌是整个企业集团的灵魂。 郭广昌是个具有极大魄力的领导者。他情商高，能很好地整合与协调团队。 梁信军曾是副董事长兼总裁，是复星投资和信息产业的领军人物。 梁信军的口才好、反应快、精力充沛、善于沟通和交流，这些几乎是复星创业团队公认的。 汪群斌现为复星国际执行董事兼首席执行官，专攻生物医药。 范伟掌管房地产。 谈剑负责体育及文化产业，特殊优势体现在政府公关等方面。

复星的成功源于 5 人的创业团队。 他们 5 人就像 5 根手指，哪根也少不得。 5 根手指攥紧，就是一只拳头。 复星创业时的几个人都是共青团干部出身，都希望做一些单靠个人能力不能企及的事业，都不太在乎物质方面的享受，家庭成员也支持他们的理念，而且他们有团队合作的精神，都同意他们创造的事业终将归于社会。 如今，复星已经成为一家国际知名的全球企业，依靠的核心力量就是人才。

（资料来源：武勇．优秀的创业团队是创业成功的法宝 [J]．改革与战略，2006（7）:100 –101．）

 理论梳理

现如今，国内外自主创业已成为一大热潮，越来越多的人开始加入创业大军之中。然而，创业是一条非常艰辛的道路。它不仅要求创业者具有极强的心理素质，也要求他们具备相应的能力。例如，美国社交网站 Facebook 的创办人马克·扎克伯格，从小就非常热衷于成为一名创客，他不断地挑战自己，这使得他在 20 岁出头的时候就踏上了创业之路。他一直都对自己充满信心，不满足于现状，不断地实现自我超越。尽管他的创业历程不是非常顺利，但他坚持了下来，并最终创办了全球著名的社交网站 Facebook，这也使得他快速成为大家关注的焦点。但并非所有的创业者都能够像马克·扎克伯格一样取得成功，很多人的创业都以失败而告终。

那么，成功的创业者需要具备哪些素质呢？

一、创业者具备的特质

创业者的特质包括基本素质和能力要求，详情见图 1 – 3 – 1。

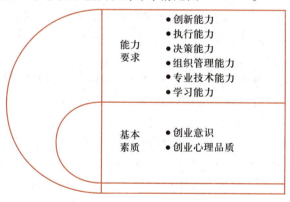

图 1 – 3 – 1　创业者的素质

创业者所具备的特质

1. 基本素质
（1）创业意识。创业意识是指人们从事创业活动的强大内驱力，是创业活动中起动力作用的个性因素,是创业者素质系统中的第一个子系统(驱动系统),包括商机意识、转化意识、战略意识、风险意识以及勤奋和敬业意识。例如,超级课堂的联合创始人杨明平是一名大学生创业者。他在创业中赢得第一桶金以后,决定开始朝着更大的方向发展,于是进入到在线教育领域,创立了超级课堂,为学生提供网络互动学习课程平台。

(2)创业心理品质。创业心理品质是指在创业实践过程中对人的心理和行为起调节作用的个性特征,它与人固有的气质、性格密切相关,反映了创业者的意志和情感,是创业基本素质结构中的调节系统。创业心理品质是创业者取得成功不可缺少的要素,是取得创业成功的前提条件,包括独立性、敢为性、坚韧性、克制性和适应性五种因素。例如,小米公司一直秉持的理念是"将产品做好才是根本",公司专注于产品的研发和用户体验的提升,逐渐实现自我突破和获得自我发展,这也正是小米能够在激烈的市场竞争中存活下来的重要原因。

2. 能力要求

(1)创新能力。创新能力是创业者的核心能力要求。具备创新能力的人会有相对的优势,有助于企业快速提升竞争力。而创业的过程并不是一帆风顺的,需要面对许多的艰难困苦,这会对创业者的创新能力提出要求和考验。让我们来看看美国食品大王亚尔默的故事。19世纪末,美国加利福尼亚州出现了淘金热。当时17岁的亚尔默也想加入其中。可他去了之后发现金子并不好淘,且淘金的人很野蛮,于是他害怕了。这时,他看到淘金的人在炎热的天气下干活口渴难熬,便另辟蹊径。他挖了一条沟,将远处的河水引来,经过三次过滤变成清水,然后卖给淘金的人喝。他很快便赚到了6 000美元,于是回到家乡办起了罐头厂。亚尔默能够从不同的角度来看待问题,从而产生创意并发现商机。

(2)执行能力。执行能力是指贯彻战略意图,完成预定目标的实际操作能力,是企业竞争力的核心,是把企业战略、规划转化为效益、成果的关键。一个企业的良好发展对执行力的要求很高。阿里巴巴前总裁马云说:"一流的想法,三流的执行力;三流的想法,一流的执行力,我宁愿选择后者而不是前者。"

(3)决策能力。决策能力是创业者根据主客观条件,准确确定创业的发展方向、目标、战略以及选择实施方案的能力,它是一个人综合能力的表现。如果一个创业者不具备决策力,就难以代表团队做出决策,则他很难带领该团队取得成功。例如,华为的创始人任正非坚信只有具备大视野,才能做出明智的战略决策。在技术攻坚中"敢往上走",带领华为实现一次次的突破。

(4)组织管理能力。创业者一般会组建自己的团队,并对团队成员的职责和任务进行分配。一个拥有一定组织管理能力的创业者,容易和团队成员友好相处,这有利于增加创业的成功概率。

(5)专业技术能力。每一个工作岗位都需要相应的专业技能。所以,无论创业者拥有什么样的目标,首先都需要拥有一技之长。创业者在自己擅长的领域,最有可能一步步实现自己的创业梦想。例如,某校机械专业毕业的小王,在毕业后盲目创业,但没有干成功一件事。正当他垂头丧气时,恰好社区组织个体经营者进行自我创业资源分析。经过分析,小王发现自己最大的长处还是所学的专业。于是,小王便开了一家汽车修理店,他感到一下子有了广阔的空间,浑身充满了干劲儿。经过几年的发展,小王的汽车修理店发展得有声有色,已经在当地小有名气。

（6）学习能力。俗话说，"活到老，学到老。"对企业者来说更是如此。在知识经济时代，市场瞬息万变，创业者必须不断学习相关知识来提升理论素养，参与相关实践来积攒创新创业实战经验，才能在激烈的市场竞争中站稳脚跟。例如，特别想做老板的许小姐，经过了多年的努力工作和省吃俭用积蓄了一笔资金。在她看来，个人创业必须有丰富的工作经验。所以在过去的工作中，她总是分内分外的事都抢着干，但从不计报酬。尤其是经营管理方面的事，她更是竖着耳朵去听，目的就是为了多学点本事，为自己开公司做好充足的准备。

二、创业团队内部特质

依据创业团队的 3C 结构特质，可以将创业团队的内部特质归纳为相似性（Comparability）、互补性（Complement）和化学性（Chemistry）（图 1 – 3 – 2）。

创业的团队内部特质

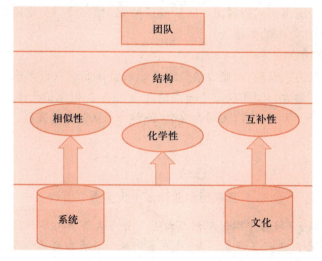

图 1 – 3 – 2　创业团队的 3C 结构特质

1. 相似性

正所谓，道不同不相为谋。一个创业团队需要具有一定的相似性，这表现为具有共同的创业目标和相似的价值观。一般而言，具有共同奋斗目标的团队，其中的成员会以主人翁的姿态参与其中，在大家的齐心协力下实现最终目标。因此，在组建创业团队的过程中，首先需要考虑的是团队成员目标的一致性。其次要考虑的是团队成员的价值观问题。若团队成员的价值观存在很大差异，则他们将很难在一起共事，整个团队的向心力和凝聚力就会偏弱。其实，团队成员的价值观也就是各自的创业理念。创业理念的相似性要求团队成员具有相似的创业愿景，这样在创业途中能够相互信任、相互依赖，最终实现"1 + 1 > 2"的能动效果。

2. 互补性

每个人都是独立的个体，各具优缺点，创业其实是一个团队协作的过程。这就要求团队成员能够发挥各自所长，扬长避短，力求实现团队力量的最大化，从而提升整个团队的凝聚力和竞争力。依据互补的关键点不同，本书将团队成员的互补性主要归纳为阅历互补、资源互补以及知识和能力互补三个方面（图 1 – 3 – 3）。

（1）阅历互补。每个团队成员的经历不同，生活阅历也各不相同，思考问题的方式和眼界、见识等方面也不相同，这样可以形成很好的互补，有利于团队的稳定发展。

（2）资源互补。在这里，资源所涉及的内容包括实践场地、人际关系以及资金设备等。每个团队成员所拥有的资源各不相同，能够在一定程度上形成互补，使成员间相互扶持，相互依赖。这有利于推动整个团队的不断发展。

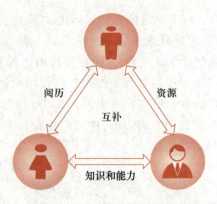

图1-3-3 互补原则的内容

（3）知识和能力互补。创业过程艰辛、复杂，涉及财务、市场、人力以及销售等方方面面，这对创业团队成员的知识和能力提出不同的需求。团队成员的知识能力互补，是团队可持续发展的保证，也是提高团队工作效率的关键。

3. 化学性（兼容性）

团队是企业凝聚力的基础，企业成败最终会影响整体而非仅仅影响个人。化学性强调团队成员之间的高度融合。团队成员之间难免会产生冲突，但维护集体利益是基本原则，关键时刻成员间要化干戈为玉帛，以大局为重，保证整个团队的良性发展。

拓展阅读

互联网创业计划十大要点

网易公司曾组织了"网易中国世纪创业大赛"，并在大赛前对参加活动的国际著名风险投资集团和大型IT企业进行了问卷调查，结果表明风险投资家尤为看重那些态度严谨和思虑周全的创业计划。那么，一份完整且严谨的创业计划到底应该具备哪些要点呢？

1. 业务主旨

一个合格的创业计划首先应该具备一段清晰、简洁、有效的概括描述性语言，以说明此项创业计划的发展方向和主要内容，其中应该特别突出富有吸引力的鲜明个性、明确的思路与目标以及创业者自身所具备的优势，让投资人能在最短的时间里全面了解整个创业计划，控制资金的投放方向及节奏，使其能在必要的时候提供最行之有效的帮助。

2. 创业公司情况介绍

建立初步印象后，创业者应该进一步说明自己公司的背景和现状，清晰明了地托出公司的全盘战略目标，挑明作为商业盈利公司的最终目的，使投资人能充分了解其所投资的创业公司，建立起必要的信任。

3. 产品/服务

产品/服务是创业计划的具体承载物，是投资最终能否得到回报的关键。创业者应对其描述得尽可能翔实而清晰，具体应突出产品/服务的特点，潜在商业价值；技术的领先性，是否适应现有消费水平；对技术前景准确合理的判断；所有权状况等内容。

4. 市场分析

市场分析是投资人决定是否进入市场的关键因素,创业者应该在引入风险投资前对市场进行严密科学的调查分析,并在创业计划中详细阐明市场容量与未来趋势,这包括目标领域现有规模、发展状况、开拓能力、客户情况、竞争形式及营销策略的可行性,并对市场份额及市场走势做出合理的预测,进行准确的市场定位。为了保证其准确性,创业者应尽量采用多条专业的市场分析渠道。

5. 竞争分析

俗话说"知己知彼,百战不殆",创业者必须对市场竞争情况及各自优势认识清楚,透彻分析,并部署出明确的竞争战略。

6. 经营及实施

经营及实施包括两个方面内容,一是经营战略,另一个是销售方式。对于经营战略,创业者应明确战略实施步骤、经营时间表、产品生产/服务计划、成本、毛利、预期的经营难度和资源需求等。对于销售方式,创业者则应明确销售策略和方式,包括对销售人员的激励方式和有效促销策略。销售和促销策略对公司的长远发展来说非常重要。

7. 管理背景和能力

风险投资家非常注重管理能力,可以说没有好的管理就不可能取得成功,管理能力在商业计划中体现在以下两个方面:

(1) 创业信念、远见卓识、专业知识与丰富的经验,以及良好的商业感觉;

(2) 缜密的计划和有效的实施方案,包括对风险和威胁的洞察和考虑。

(3) 创业者应在这部分介绍创业团队成员所具有的教育及工作背景、具体分工情况、产权股权划分情况、创业信念、风险识别及实施计划能力的情况。好的团队组织应该结构严谨,拥有技术、管理、财务、法律、语言和写作等方面的多面手或各有专长的组织成员,并且还应充分考虑内部成员能力互补的问题。

8. 融资方案和回报

创业者应在此列示出资金结构及数量、投资回报率、利益分配方式、可能的退出方式等方面的内容,并在全面估价后,提出最具吸引力的融资方案。

9. 财务分析

财务是风险投资家最为敏感的问题,所以清晰、明了的财务报表是对创业者最基本的要求。创业者应对资金需求的额度具备足够的认识,必要时还可以请教专业人士。在此方面,需要列示的关键财务指标和主要财务列表分别包括:第1年月报、第2～3年季报、第4～5年年报;资产负债表、损益表、现金流量表、资金需求与分配、财务假设、趋势和比较分析。

10. 创业计划表述

创业计划表述的作用相当于法庭审理过程中的结案陈词,需要语言简洁、清晰并少有冗余,运用准确、专业的语言完整归纳出创业计划的主要内容及实现方式,使风险投资家们确实认为此项投资具有实实在在的意义。一份创业计划的最终成败将在此一举,好的表述应该简明扼要地侧重说明时机成熟、公司战略、竞争优势等内容,千万不要回避公司策略和市场问题,而只去大谈特谈对财务方面的需求。

(资料来源:叶子网。)

俞敏洪创业团队

在新东方创办之前,北京已经有三四所同类学校。参加培训的学员多是以出国留学为目的的。新东方能做到的,其他学校也能做到。当时,国内掀起了学习英语的热潮,越来越多的优秀教师加入英语培训行业。如何先人一步,取得自己的竞争优势,把新东方做大做强,俞敏洪认识到英语培训行业必须要具备一流的师资。

培训学校普遍做不大是有原因的,由于对个别讲师过分倚重,每个讲师都可以开一个公司,但是每个公司都做得不大。所以,俞敏洪需要找到更多的合作伙伴,帮他控制住英语培训各个环节的质量。而这样的人,不仅要有过硬的专业知识和能力,更要和俞敏洪本人有共同的办学理念。他首先想到的是远在美国的王强、加拿大的徐小平等人,实际上这也是俞敏洪思考了很久所做的决定——这些人不仅符合业务扩展的要求,更重要的是这些人作为自己在北大时期的同学、好友,在思维上有着一定的共性,肯定比其他人能更好地理解并认同自己的办学理念,合作也会更坚固和长久。这时他遇到了一个和他有着共同梦想的朋友——杜子华,杜子华像一个漂泊的游侠,研究生毕业后游历了美国、法国和加拿大,凭着对外语的透彻领悟和灵活运用,在国外结交了许多朋友,也得到了不少让人羡慕的机会。但他在国外待的时间越久,接触的人越多,就越是感觉到民族素质提高的重要性和迫切性。他认为,要提高一个人、一个民族的素质唯有投资教育。

1997年,俞敏洪的另一个同学包凡一也从加拿大赶回来加入了新东方,新东方就像一个磁场,凝聚起一个个年轻的梦想,这群在不同土地上为了求学,洗过盘子、贴过广告、做过推销、当过保姆的年轻人,终于找到一个突破口,年轻人身上积蓄的需要爆发的能量在新东方充分得到了释放。就这样,从1994年到2000年,杜子华、徐小平、王强、胡敏、包凡一、何庆权、钱永强、江博、周成刚等人陆续被俞敏洪网罗到了新东方的门下。

俞敏洪的成功之处是为新东方组建了一支年轻而又充满激情和智慧的团队,俞敏洪的温厚、王强的爽直、徐小平的激情、杜子华的洒脱、包凡一的稳重,五个人的鲜明个性让新东方总是处在一种不甘平庸的氛围当中。

俞敏洪敢于选择这些创业伙伴,并且真的在一起做成了大事,成就了一个新东方传奇,从这一点来说,他是一个成功的创业团队领导者。他知道新东方人多是性情中人,从来不掩饰自己的情绪,也不愿迎合他人的想法,打交道都是直来直去、有话直说。因此,新东方形成了一种批判和宽容相结合的文化氛围。批判使新东方人敢于互相批评,纠正错误;宽容使新东方人在批判之后能够互相谅解,互相合作。这就是新东方人的特点:大家互相之间不记仇,只计较到底谁对、谁错、谁公正。

(资料来源:百度文库。)

请认真研读以下案例,并思考案例中的主人公为何会创业失败。

上海海洋大学的一位创业者

在上海海洋大学,有一个攻克了某种高级观赏鱼人工养殖难题的高才生,名叫王楠。他在毕业后,就用这个颇有技术含量和难度的科技项目开始了自己的创业之旅。

他首先攻克了这种鱼在人工海水下的养殖难题,紧接着又在老师的帮助下成功地解决了人工繁育课题。于是,他创办的企业里,从此有了漂亮的观赏缸——类似于我们常见的热带鱼缸一样,在清澈的水里,游动着彩色的观赏鱼,美丽而又让人喜欢。

为了开办公司,他找到了一个与他性格不同但优势互补的搭档张玉。王楠是技术型的,可以负责公司的技术问题;而张玉是营销型的,可以负责公司的销售和外联工作。

公司在天使基金的帮助下顺利开张了,由于产品填补了市场空白,一时间生意兴隆,他俩非常开心。但好景不长,渐渐地王楠发现公司的业务很好,可就是不赢利。他细心观察和打探之后,发现张玉在外边又重新开了自己的公司。

是沟通不够,利益分配不均,还是其他原因?一心只顾技术改进的王楠,缺乏企业管理知识。总之,尽管他们创业优势互补,但却因为彼此间缺乏诚信问题,导致团队合作失败,也最终导致创业失败。

(资料来源:李肖鸣,孙逸,宋柏红.大学生创业基础[J].2016:56-57.)

实践与拓展

你适合创业吗?

当你希望能够拥有自己的企业时,你可以通过此测试来了解自己的创业能力。通过此测试,你可以判断自己是否适合创业,以及自己所具有的创业潜力。请你认真阅读表1-3-1中的测试题,并结合自己的实际情况作答。

请注意,在答题的时候请根据个人的第一感觉选择,并在符合你的情况里画"√"。当然,决定一个人创业成功与否的因素会有很多,本次测试结果仅作为参考。现在,请你开始作答吧!

表1-3-1 创业能力测试

测试内容	测试结果	
	是	否
1. 你是否曾为了某个理想而制订了长达两年以上的计划,并且也确实按照计划实施到底?		
2. 无论是在学校还是家中,你是否在没有老师和亲人的督促下自动完成了所分派的任务?		
3. 你是否喜欢自己一个人去完成工作,并将工作做得很好?		
4. 你身边的朋友是否经常来咨询你的建议或者寻求你的指导?你是否曾经被大家推选为领导者?		
5. 你是否有过赚钱的经历?你喜欢储蓄吗?		

测试内容	测试结果	
	是	否
6. 你是否能够连续 10 小时以上专注做个人感兴趣的事?		
7. 你是否有保存重要资料的习惯,并且能够将这些资料整理得井井有条,以备有需要时可以查阅?		
8. 在平时生活中,你是否热衷于社会服务工作?你是否关心别人的需求?		
9. 你是否喜欢音乐、艺术、体育以及其他各种活动?		
10. 在此之前,你是否领导其他人员共同完成过一项大型活动或任务?		
11. 你喜欢在竞争中生存吗?		
12. 当你被别人管理时,发现管理者的管理方法不当,你是否会想出适当的管理方式并建议其改进呢?		
13. 当需要别人帮助时,你是否能自信地提出要求,并且说服他人来帮助自己呢?		
14. 在筹款或者义卖时,你是否充满自信而不羞怯?		
15. 当要完成一项重要工作时,你是否总能给自己留出足够时间仔细完成,而从不虚度时间、匆忙草率完成?		
16. 在参加重要聚会时,你是否能够准时赴约?		
17. 你是否有能力安排恰当的环境,使自己在工作中不受干扰、专心工作?		
18. 你所交往的朋友中是否有许多有成就、有智慧、有眼光、有远见、老成稳重型的人?		
19. 在学习或团体中,你是否被认为是受欢迎的人?		
20. 你认为自己是理财高手吗?		
21. 你是否可以为了赚钱而牺牲掉自己的娱乐时间呢?		
22. 你是否总是独自挑起责任的担子,彻底了解工作目标并认真地执行工作?		
23. 你在工作中是否有足够的信心和耐力?		
24. 你是否能在短时间内结交到许多新朋友?		

请注意:答"是"得一分,答"否"不得分,请依据你的实际填答情况,统计出自己的得分。

我的得分:＿＿＿＿＿＿＿＿＿＿＿＿

评分标准:

A. 0~5 分:目前你还不适合创业,需要先通过为别人工作来历练自己,不断提升个人的学习技术和专业。

B. 6~10 分:你具有一定的创业能力,但是需要有别人的指导,这样才会有成功的机会。

C. 11~15 分:你适合自己创业,但必须要对所有"否"的测试内容进行分析,明确个人所存在的问题并不断加以纠正、改进。

D. 16~20 分:你非常适合创业,可以先从规模小的事业开始,通过不断的实践从中获得经验,最终成为成功的创业者。

　　E. 21～24 分:在创业这条道路上你拥有无限潜能,只要能够把握住时机和运气,在未来你将有可能会成为商业巨子。

　　我的结果:＿＿＿＿＿＿＿＿＿＿＿＿＿＿＿

　　自我反思:

　　从创业能力测评来看,你适合创业吗? 请结合个人实际情况,从"创新意识""创新心理品质""创新能力""执行力""学习能力""组织管理能力""决策能力""专业技术能力"等方面展开反思,完成表 1 - 3 - 2 的填写。

表 1 - 3 - 2　我的创业素质提升计划

创业素质	存在的问题	原因分析	改进措施
创新意识			
创新心理品质			
创新能力			
执行力			
学习能力			
组织管理能力			
决策能力			
专业技术能力			

第四节　创业人生规划

 案例导入

伍小燕专访:三十年的创业人生

　　来自温州鳌江镇的伍小燕是一名女企业家,她还担任了重庆市政协委员等职务。 她在商海沉浮 30余年,失败过、痛苦过,却从不轻言放弃。 从 1979 年的初次创业至今,她经历了三次创业,最终收获了属于自己的一片商业天地。

　　头衔众多,干练、稳健,事业成功,独立多金,这样的特性使得人们难免给伍小燕贴上"女强人"的标签,但伍小燕并不这么看待自己。 如今,最让伍小燕欣慰的是,自己的一双儿女已长大成人,他们陪伴在自己的身边,成为自己的左膀右臂。

　　20 世纪 80 年代初,伍小燕与丈夫承包了一家濒临倒闭的乡镇企业。 创业初期,她与丈夫既任厂长,又任销售员,奔波在上海、杭州等地推销产品。 她与丈夫风餐露宿,最终凭借坚持不懈的努力将一家濒临倒闭的企业硬撑了起来。 1986 年,伍小燕和丈夫联合两位股东投资 10 多万元创办了一家塑料机械设备厂,这家企业也成为温州最早从事塑料机械设备制造的民营企业之一。 她与丈夫苦心经营,实现了个人资产上百万元的成就。 然而,好景不长,1994 年的特大台风损毁了企业,伍小燕也结束了她的第一次创业。

　　1995 年,32 岁的伍小燕开始了第二次创业。 这次,她的创业项目也从工业制造跨度到酒店宾馆服

务。她投资数百万元建设了敖华宾馆等多家宾馆酒店。

2006 年,伍小燕走进人生中的第三次创业。机缘巧合,她来到山城重庆。在这里,她开始了第三次创业。

如今,伍小燕旗下的事业板块涉及项目投资、股权投资、饮料食品、服装服饰、商业贸易、文化传媒和装修园林等多个领域。

（资料来源：改编自平阳新闻网。）

 理论梳理

一、创业人生规划的必要性

每个人的人生都需要规划,对于创业者来说更是如此。人生一旦有了规划,就好比航行在孤海中的帆船扬起了风帆一样,能够不断朝着理想彼岸前进。创业道路是崎岖的,且充满了未知数,因此创业者需要进行人生规划。创业人生规划如同创业者的人生导航仪,不断引领创业者前行,实现当初自己最纯真的创业理想。关于创业人生规划的必要性,主要有以下三点(图 1 - 4 - 1)：

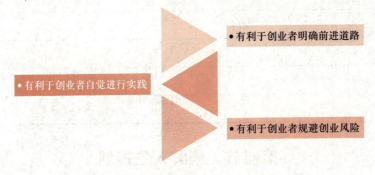

图 1 - 4 - 1　创业人生规划的必要性

1. 有利于创业者明确前进道路

创业人生规划对创业之路进行了翔实描述,很细致地给出了创业者抵达成功彼岸的路径。这可以让创业者明确自己所要做的事情,并提供实践指导。因而,创业人生规划有利于创业者明确前进道路。

2. 有利于创业者自觉进行实践

马克思曾说过："蜘蛛的活动与织工的活动相似,蜜蜂建筑蜂房的本领使人间的许多建筑师感到惭愧。但是最蹩脚的建筑师从一开始就比最灵巧的蜜蜂高明的地方是,他在用蜂蜡建筑蜂房以前,已经在自己的头脑中把它建成了。"从本质上来说,创业者具有主观能动性,具有独立意识和创业目的。创业人生规划的构思,有利于督导创业者有意识地按照人生规划来实践。

3. 有利于创业者规避创业风险

创业人生规划是创业者经过缜密思考才形成的,具有一定的可行性和可操作性。它描述了创业者所需要经历的阶段及注意事项,有利于创业者成功规避创业风险。

二、创业人生规划过程分析

不同人所面临的境遇是存在差异的,而且创业过程本就是一个弥漫着朦胧色彩的活动,因而提前进行创业人生规划是非常重要的。它就是创业者的人生经营战略,这类似于企业战略的管理过程。依据西方企业的战略管理理论,本文将创业人生规划过程归纳为SWOT分析、蓝图设计、实施方案以及规划调控四个环节。

(一) SWOT 分析

SWOT 分析法是一种战略分析工具,是由美国旧金山大学教授韦里克在 20 世纪 80 年代提出的。SWOT 是英文单词 Strength(优势)、Weakness(劣势)、Opportunity(机会)、Threat(威胁)的缩写,它通过对研究对象组织内部的优势和劣势,以及对组织所处环境的机会和威胁的分析,确定组织的发展战略。依据 SWOT 分析模型,将创业者在此环节的分析工具设计如图1-4-2所示。

创业人生
规划过程
分析

图 1 - 4 - 2　自我剖析工具

通过充分利用"自我剖析"工具,创业者就能够明晰个人优劣势、创业机遇和创业挑战。创业者只有善用个人优势,抓住创业机会,并学会规避劣势和威胁,才能不断朝着最终目标奋进。

(二) 蓝图设计

蓝图设计是整个创业人生规划的核心。它不仅能够对创业者今后的创业人生提供指导,同时也能监控和管理整个过程。在蓝图设计环节,创业者需要明确提出个人的创业人生愿景,并据此制定出具体可行的奋斗目标和实施计划。创业人生蓝图设计工具模型如图 1-4-3所示。

1. 明确创业人生愿景

愿景表明了人生发展方向,是一个偏向宏观的概念。在创业者的奋斗旅途中,需要有一个明晰的人生愿景,以不断指导创业人生发展方向。

2. 明确创业人生使命

在明确了创业人生愿景后,创业者需要确定人生使命,即创业者的事业和实现人生愿景

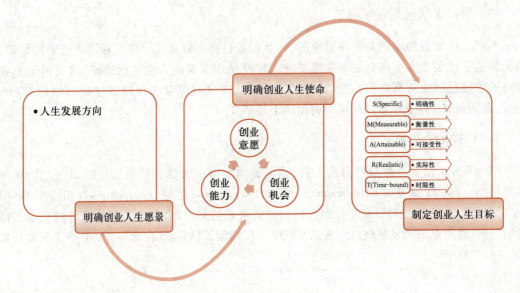

图 1 – 4 – 3　创业人生蓝图设计工具模型

的途径。例如,世界计算机大亨比尔·盖茨给自己所设定的人生使命就是"使每个家庭的桌面上都拥有一台计算机"。当创业者在确定人生使命时,可以综合考虑创业意愿、创业机会以及创业能力等因素。其中,创业意愿是指创业者的喜好分析,即想做什么;创业机会是指机遇和挑战的分析,即可以做什么;创业能力是指创业者的优劣势分析,即能够做什么。

3. 制定创业人生目标

创业人生目标给创业者提供了清晰的目标以及对应的可衡量评估标准。为了使得创业道路更加顺畅及实现的可能性更高,本环节我们需要借鉴美国管理学大师彼得·德鲁克所提出的实施目标管理原则,即 SMART 原则(S = Specific、M = Measurable、A = Attainable、R = Realistic、T = Time – bound)。其中 S 是指明确性,即运用具体语言明晰表述所要达成的行为标准;M 是指衡量性,即需要有一套具体的数据以作为衡量目标是否达成的依据;A 是指可接受性,即目标需要被执行人员可接受;R 是指实际性,即在现实条件下目标是否可行;T 是指时限性,即目标是有时间限制的。

(三) 实施方案

在制定了系统化、层级化的目标体系后,可以据此形成创业规划行动实施方案,也就是可实施的行动计划。明确计划的制订,有利于保证创业者充分有效利用时间,有条不紊地进行实践,从而最终顺利实现创业愿景和创业目标。制订行动计划时,需要注意以下几点:

(1) 保证行动方案的条理性、清晰性;

(2) 表述应该清晰明了,以保证整个项目实施的明确性和可行性;

(3) 最好能够多准备几个备选方案,以能够应对未来的不确定性;

(4) 行动计划的制订需要考虑:是什么(what)、为什么做(why)、联系谁/谁做(who)、在哪里实施(where)、怎么做(how)、什么时间完成(when)、需要付出多少(how much)。如图 1 – 4 – 4所示。

图1-4-4 制订创业人生行动计划需要考虑的因素

在制订了具体的实施方案后,就可以据此来实践。在具体的实施过程中,创业者需要脚踏实地去完成,并做好时间管理。

(四)规划调控

在实际的生活和工作中,往往会由于外在环境、市场条件等因素的影响,出现计划赶不上变化快的情形。因而,对于先前所制订的行动计划有必要适当调整。创业者在实施创业人生规划的过程中,可以依据规划的实施效果和所预定的人生目标进行比对,依据两者之间的偏差程度进行有效调整,以保证创业人生目标的成功实现。

拓展阅读

施瓦辛格的职业规划

阿诺德·施瓦辛格年少时,身体非常瘦弱,却在日记里立志长大后做美国总统。如何能实现这样宏伟的抱负呢?经过思索,他拟定了一系列目标。

做美国总统首先要做美国州长——要竞选州长必须得到雄厚的财力后盾的支持——要获得财团的支持就一定得融入财团——要融入财团最好娶一位豪门千金——要娶一位豪门千金必须成为名人——成为名人的快速方法就是做电影明星——做电影明星前得练好身体,练出阳刚之气。

按照这样的思路,他开始行动。某日,当他看到著名的体操运动主席库尔后,他相信练健美是强身健体的好点子。他开始刻苦而持之以恒地练习健美,他渴望成为世界上最结实的壮汉。几年后,借着发达的肌肉,一身似雕塑的体魄,他囊括了各种世界级"健美先生"的称号。

22岁时,他踏入了美国好莱坞。在好莱坞,他花费了十年时间,利用自身优势,刻意打造坚强不屈、百折不挠的硬汉形象。终于,他在演艺界声名鹊起。当他的电影事业如日中天时,女友的家庭在他们相恋九年后,也终于接纳了这位"黑脸庄稼人"。他的女友就是赫赫有名的肯尼迪总统的侄女。

2003年,年逾五十岁的他告老退出影坛,转而从政,并成功竞选为美国加州的州长,他的下一个目标是竞选美国总统。

阿诺德·施瓦辛格的经历告诉我们:科学规划,行动有力,是取得成功的前提和保证。

从这个职业规划案例我们可以看出:职业规划得越早、步骤越详细,越能早日实现自己的梦想。不管这个目标多难,现实和理想之间的差距多远,只要有恒心,有切实可行而细致的计划,并一步一个脚印踏踏实实地去完成,就一定能够实现自己远大的理想。

(资料来源:来自百度文库。)

相关链接

无论人生还是创业都要规划

2015年6月29日,联想控股股份有限公司于香港联合交易所主板正式挂牌交易。时任联想控股董事长柳传志在接受记者采访时表示,他并不看重联想控股短期的股价,相反他看重企业的长线发展。

谈A股:联想将有项目在A股上市

柳传志表示,联想控股是一个做长线的公司,其本人更加注意的是以后怎么把企业做好,而不是当下的股价。

柳传志明确表示,一个健康股市的作用是使得好的企业获得更多的资金去做大做强,而未来审核制度向注册制过渡、新三板和上交所的战略新兴板制度建设值得期待。"相信香港股市现在能做到的,A股未来也能做到。"柳传志说,如果企业业绩不断成长,其早晚会在股市有较好反映,而香港股市较为看中企业的基本面,一些不稳定的因素对于公司股价的干扰概率较小,这也是联想控股决定在香港上市的最重要原因之一。

谈投资:看好消费服务类

对于联想控股未来的投资方向,柳传志明确表示,消费服务类业务一定要努力去做。目前,中国中产阶层人数已经顶上欧洲好多国家了,他们有新的消费服务需要,但我国以前的政策可能限制了某些需要。打开这个政策后,就是一片空间。

对于联想控股上市募集资金的使用方向,柳传志明确表示,新募的资金既会用于战略投资,也会用于财务投资,当然毫无疑问战略投资是重要方向。

谈团队:价值观和方法论都很重要

在业内,联想的企业文化一直被看成行业的标杆。对此,柳传志深感自豪。对于创业团队的搭建,他认为核心价值观和方法论是最重要的两个板块。价值观要体现以人为本,即每个员工的追求应该跟企业目标一致,因此我们提出有关发动机的说法。方法论则是一边打仗,一边要不断进行总结。

谈家庭:爱人经常给我动力

在谈到爱人龚国兴时,柳传志首次披露了很多生活上的细节。"我出来创业非常感谢我太太,从来没有给我一点压力,我们两个人都在科学院里工作,她知道当时出来确实有风险,她知道把我按着不出来,她自己安心不了,所以她会积极支持我。"柳传志动了感情,声音都有点颤抖。"所以考虑问题的时候,工作的事我也想,家里的事我也想,所以过得非常愉快。"柳传志笑着说。

(资料来源:改编自人民网。)

围绕中心，自我规划，实现创业人生路

宋玮，河南大学计算机科学与技术专业 2010 届毕业生。2010 年 3 月，在毕业前夕，宋玮在上海杨浦注册成立了麦博文化传播有限公司，公司由 4 家风险投资机构注资 1 000 万元。

1988 年出生的宋玮生长于上海，2006 年 9 月考入河南大学，就读于计算机科学与技术专业。虽然入校时给人的感觉是身体单薄、个子不高，但自入校后他一直都对自我的发展很有规划。

进入大学，宋玮就开始在学院网络工作室兼职，为学校教务处、团委、就业中心等部门制作网站，并负责网络日常维护。进入大三，他先后为中国移动、腾讯、东风日产等 10 余家国内知名企业开发手机软件、动漫广告。进入大四，他曾兼职数家软件公司，从中揽取"软件外包"业务。总之，宋玮在大学四年利用各种机会锻炼自己的技能，提升自己的素质。

让他确立"知识"创业道路可能是一次偶然，也可能是一种水到渠成的必然。大一期间，宋玮和学院同学一起参加河南省"挑战杯科技作品大赛"，获得二等奖。大二期间，他又和历史文化学院、工商管理学院等十位同学合作，模拟成立纬达网络科技有限公司。作为该创业团队的核心成员，他带领大家获得全国大学生"挑战杯创业大赛"银奖，这个创业项目成为他创业的蓝本。

大四时宋玮也像其他同学一样，通过网络给上海多家软件企业投递了简历。看到他的简历，很多企业都表示只要他愿意加入，待遇不是问题。面对这么多选择，宋玮也有过迷茫。2010 年春节，他回到了上海，经过一个月的思索，他放弃了所有的选择，选择自主创业，并赢得家人和亲友的支持。

2010 年 3 月，他在上海杨浦注册成立麦博文化传播有限公司。公司出品的游戏在乐趣上的追求从来没有停止过，旗下出品的各种游戏均获得了广大用户的一致好评。在获得用户认可的同时，公司在游戏的盈利模式上的研究也没有停止过。公司先是采用从"付费游戏"到"游戏免费＋内付费"的模式，再发展到与谷歌公司紧密合作，加入游戏制作与广告投放的合作模式中，这大大拓宽了公司的收益链。

尽管已经实现了盈利，但是公司依旧在提高游戏品质、提升游戏趣味性上花费了大量的时间。公司从程序员到美工，上上下下，大家都把精益求精、注重细节作为麦博的企业信条。

（资料来源：河南大学就业中心．围绕中心，自我规划，实现创业人生路[J]．中国大学生就业，2013(9)：54—55．）

1．请认真研读以上案例，结合前面对创业人生规划过程的分析，帮助宋玮完成他的创业人生规划图谱。

➤ SWOT 分析

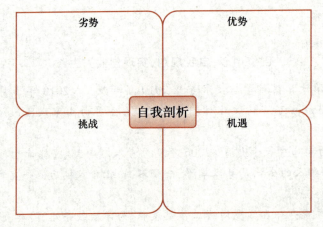

➤ 创业人生蓝图设计

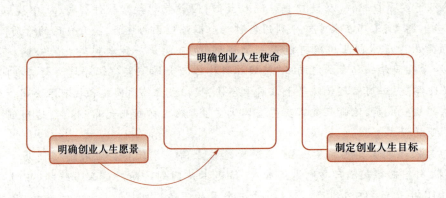

➤ 创业人生实施方案

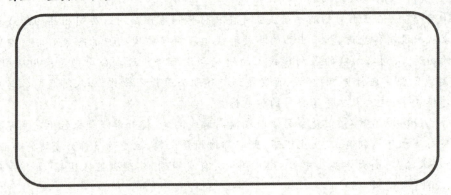

➤ 规划调整

2. 请分析麦博游戏公司是如何取得成功的,以上案例对自己有哪些启发。

麦博游戏公司成功的原因

我的启发

实践与拓展

自我创业人生规划

通过前面的学习,我们知道创业人生规划包括自我剖析、创业人生蓝图设计、创业人生实施方案设计以及规划调整等步骤。相信你也对自己的人生规划很好奇。接下来,大家就结合前面的学习内容,来进行自我创业人生规划吧!分享是一种很重要的人生活动。大家在完成自己的创业人生规划之后,可以与身边的好友进行分享,共同来探讨各自的创业人生规划方案,彼此相互提意见,不断完成此方案。

1. 自我剖析

别人眼中的你和自己眼中的自己是存在一定差距的。为了更加全面认识自己,请让自己的家人和同学分别对你展开评价,并分别完成表1-4-1。之后,综合考虑别人对你的评价以及自我评价,得出个人的优劣势、创业机遇以及创业挑战,并将其撰写出来。

表1-4-1 我的优缺点

	细则	符合程度				
		5	4	3	2	1
优点(至少3条)						
缺点(至少3条)						
综合评价						

请注意:符合程度从5到1分别表示为完全符合、非常符合、符合、比较符合、不符合。

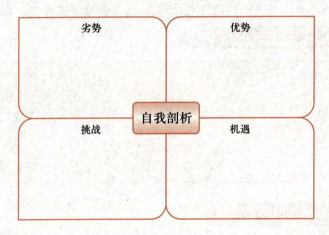

2. 创业人生蓝图设计

明确创业人生愿景	明确创业人生使命	制定创业人生目标

3. 创业人生行动计划实施方案

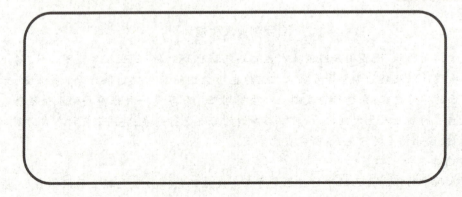

4. 规划调整

第二章

人格测评——完成人格认知

 学习目标

1. 了解创业人格的概念及结构；
2. 了解创业人格的影响因素；
3. 掌握伟大创业者的人格特质；
4. 掌握九型人格理论以及人格冰山理论；
5. 掌握五大人格特质模型。

第一节　创业人格的界定

 案例导入

格局决定一切

1. 马化腾这样对待合作伙伴

有一次，腾讯召开一次重要的战略发布会，马化腾邀请刘强东、姚劲波和王兴来站台。会议定在上午 10 点钟开始，马化腾 9 点 30 分就到了贵宾室。按照惯例，几位嘉宾都要早一点到，但到 9 点 40 分刘强东和王兴都还没有来，只有姚劲波到了。此时所有的工作人员都开始着急起来，但是马化腾脸上没有表现出着急的神态。9 点 55 分，到了必须要进会场的时间了，可刘强东和王兴还没有到。助理告诉马化腾，刘强东和王兴说就不到贵宾室了。马化腾听后微微点了点头，脸上仍然没有任何不快的表情。

其实企业的重要发布活动，就像主人在家里请客，客人不到或者迟到，主人都会脸上无光。所以，大部分主人此时会如同热锅上的蚂蚁，紧张、焦虑甚至发脾气，但马化腾却平静、缓和地处理了这件事情。

2. 马化腾这样对待陌生人

马化腾大学毕业后并没有创业的想法，而是找了一份工作。因为很轻松就能胜任，就在网络上兼职了一个站长职务。站长一定要是一个热心人，一个善于交际的人。马化腾作为第一代站长堪称称职，他对网友提出的问题都会认真解答。当然，有网友提出见面的要求，马化腾有时间也一定会去。

有一次，浙江宁波的一个网友提出见面要求，马化腾欣然同意。本来作为站长，马化腾是来帮助这个人的，但是没有想到这个人对马化腾影响巨大。正是受到此人创业的影响，马化腾才决定辞职创业。如今《王者荣耀》游戏出尽了风头，腾讯已经成为当今世界游戏产业的绝对霸主，而腾讯之所以会做游戏，也是马化腾受到此人启发的结果。这个人就是网易的丁磊。

3. 马化腾这样给高管发工资

如果不是因为腾讯是上市公司，我们可能无法知道马化腾给高管发工资有多慷慨。为什么在企业里有人愿意做老大，因为在大部分企业里面老大的工资最高，其他人的依次递减。但是，马化腾颠覆了这条规律，这就是马化腾的大格局。

俗话说得好，上行下效。马化腾这样给高管发工资，那么高管又会怎么给员工发工资呢？马化腾和他的团队给有突出贡献的员工发薪酬从不吝啬，腾讯的员工的获得感可以说是最强的，这也是腾讯的员工忠诚度极高，流失率极低的原因。

4. 马化腾这样对待个性强的员工

有人说没有张小龙就没有微信，我说没有马化腾就没有张小龙，张小龙脾气古怪，换一个老板或许早就把他炒鱿鱼了。

张小龙性格孤僻，最不愿意和人打交道。腾讯总部每周都要召开例会，广州和深圳开车也不过 2 小时左右。但是，张小龙总是以"早上起不来"为借口不去参加会议。为了迁就他，马化腾就让自己的秘书一大早叫醒他。但是，张小龙又说路上太堵，怕赶不上。本以为这样马化腾就放弃了，可张小龙想不到马化腾这么有耐心，以后每周开例会的时候，马化腾派的专车都会准时到楼下来接他。这下，张小龙再也没有任何借口不参加会议了。可以说，张小龙是唯一一个在腾讯能如此"放肆"的人！但是，马化腾能容忍张小龙的一切。

5. 马化腾这样对待自己的敌人

看一个人能有多大成就，只要看他如何对待自己的敌人、仇人或者是伤害过他的人就知道了！很多人都知道，马化腾是一个就事论事的人，也正是因为如此，他有竞争对手，但是却没有真正的敌人。因为他对敌人保持着尊重。你可以打败他，但是你不能毁灭他！

马化腾的故事让我们看到，创业路上个体的人格特质在自我的成长之路上占据重要的地位，如何更好地认识自己，认识团队成员，组建有风格的创业团队，是创业路上成功的不二法门。

（资料来源：搜狐网。）

 **理论梳理**

一、人格的基本概念

（一）人格的定义

人格（Personality）一词最初来源于古希腊语 Persona，是指舞台上演员所戴的面具，主要是用来展现演员所扮演的角色。

从本质上来说，人格是属于心理学领域的词，是心理学引用面具的含义转化而成的。它是指一个人的总体精神面貌，是由具有相对稳定和倾向性的心理特质所组成的，包括气质、性格、能力、兴趣、爱好、需要、动机、价值观等。

从心理学角度来说，人格主要包含两层含义，分别为外显行为和内隐人格成分。一方面，人格是指个体在实践中所表现出的行为以及所遵从的社会规范，这些都能为大家所观察到；另一方面，人格是指个人内在的性格成分，即个体的内在特质。人格就是外显行为和内隐人格成分的总和，并且人格会因人而异。

（二）人格的特征

依据人格的定义分析，可知人格包含独特性、整体性、稳定性以及社会性。可用图 2-1-1

来表示。

图 2 - 1 - 1　人格的特征

1. 独特性

独特性是指人格会因人而异,不同的人会在心理以及行为等方面存在差异。在日常生活中我们经常会发现,人与人之间的差异会表现为能力、性格、心理素质、精神理念等内部特质以及行为模式和行为偏好等外部特征。例如,有些人心思很缜密,有些人想象力很强,有些人交际能力很强。也正是因为人格的独立性,使得整个社会多姿多彩。

2. 整体性

整体性是指人格的特质会体现于能力、行为、精神等多方面,它们相互影响,相互制约,相辅相成,共同构成一个有机共同体。尽管这些是无法直接观察到的,但是它们可以体现于人们的行为之中。当一个人的人格结构体系相互统一、彼此和谐,此人便会呈现出正常、稳定的人格特质,展现出个人的独特精神风貌和个人魅力。否则,此人会存在各种心理冲突,自相矛盾,自我冲突。

3. 稳定性

稳定性是指人格具有稳定性,它是某个人所表现出来的稳定的心理特征和行为模式。人格的稳定性主要表现于两大方面,分别为跨时间的持续性和跨情境的一致性。例如,一个外向的人不仅在家里擅长言语,在社会上也亦擅长交际。

4. 社会性

社会性是指人格能够从侧面反映出一个人所生存的环境,以及所接受的教育和所结交的人等方面。这主要是因为人格是一个人所独有的心理品质,以及所表现出来的独特行为模式。人是生活于环境之中的,环境对一个人的成长会产生影响,古代"孟母三迁"的故事反映的就是这个道理。由此可见,人格具有社会性,它既是社会化的对象,也是社会化的结果。

二、人格结构

人格结构是一个具有层次性、相互依存、相互作用的复杂结构系统,该系统结构会包含很多成分,例如价值观、精神以及毅力等。归纳起来,人格结构主要包括能力、气质、性格等方面。

人格结构 = 能力 + 气质 + 性格

（一）能力

能力是属于人格结构的心理成分。它是指能有效完成实践活动所必备的内隐条件,需要通过各种形式或者途径表现出来,如观察、思维、想象、解决问题等。能力是具有独立性的,不同个体所具有的能力会存在极大差异。

依据相关理论,可以将能力分为常规能力和特殊能力,二者相互影响、相互促进。常规能力是指人们从事一般行为活动所必备的能力,是公众所共同具有的能力,例如想象力、记忆力以及观察力等。特殊能力是指人们从事特殊行为活动所必备的能力,具有独特性、专业性和条件性。例如,程序设计能力是对从事计算机编程人员所要求的能力,要求他们具有很强的逻辑思维能力和编程素养。

依据加德纳多元智能理论,人有 8 种能力(图 2-1-2):

图 2-1-2 人的八种能力

（1）语言表述能力(linguistic intelligence):对文字意义的敏感性;

（2）数学逻辑能力(logical – mathematical intelligence):计算、量化和假设能力;

（3）音乐感知能力(musical intelligence):旋律、节奏、音调的敏感性;

（4）身体活动能力(bodily – kinesthetic intelligence):巧妙操纵物体和灵活运用身体的能力;

（5）人际关系能力(interpersonal intelligence):人与人交往的能力;

（6）空间感知能力(spatial intelligence):感知、改造空间的能力;

（7）探索心灵能力(intrapersonal intelligence):对自己的认识、体验和调节控制的能力;

（8）自然观察能力(naturalist intelligence):对物体进行辨认和分类,能够观察自然和人类社会等的能力。

（二）气质

气质是人的心理特性之一,是指个体心理活动的稳定的动力特性,它主要表现在心理活动的强度、速度、稳定性、灵活性及指向性上。它具有先天的、典型的、稳定的等特征,没有好坏之分。

现代心理学认为,气质是指在某类人身上所共有的或相似的心理特征的结合。早在公元前五世纪,古希腊医师希波克拉特基于对前人的研究,将气质分为胆汁质、多血质、抑郁质、黏液质四种类型,这也是有关气质类型的最早学说。人的气质类型如图2-1-3所示。

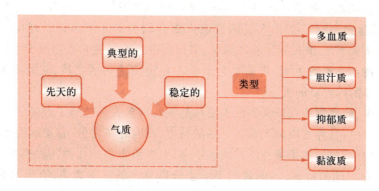

图 2-1-3　人的气质类型

1. 多血质

多血质又称为活泼型。一般而言,具有此种气质的人富有朝气,情绪极易改变且喜欢表露于外。而且,多血质的人思维灵活,行动敏捷,动作活泼,交际能力强,环境适应能力极强。但是,他们往往缺乏耐心和毅力,且容易见异思迁。他们所适合的职业为导游、推销员、主持人、演讲者等。

2. 胆汁质

胆汁质又称为不可遏止型或战斗型。一般而言,具有此种气质的人情绪趋于外向,变化迅速。他们工作热情高且意志力坚定,喜欢表现得雷厉风行。但是,他们往往理解问题不够细腻,爱使性子,脾气倔强。他们适合的职业为管理者、律师、记者、外交官等。

3. 抑郁质

抑郁质又称为消极型。一般而言,具有此种气质的人情绪不易外露,对事物具有较高的敏感性。而且,他们聪明,富有想象力,注重内心世界和内心感受。但是,他们一般行动迟缓,多愁善感,不善交际且缺乏果断性,对自己缺乏信心。所适合的工作包括打字员、科学家、检查员、校对员等。

4. 黏液质

黏液质又称为安静型。一般而言,具有此种气质的人情绪稳定,性格内向,喜欢沉思,做事情很踏实,认真负责。他们的思维和行动都偏向迟缓,难以适应新的工作环境。所适合的职业包括外科医生、管理人员、出纳员、会计等。

苏联心理学家达威多娃,曾就人的气质类型做过一项实验。当时,有四个互不认识的人去戏院看戏,但他们都迟到了15分钟。于是,工作人员就不让他们进去,并告诉他们:"对不起,先生,您已经晚了 15 分钟。为了不影响影院内其他人看戏,你们就不能进去了。"

针对这一情况,这四个人分别做出了如下的举动:

第一个人说:"你们为什么不让我进去!你们知道我迟到的原因吗?刚才有位老奶奶摔倒了,我是为了去搀扶她,所以就来晚了。我这是做了好事,你们怎么能不让我进去呢?"于是,工作人员对他说:"好好好,那你进去吧。"这种人是属于胆汁质的人。

第二个人说:"听你的口音,你应该是南阳人吧?我的妻子也是南阳人。我带了南阳的烟,你要不来根抽抽?我是在税务局工作的,你以后有什么需要帮助的,就尽管来找我吧。"于是,工作人员对他说:"快进去吧。"这种人是属于多血质的人。

第三个人说:"你们若不让我进去,我就站在旁边等着不走。而且,第一个人已经进去了,那他为什么能进去呢?"工作人员回答道:"那是因为第一个人做了好事。"第三个人又说:"那第二个人呢?"工作人员答道:"算了,那你也进去吧。"这种人是属于黏液质的人。

第四个人说:"不好意思啊,我确实迟到了。"在说完这句话之后,就默默地离开了。这种人是属于明显的抑郁质的人。

在个性当中,到底哪种气质类型的人更好些呢?许多人都选择了多血质。其实,每个人的气质都是天生的,每种气质的人都各有各的特点,没有好坏之分,合理运用才是关键。

在现实生活中,单纯属于某种气质的人不多,大多数人都是几种气质类型的混合体。每种气质类型具有不同的特征,因而我们要学会分析自己的气质类型,争取能够做到扬长避短,自我调控。

(三)性格

性格是指个体对现实较稳定的态度和习惯化的行为方式。它在人们的人格体系中处于核心地位,决定了个人的行动方向,也是个体独立于他人的显著特征。心理学家认为,气质是先天的且无好坏之分,但性格则偏向于后天且有好坏之分。因而,性格从侧面体现了人们的道德。性格主要表现于两大方面,分别为人对事物一贯态度上的特性和人在日常行为方式上的特征。

性格是一种很复杂的心理现象。它具有不同的结构模式,每种结构模式具有不同的特征,具体分为认知特征、情绪特征、意志特征以及对现实态度特征。

1. 认知特征

性格的认知特征是指个体在认知活动中的特征,主要表现在感知、记忆以及思维等方面。在感知方面,分为整体感知和细节感知、抽象感知和被动感知等。在记忆方面,分为整体记忆和局部记忆、形象记忆和抽象记忆。在思维方面,分为形象思维和抽象思维、独立思考和盲目效仿、直线思维和发散思维。

2. 情绪特征

性格的情绪特征是指个体在情绪活动中的特征,主要表现在情绪的强度、稳定性、持续性以及外显性等方面。就情绪强度来说,有些人性格很暴躁,但有些人的性格很温和。就情绪稳定性来说,有些人情绪极易变化、喜乐无常,但有些人情绪却一直很稳定。就情绪持续性来说,有些人情绪起伏持续时间很长,但有些人情绪活动却稍纵即逝,好像从来没有发生过一样。就情绪外显性来说,有些人喜欢将情绪写在脸上,但有些人却喜欢将个人的喜怒哀乐放在心底。

3. 意志特征

性格的意志特征是指个体对自己行为进行调控的特征,可以从果断性、自觉性、坚韧性以及自制性等方面进行分析。果断性用来表明人在困难或者紧急情况下所表现出的意志特征,是果断还是犹豫不决。自觉性用来表明一个人是否具有明确的行为目标意志,是主动还是被动,是明确还是盲目。坚韧性表明一个人在长期工作过程中所表现出来的意志特征,是坚韧还是半途而废。自制性表明一个人对行为自觉控制水平的意志特征,是自制还是放任。

4. 对现实态度特征

一个人对现实态度的特征是其性格特征中最重要的组成部分,一般包括以下三个方面:首先是对社会、集体、他人等的态度特征,比如集体主义或个人主义、热情或冷漠、诚实或虚伪等。其次是对劳动、工作、学习的态度特征,比如勤劳或懒惰、认真或马虎、节俭或浪费。最后是对自己的态度特征,比如自信或自卑、谦虚或骄傲、自我完善或自暴自弃。

个体的性格特征如图 2-1-4 所示。

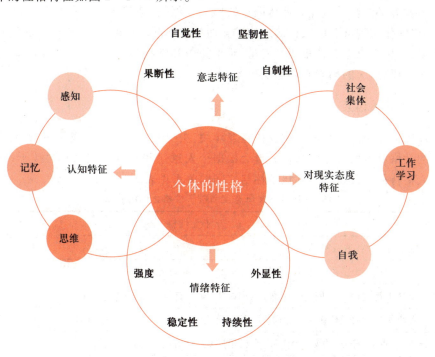

图 2-1-4　个体的性格特征

三、人格影响因素

人格影响因素

培养良好的人格对一个人的健康发展是非常重要的。一个人人格的形成过程,会受到许多因素的影响,比如所生存的环境、所接触的人以及所受到的教育等。相关研究表明,人格是环境与遗传相互作用的结果。人格的影响因素不仅包括先天的遗传因素,也包括后天因素。人格影响因素主要有先天遗传因素、家庭环境因素、学校教育因素以及社会文化因素,可用图 2-1-5 来表示。

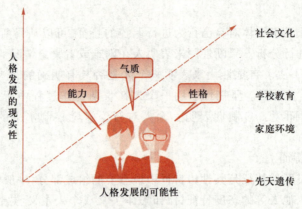

图 2－1－5　人格的影响因素

（一）先天遗传因素

人格的发展必然会受到先天遗传因素的影响。但是,遗传因素对人格的影响不是必然的,它对人格的作用程度会因人格的结构差异而存在不同。一般来说,就个体的气质的形成和发展来说,遗传因素会非常重要。但是,对于能力和性格的形成来说,遗传因素的作用则显得不那么重要,后天的因素则会影响更大。

（二）家庭环境因素

家庭环境会对孩子人格的影响发挥重要作用,主要表现在家庭环境氛围、家庭教育方式以及父母的性格等方面。通常来说父母会根据个人意愿和教育方式来教育孩子,帮助孩子塑造某些人格特征。父母态度和孩子性格之间的关系见表 2－1－1。

表 2－1－1　父母态度和孩子性格之间的关系

父母态度	子女性格
使唤	缺乏独立性、消极被动
溺爱	骄傲蛮横、利己主义、任性、胆怯、缺乏独立性、缺乏社会性
严厉	冷酷无情、独立、顽固、怯懦、跟风、不诚实、缺乏自信和自尊
冷漠	喜欢妒忌、情绪不稳、缺乏创造性,甚至会厌世和轻生
民主	独立、直爽、亲切、友好、善于社交、机灵胆大、快乐、有毅力、有创造性
争执	易怒,警惕性高,或者为人圆滑,喜欢投机取巧,爱撒谎

在孩子和父母的相处过程中,父母的行为方式以及家庭环境氛围会影响孩子性格的形成。正所谓,有其父必有其子。若家庭氛围比较和谐,在这样家庭所成长的孩子则比较体贴、性格开朗,能够同别人友好相处。若家庭氛围比较冷淡,则其孩子性格会偏孤僻,缺乏激情和上进心。若家庭氛围比较紧张,则生活在其中的孩子喜欢争吵、埋怨和打架。因而,创造一个和谐友好的家庭氛围,对于孩子的成长和发展是非常重要的。

（三）学校教育因素

学校教育对个人性格的影响,主要体现于学生身上。当学生进入学校以后,教师就成为了他们心中的权威,教师的人格特征、言行举止以及教育方式都会影响学生们的人格。若教师在他们心目中的形象是伟大的,这会成为学生们学习的榜样,他们会自觉地学习教师的行为方式和为人处世之道。而且,教师的公平、公正性也会对学生的人格产生重要影响。若教师在班级上表现出不公,则会在一定程度上导致某个或某些学生的学习成绩和道德品质下降。若教师能够做到平等对待班级学生,对所有学生都非常热情,则学生们会因感受到教师对他们的关爱而备受鼓舞,不断努力,奋发图强。

此外,学生在学校会接触到许多同龄人,他们的性格也会在一定程度上受到同伴的影响,比如伙伴们的兴趣爱好、行为习惯和言语等。

(四) 社会文化因素

每个人自出生之后,便会置身于一定的社会文化之中,并会接受社会文化对他们的熏陶。文化对人格的影响会伴随着一个人的一生。在人格结构特征中,具有共性特征和个性特征。社会文化因素决定了人格的共同特征,使其成员的人格结构朝着相似性的方向发展。

除了先天遗传因素、家庭教育因素、学校教育因素以及社会文化因素之外,生态环境以及气候条件等自然因素也会影响人格的塑造。但是,这些自然因素对人格不会起到决定性的影响,它会对特定的行为具有一定的解释作用。

综上所述,在人格的发展过程中,人格的形成与发展会受到先天遗传、家庭环境、学校教育以及社会文化等因素的影响。遗传决定了人格发展的可能性,环境则决定了人格发展的现实性。

拓展阅读

加德纳多元智能理论的重要性

智力多元化理论其实并非由加德纳首创,它是智力研究的主流。自智力概念产生,人们便力图窥破其内在结构,此时面临的首要问题是:智力是单一整体的能力还是多元的? 对这一问题的回答,持单因素观的不多,只在早期有少数几位心理学家,如高尔顿、比纳、推孟等人,他们认为智力是一种单一的总的能力。

桑代克是第一个以多因素论来解释智力的人。他认为人存在三种智力,分别为抽象智力、具体智力和社会智力。其后的心理学家要么通过因素分析,要么通过层级模型,对智力从横向与纵向进行各种划分。之后,智力的多元性成为不争的公论。在这些理论中,许多有关智力的成分与重要特征都被注意到,如视觉、空间知觉、社会智力、晶体智力、元认知、智能的质量指标等。

1983 年,加德纳基于前人的研究明确提出多元智能理论。他将人的智能表述为七种,分别为语言智能、数理逻辑智能、视觉空间智能、音乐智能、身体动觉智能、人际关系智能、自我认识智能。1999 年,加德纳又在前面提到的七种智能基础上加上了三个,这三个分别为自然智能、灵性智能与存在智能。

其实,加德纳多元智能理论的提出,其创造性的含量并不多。而且,加德纳关于智能的表述在逻辑上也显得极不严谨,前五项智能的命名基本上依赖智能的符号系统或凭借物,人际关系智能、自我认识智能与自然智能基本上以智能指向的对象命名,至于灵性智能与存在智能似乎又回到了综合的思路,带有明显的神秘色彩,与前面区分的标准显然又有所不同。将这些分类标准不同的智能相提并论,构成的只是一个智能的大拼盘。

尽管如此,但就是这样一个大拼盘似的智力理论却在教育实践领域引起极大反响。在美国,上百所学校、不计其数的教师将多元智能理论作为指导思想进行教育教学改革。1987年召开了关于多元智能的国际研讨会,其影响之大,可见一斑。在我国,加德纳的多元智能理论在教育实践中也受到越来越多的关注,北京、上海、山东、江浙诸省,以及台北、香港等地均对其有所研究。

（资料来源:张玲. 加德纳多元智能理论对教育的意义到底何在[J]. 华东师范大学学报:教育科学版,2003,21(1):44-52.）

相关链接

大三男生卖卡一年赚30万

让消费者手持一张“消费通”卡,就可以在山东青岛不同的商店享受到会员待遇,这就是聂名勇的梦想。为了实现这个看似不可能的梦想,聂名勇在读大学三年级时就和同学一起成立了公司。在创业战场上,小试牛刀的聂名勇踌躇满志,期待自己的公司有更好的发展。

逛街逛出个“金点子”

聂名勇是从临沂苍山考上青岛理工大学的,大学时在机械学院读测控专业。他的母亲身体不好,家里只有父亲一个劳动力,一年种地能攒下将近一万元,家里的经济条件挺困难的。到青岛上学后,他看什么都新鲜,就想留在青岛工作。为了实现这个目标,他从大一开始就努力学习,为以后创业做准备。

创业其实挺艰难的,对于像聂名勇这样的缺乏资金和创业经验的大学生来说更是如此。但聂名勇还是鼓足勇气,敢于去尝试一番。真正让他决定自己开公司的,是他无意间想的一个创业点子。他在大三时有一次出去逛街,看见每个商家几乎都有会员卡,消费者可以凭卡享受打折优惠。其中,不少人有专门的卡包来装不同的卡,这样找起来很不方便。聂名勇在看到这一现象后,就萌生了用一张通用卡来代替所有商家会员卡的想法。这样消费者持有一张全城通用的会员卡,可以享受上千家商家的折扣服务,不同行业的商家也能因此招揽到更多的客户,从而实现双赢。

大三当上了总经理

他把想法和两个同学说了,他们也认为这是个好点子。于是,三个人说干就干。起初,三个人每人出资1万元,并于2007年1月成立了青岛新领域信息科技服务有限公司。

聂名勇当时的1万元,是由他的父亲凑给他的。开公司并没有想象中顺利,租赁写字间、购置一些办公设备后,他们3个人的3万元钱很快就花完了。当时聂名勇心里也没谱,经常担心公司不能继续经营下去,自己没法和父亲交代。他发展的第一个客户是台东一家KTV,这家KTV的经理很年轻,很快就接受了这个新鲜事物,答应和他们结成联盟。此后,他们开始不断寻找新的合作商家。一有时间,他们就到各商业街去推广消费通会员卡。他们通过给商家介绍他们的创业理念,希望这些商家能够加盟。后来在他们的不懈努力之下,公司仅用半年时间就有了100多家结盟伙伴。

观念不同股东撤资

有了这些加盟商家后,他们开始推出消费通会员卡。到 2008 年 4 月,他们用了将近 1 年的时间卖出 1 万多张卡,三个股东大约赚了 10 万元。

但也正是从这个时候开始,这三个股东开始有了不一样的意见。聂名勇认为应该将所赚到的钱用于公司的发展之上,来给商家提供会员增值服务。但是,另外两门股东则认为应该继续将所赚到的钱用来推广消费卡,从而能够赚回现钱。最终,因为大家的观念不同,这两位股东分别撤资离开了公司。之后,聂名勇的创业之路也遇到了首次低潮期。

尽管如此,聂名勇依旧认为自己的思路是正确的,因为卖卡赚钱总会有市场饱和的时候。"我们目前正在开发软件,记录每个消费者的消费记录、联系方式,商家掌握消费者的消费习惯后,可以有目的地投放促销广告,这些信息对商家是很有用的。有了这样的增值服务,我相信我们的公司才会有更大的发展。"聂名勇对未来充满了信心。

(资料来源:改编自青年创业网。)

拓展活动

1. 在现实生活中,并非人人都能创业成功,而取得像马云、马化腾、乔布斯等人一样成功的人更是少之又少,并且还有一些人是一事无成的。那么,这是什么原因所导致的呢?请你就此问题与班级同学展开讨论。

2. 请你依据自己在第一章中所撰写的创业计划书,来思考自己为了实现该目标所需要具备的能力,并对自己目前所具有的现状展开反思,以实现对自我能力的认知(表 2-1-2)。

表 2-1-2 自我认知之能力

	所需要的能力	分析/备注
创业能力	□ 语言表述能力 □ 数学逻辑能力 □ 音乐感知能力 □ 身体活动能力 □ 人际关系能力 □ 空间感知能力 □ 探索心灵能力 □ 自我观察能力	

续表

现状分析	所拥有的能力	分析/备注
	□ 语言表述能力 □ 数学逻辑能力 □ 音乐感知能力 □ 身体活动能力 □ 人际关系能力 □ 空间感知能力 □ 探索心灵能力 □ 自我观察能力	
我的反思	改进措施	

3. 请你结合前面对气质类型的分析,上网查找相关资料或者阅读相关书籍,给每种气质类型列举两个典型人物(图2-1-6)。

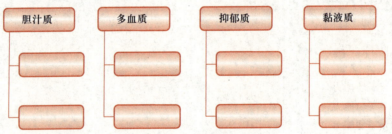

图2-1-6 气质类型列举

4. 我的气质类型

相信通过前面的学习,大家一定会对自己是属于哪个气质类型很感兴趣。接下来,就请你认真完成以下测试(表2-1-3)。请注意在回答这些问题时,认为很符合个人情况的,得2分;比较符合个人情况的,得1分;一般,得0分;比较不符合个人情况的,得-1分;完全不符合个人情况的,得-2分。

表 2－1－3　我的气质类型测试

描述	评价				
	很符合	比较符合	一般	比较不符合	完全不符合
1. 做事非常讲究稳妥,不做没有把握的事情					
2. 遇到让自己生气的事情就怒不可遏,觉得把心里话全部说出来才痛快					
3. 宁肯独自一人做事,也不愿意很多人在一起					
4. 能够很快适应一个新的环境					
5. 厌恶那些强烈的刺激,例如尖叫、噪声等					
6. 和人争吵时,总会先发制人,喜欢挑衅					
7. 不喜欢吵闹的环境,喜欢安静的环境					
8. 善于和人交往					
9. 羡慕那种善于克制个人感情的人					
10. 生活有规律,很少会作息不规律					
11. 大多时候都是乐观的					
12. 遇到陌生人的时候会觉得很拘束					
13. 即使遇到非常气愤的事情时,也能很好地自我克制住					
14. 做事总有旺盛的精力					
15. 遇到问题时常常会举棋不定、犹豫不决					
16. 在人群中从不觉得过分拘束					
17. 当情绪高昂时会觉得做什么都很有趣;当情绪低落时,会觉得做什么都没意思					
18. 当集中注意力做某事时,其他的事很难让我分心					
19. 总比别人更快地理解问题					
20. 遇到危险时,常常会感到极度的恐怖					
21. 对学习和工作都热情很高					
22. 能够长时间做枯燥、单调的工作					
23. 做感兴趣的事情就会干劲十足,否则就不想干					
24. 会因一点小事而情绪波动					
25. 不喜欢做那些细致且需要耐心的工作					
26. 与人交往时,能够做到不卑不亢					
27. 喜欢参加剧烈的活动					
28. 喜欢阅读一些感情细腻、描写人物内心活动的文学作品					

描述	评价				
	很符合	比较符合	一般	比较不符合	完全不符合
29. 经常会在工作、学习时间长的时候感到厌倦					
30. 不喜欢长时间讨论某个问题,更愿意动手去做					
31. 喜欢有话就说,不喜欢在私底下嚼舌根					
32. 别人总说我是闷闷不乐的					
33. 对于问题的理解常会比别人要慢些					
34. 疲倦时只要短暂休息一下就能重新投入工作之中					
35. 心里有话宁愿自己憋着,也不愿将它说出来					
36. 认准一个目标就希望能够尽快实现					
37. 学习、工作同样长的时间后,常会比别人更易感到疲倦					
38. 做事有些莽撞,常常不考虑做事的后果					
39. 老师在讲授新知识时,总希望能讲慢些,多重复几遍					
40. 能够很快忘记那些不愉快的事情					
41. 做作业或完成某件事情,花费的时间总比别人要多					
42. 喜欢运动量大的剧烈体育活动,或参加各种文艺活动					
43. 无法快速将注意力从一件事情转移到另一件事情上					
44. 在接受了一个任务后,就希望能够快速把它解决掉					
45. 认为墨守成规比冒风险要好点					
46. 能够同时注意到几件事物					
47. 当感到烦闷的时候,别人无论做什么都很难使我开心起来					
48. 喜欢看一些情节起伏跌宕的小说					
49. 始终对工作很认真、严谨					
50. 和周围人总相处不好					
51. 喜欢做已经了解的工作					
52. 希望做变化大、花样多的工作					
53. 对于小时候会背的诗歌,总能比别人记得清楚					
54. 别人说自己"出语伤人",但自己却并不这样认为					
55. 在体育活动中,常会因反应速度慢而落后					
56. 头脑聪慧、反应灵敏					
57. 喜欢做有条理、不是很麻烦的工作					

描述	评价				
	很符合	比较符合	一般	比较不符合	完全不符合
58. 常常会因令人兴奋的事而失眠					
59. 常常听不懂老师所讲的新概念,但只要弄懂了就难以忘记					
60. 假如工作枯燥无味,马上就会情绪低落					

请按照表2-1-4来统计测试得分:

表2-1-4 气质类型得分表

胆汁质	题号	2	6	9	14	12	21	27	31	36	38	42	48	50	54	58	总分
	得分																
多血质	题号	4	8	11	16	19	23	25	29	34	40	44	46	52	56	60	总分
	得分																
黏液质	题号	1	7	10	13	18	22	26	30	33	39	43	45	49	55	57	总分
	得分																
抑郁质	题号	3	5	12	15	20	24	28	32	35	37	41	47	51	53	59	总分
	得分																

A. 如果某一项或两项的得分超过20,则为典型的该气质。

B. 如果某一项或两项的得分低于20分且高于10分,其他各项分数较低,则为一般气质。

C. 若各项得分均在10分以下,但某项或几项得分较其余几项为高,相差5分以上,则为倾向于该气质类型或是几项气质的混合,如略偏黏液质型、多血质-胆汁质混合型。

其余类推,一般来说,正分值越高,表明该气质越明显;相反,分值越低越负,表明越不具备该项气质特征。

我的类型:_____

5. 图2-1-7分别展示了对于半杯水的两个人的态度,面对这两个人的不同反应,请分析两个人为何会产生不同的态度,并结合此图来谈谈你的感受。

图2-1-7 半杯水

我的感受

辩论：大学生参加社团对个人人格影响的利与弊

　　请大家依据观点分成两组，要求每组的人数相等。在大家分完组后，两组分别以"大学生参加社团活动对个人人格影响的利与弊"为主题展开辩论。辩论时长为 10 分钟。辩论结束后，教师分别对两组刚才的行为表现进行点评。然后，请你结合刚才的辩论过程，对创业团队组建的利与弊展开思考。

利	弊

第二节　人格与职业

案例导入

史蒂夫·乔布斯的创业史

　　史蒂夫·乔布斯（Steve Jobs）是美国苹果公司的联合创办人，同时也是前 Pixar 动画公司的董事长及首席执行官（Pixar 已在 2006 年被迪士尼收购）。他被认为是电脑业界与娱乐业界的标志性人物，同时人们也把他视作麦金塔电脑、iPod、iTunes 商店、iPhone 等知名数字产品的缔造者。2007 年，他被《财富》杂志提名为年度最强有力的商人。乔布斯的创业生涯可谓是影响深远，他将美学至上的设计理念在全世界推广开来。对简约及便利设计的推崇，也为他赢得了许多的忠实追随者。

　　乔布斯的亲生父亲是叙利亚人，他在很小的时候就被人收养。在加州的 Homestead 高中毕业后，就读于俄勒冈州波特兰里德学院。在那里，乔布斯只读了一学期就因家庭的经济原因而休学。但是，他并没有因此放弃读书的机会，而是一直在学校里旁听书法课等课程。由于自己所具备的书法美术素养，促使他对电脑软件字形美学的处理特别重视，这也让苹果电脑日后吸引了许多从事美术设计工作的使用者。1974 年，他曾在雅达利任技术员。1976 年，21 岁的乔布斯与 26 岁的斯蒂夫·沃兹尼亚克在自家的车房里成立了苹果公司。他们制造了世界上首台个人电脑，并称之为 Apple I。然而，依苹果电脑前首席执行官约翰·斯库利的看法，乔布斯并不具备科技研发能力。

1983 年，苹果公司的业务越做越大，乔布斯便开始寻求一名出色的首席执行官来管理公司。他找上了百事可乐公司的约翰·斯库利，问他："你是想卖一辈子糖水？ 还是想改变整个世界？"斯库利随后欣然前往苹果公司，出任 CEO。但是，Lisa 数据库的发布预示了苹果公司的没落。一台不合实际、连美国人都嫌贵的电脑是没有多少市场的，而 Lisa 又侵吞了苹果公司的大量研发经费。可以说苹果兴起之时，就是其没落开始之时。

1985 年，乔布斯因为个人的巨大成功，而获得了由里根总统授予的国家级技术勋章。然而，成功来得太快，过多的荣誉背后是强烈的危机。由于乔布斯经营理念与当时大多数管理人员不同，而且蓝色巨人 IBM 公司也推出了个人电脑、抢占了大片市场，这使得乔布斯新开发出的电脑节节惨败。总经理和董事们便把这一失败归罪于乔布斯。1985 年 4 月，经由董事会决议撤销了乔布斯的经营大权。乔布斯几次想夺回权力均未成功，便于 1985 年 9 月辞去苹果公司董事长职务。离开苹果后，乔布斯创立了 NeXT 电脑公司，并发展出 NeXT 电脑及 NeXTSTEP 操作系统。就像 Lisa 数据库一样，NeXT 拥有最先进的技术，但却不能成为最流行的电脑。

1986 年，乔布斯花费巨额资金从乔治·卢卡斯手中收购了加利福尼亚州的 Emeryville 电脑动画效果工作室，并独立成立公司皮克斯动画工作室（Pixar）。仅用十年时间，该公司成了众所周知的 3D 电脑动画公司，并在 1995 年推出全球首部全 3D 动画电影《玩具总动员》。该公司已在 2006 年被迪士尼收购，乔布斯也因此成了最大的股东。

1996 年，苹果公司重新雇用乔布斯作为其兼职顾问。此时，苹果经历了高层领导的不断更迭和经营不善之后，其运营情况每况愈下，财务收入开始萎缩。1997 年 9 月，当 Gil Amelio 离开公司后，乔布斯又开始重掌苹果公司的大权。在接任了首席执行官之后，他对当时的苹果公司进行大规模公司改组，并采取一连串新产品降价促销的措施。同年所推出的 iM 创新的外壳彩色透明设计，在美国和日本大卖，这促使苹果电脑度过财政危机。终于在 1998 年第四个财政季度创造了 1 亿 900 万美元的利润，让"苹果"重新"红"了起来。后来，苹果又推出 iMac，销量极好。之后，又陆续推出深受大众欢迎的 iBook、Mac mini、Mac OS X 操作系统、iPod、Apple TV 和 iTunes 音乐商店等一系列广受市场好评的产品。乔布斯曾亲自为 iPod 的网络销售音乐版权和反对的歌手进行洽谈，从而使得 iPod 能合法下载许多音乐。

2003 年，乔布斯被诊断患有胰腺癌，医生言说他活不过一年，可他就像苹果公司一样，挺过了八年，直到 2011 年 10 月。这就是乔布斯，一个经营企业就像经营自己的生命、一生都在和命运战斗的人。尽管他疾病缠身，但依然能够坚守岗位、创造神话。

（资料来源：文档下载网。）

 理论梳理

人格与职业

一、人格与职业

每一个人的人格当中，都具有一些先天所拥有的气质类型和性格优势。当人们在择业时，会自动地根据自己人格当中的价值取向来选择；同时，在工作中，人们会根据自我的价值取向来区分对错。一个人如果所选择的事业环境当中，符合人格中核心价值观的因素越多，工作状态就会越好，各方面也都能发挥得更好。相反，如果一个人所处的工作环境中，与人格中的价值观不符合的因素太多，工作状态则会不好，工作效率也可能会下降，无法充分发挥个人的聪明才智。

心理学家们通常认为，内在的心理结构及其所具有的特色是难以观测的，需要通过个体的外显行为来展示。关于人格特质与职业选择之间的关系，可以分别从能力、职业兴趣以及工作价值观等方面进行详细阐述。

（一）能力

能力对个体职业选择具有直接作用。能力不同于兴趣,它是指个体能处理某件事的技能,而兴趣是指个体所喜欢做的事情。依据美国劳工部(United States Department of Labor)对工作的分类,可将工作分为数据、人以及事物等三大范畴。每个范畴的工作,所需要的能力也存在差异。

1. 数据

数据的范围很广,可通过图片、文字、视频、音频等多种形式来呈现。当在处理数据的时候,通常需要以下能力:

能力1:汇聚能力。对所搜集到的数据资料进行整理、归类的能力。

能力2:处理能力。对所搜集到的数据资料进行处理的能力,比如转换格式、文档编辑等。

能力3:比较能力。能够区分各种数据资料之间的相似性和差异性的能力。

能力4:计算能力。对所搜集到的数据资料进行数据化处理,形成相应的数据报表的能力。

能力5:分析能力。对所搜集到的数据资料进行评估,以了解其中的逻辑关系,便于采取实践行动的能力。

能力6:综合能力。对所分析的数据自己进行整合,归纳出事实并得出结论的能力。

能力7:统整能力。对所分析的数据资料进行整理,并采用有组织、有条理的形式进行呈现,以促使别人能够理解和使用的能力。

2. 人

整个社会是一个复杂的关系网络,人与人之间会存在必然的联系。当在与别人相处时,会涉及以下能力:

能力1:顾问能力。对别人提供建议、指导或者咨询,以促进别人健康成长的能力。

能力2:磋商能力。与别人交换或者分享意见或者观点,以获得令双方都满意的决定的能力。

能力3:教导能力。采用示范以及练习等多种方法,来指导别人或者教授别人的能力。

能力4:督导能力。将工作任务及其相应的职责下达给其他人,实现工作能够按时保质完成的能力。

能力5:娱乐能力。通过电影、电视等多种娱乐途径,给受众带来欢乐的能力。

能力6:说服能力。通过个人的一套说辞,来影响别人并使其能够认同该套说辞的能力。

能力7:遵守能力。听从别人指示的能力。

3. 事物

与事物相关的能力范畴,主要体现于操作机械设备等过程中。

能力1:构建能力。能够组建机器设备或者工具的能力。

能力2:操控能力。能够操作机器设备或者工作,并对其进行有效控制的能力。

能力3:选择能力。依据个人经验或者专业判断力,挑选出合适的工具或者设备的能力。

（二）职业兴趣

兴趣是指个体所偏好的活动或者事物,职业兴趣是指个体对某项职业的喜好和投入程度。如果一个人所选择的职业与自己的兴趣相符,则他将会时刻保持工作激情和奋斗的动机。并且,这也有助于他在工作的时候能够全身心投入其中,即使在后续的工作中会面临一些困难或者挫折,也将不会轻易放弃,能够坚持到底。

关于职业兴趣的研究,很多专家学者都对其进行了详细的研究。本教材采用洛克在1988年所提出的理论,将职业兴趣归纳为以下24点,见表2-2-1。

表 2-2-1 职业兴趣

职业兴趣	性格特征
1. 农业兴趣	喜欢播种,施肥,照顾农作物,收获;喜欢饲养家禽、家畜
2. 艺术兴趣	喜欢使用颜料、黏土、布料、织品、家具等来表现美感
3. 运动兴趣	喜欢肢体活动,跑步,跳高,参加团体竞赛,借运动来保持身材,观察别人从事运动表演
4. 商业/经济兴趣	喜欢从事买卖、贸易和服务等商业活动;喜欢拥有、经营企业,向往在大企业工作;喜欢参与财务管理及观察经济活动的变化
5. 庶务兴趣	喜欢整理档案,记录,缮打书信和报告,准备计算机处理的数据,服务客户及任何需要详细、正确数据的活动
6. 沟通兴趣	喜欢借着书写、言语、符号来表达概念和知识的活动;喜欢将新闻和信息告诉别人
7. 电子兴趣	喜欢研究电子线路,将收音机和电视机拆开、修理、重组,或喜欢修理计算机等工作
8. 工程兴趣	喜欢设计制造引擎、机器、大楼、桥梁、工厂的蓝图
9. 家政兴趣	喜欢室内活动,诸如把家中整理得干净而有吸引力,照顾孩子,准备食物,清洗衣物等
10. 文学兴趣	喜欢阅读故事、诗词、散文、专论等;喜欢大量阅读书刊,并将心得与他人分享
11. 管理兴趣	喜欢为自己或他人计划,喜欢管理并监督他人
12. 机械兴趣	喜欢使用机器和工具,修理破损的物品,喜欢学校的工艺课
13. 医疗/健康兴趣	喜欢治疗人、动物,诊断、治疗疾病,维护健康
14. 音乐兴趣	喜欢把玩乐器,参加音乐会,歌唱及教授音乐
15. 数字兴趣	喜欢和数字有关的事物,如数学、几何、微积分、统计等
16. 组织兴趣	喜欢成为团体的一分子,并且乐于牺牲个人的兴趣,以促成公司或单位的成长及进步
17. 户外/大自然兴趣	喜欢将大部分时间花在户外活动上,如郊游、露营、饲养宠物及培养植物

职业兴趣	性格特征
18. 表演兴趣	喜欢在大众面前演戏、发表演说及娱乐大众
19. 政治兴趣	喜欢参加竞选;希望能跻身于权威之位,参与能够影响他人和自己的决策
20. 宗教兴趣	喜欢推广宗教及精神信仰;羡慕宗教领袖,喜欢从事教会中的工作,信奉上帝神明
21. 科学兴趣	喜欢研究、观察自然世界;喜欢选修物理、化学、生物学、地质学、天文学;喜欢运用理性及科学方法来发觉真理
22. 操作兴趣	喜欢装置或操作机器、设备、工具,用木料或金属来制作物品;喜欢驾驶汽车、卡车、重型车辆;喜欢做木工,修理机器、水管等
23. 社会互动兴趣	喜欢服务人群,照顾他们的福利,帮助他们解决问题,教授技能
24. 技术兴趣	喜欢和工程师一起工作,最常见的工作包括制图员、探查员及电子技术人员

（三）工作价值观

价值观是指一个人对事情对错的看法,与工作或者职业相关的价值观则为工作价值观。工作价值观是引导个体对与工作相关的行为与事件进行选择与评价,指向希望达到的状态与行为的观念与信仰。

工作价值观的差异性会使得个体成为具有不同性格特征的人,反映了个体在工作中想要满足的需求及偏好。工作价值观的差异性反映了创业者所具备的事业企图心存在差异,这对于创业方向的选择以及创业目标的确立都是至关重要的。依据个体对工作所期望的结果,可以将工作价值观分为十五种,分别为创造性、人际关系、变异性、独立性、受肯定、社会价值、成就感、声望、权力、金钱、自尊、陪伴家人、安全感、个人发展以及利他性等,详情见表2-2-2。

表2-2-2 工作价值观类别

序号	工作价值观	具体解释
1	创造性	希望自己能够在工作中很好地发挥个人的新想法或者新点子
2	人际关系	希望自己能够同他人维持友好的人际关系,包括与上司、同事或下属等人之间的关系
3	变异性	不喜欢一成不变的工作,喜欢具有多样化的工作内容,能够处理不同的事物或认识不同的人
4	独立性	希望自己能够独当一面,或喜欢按照自己的方法来处理事情
5	受肯定	能够努力工作,同时希望工作能得到上司或同事的肯定
6	社会价值	希望个人的努力或者付出能使社会变得美好
7	成就感	当实现了为自己设定的目标时内心会感觉非常充实
8	声望	希望自己所做的事情能够得到他人的尊重和认同

序号	工作价值观	具体解释
9	权力	喜欢在工作中支配别人或事物
10	金钱	希望通过工作能得到丰厚的财务收入
11	自尊	对自己及所做之事非常有信心与存在的价值感
12	陪伴家人	希望有足够的时间来陪伴家人
13	安全感	希望工作能够得到保障，不会因为外在原因而被裁员
14	个人发展	愿意付出更多的时间并通过努力来不断提升自己
15	利他性	希望个人的工作或者所做之事能帮助别人

二、伟大创业者的人格特质

创业是一个充满未知性和富有挑战性的活动，人格特质是影响创业者的一个关键因素。而伟大创业者在创业领域具有示范引领作用，比如马云、比尔·盖茨等。因而，对于伟大创业者的人格特质的分析与研究就显得非常有必要，它可以为其他创业者的特质的培训提供指导。

创业者的人格特质包含共性特质和个性特质。共性特质是大家所共同的特质，例如坚韧性、容忍度等，这些都是创业成功所必备的。个性特质因不同的个体而存在差异，比如积极性、主动性等。共性特质和个性特质共同构成创业者的人格特质，共同促进创业实践的不断推进。结合相关理论，以及通过对众多优秀创业者的行为以及人格进行研究，将伟大创业者的人格特质主要归纳为持之以恒、富有激情、能承受不确定性、具有远见、充满自信、办事灵活和打破常规七个方面（图 2-2-1）。

图 2-2-1 伟大创业者所具备的人格特质

1. 持之以恒

创业好比是一场马拉松，不仅需要经历漫长的过程，而且充满未知性。创业者若想能够最终取得成功，需要具备超强的毅力，不断排除艰难险阻。

2. 富有激情

激情好比是一剂催化剂，能够不断激励创业者朝着最终目标奋进。也许大多数人认为创业的目的在于赚取利润，其实这是对创业的片面理解。真正的创业者参与创业实践的目的在于实现人生价值，或者是个人具有创业情怀，又或者是为社会做出大的贡献等，这归根结底是创业激情。激情是支持创业的源动力，也是促进创业者坚持到底的内驱力。

3. 能承受不确定性

该项特质其实是指创业者对风险的承受能力,即能够承受因不确信所引发的恐慌。创业之路最终不一定都是成功的,会面临着失败的风险。因而,能承受不确定性即要求创业者能够承受潜在的失败。

4. 具有远见

具有远见即创业者要具有预测未知的能力。这有利于他们提前做好应对措施,成功规避其中存在的风险或者问题。具有预测未知能力的创业者,能够及时发现市场上存在的空白,挖掘出所被忽略的创业机遇。

5. 充满自信

充满自信是创业者的重要特质。创业者要坚信自己所做的事情是必要的,坚信创业之路最终会取得成功。自信有助于创业者不断挑战自己,不断推翻现有的东西,不断实现创新突破。

6. 办事灵活

实际上,创业的生存规则也像生命物种一样,都建立在适应周围环境的基础上。公司最终推出的产品或服务很可能不是自己最初的计划。因此,办事灵活有助于创业者适应市场环境,满足社会大众多样化的喜好。

7. 打破常规

实际上,简单来说,创业就是打破常规。据巴布森学院的一项报告显示,只有13%的美国人最终可以进入到创业者的行列。做别人没有做过的事情,是创业者的一种天性,也是他们内在动力的源泉。

拓展阅读

30秒人格魅力养成术

在平时生活、工作和学习之中,我们难免需要与各种人打交道。那么,我们该如何在很短的时间内,来提升自己的人格魅力,增加别人对自己的第一印象呢?接下来,就请按照下面的"战术"来实践一下吧!

- 时刻微笑;
- 尽量让别人多说话;
- 在倾听的时候要适当地回应;
- 目光集中在对方的面部三角区;
- 适当做些表情;
- 不要谈论一些沉重的话题;
- 后背不要靠着椅子而坐;
- 减少说话的手势;
- 不要透露过多个人细节;
- 减少口头语使用;
- 不要掩饰个人的不足。

孟母三迁的故事

孟子小的时候非常调皮,他的妈妈为了让他受到好的教育,花了很多的心血。

孟子三岁的时候,父亲就去世了,留下他们母子俩相依为命。为了给父亲守坟,他们把家搬到坟墓附近。时间久了,孟子就和小朋友们学着哭坟、挖土,埋"死人"和办丧事。孟母看到了摇摇头,心想:"不行,我不能让我的孩子住在这种地方了。"于是,孟母把家搬到集市附近。集市上整天吵吵嚷嚷,人们叫卖着东西,孟子觉得很有趣,就跟邻居的小孩儿玩杀猪、宰羊、买卖肉的游戏,学猪羊死去的声音和讨价还价。孟母看到了,皱起了眉头,心想:"这种环境也不适合我的孩子。"于是,又搬到了一所学校的旁边。这样,孟子天天都能听到孩子们读书的声音,因此他喜欢上了读书。孟母很高兴,认为这才是孩子应该走的正路。于是就不再搬家了。

虽然孟子去读书了,可时间长了又厌烦了,他开始逃学了。有一次,孟子逃学跑回家,孟母正在织布,看到孟子这么早就回来,知道儿子是逃学回来的,就很生气地用剪刀把她所织的布剪断了。然后命令孟子跪下,严肃地跟他说:"学习就像织布,织布要一针一针地织,学习要一天一天地学。月月学,年年学,日积月累,才会学业有成。你这样半路逃学,就像我中途断织一样,不仅会前功尽弃,将来还会一事无成。"孟子开始只是吃惊,并不理解母亲的用意,听到这一席话,豁然开朗,再也不逃学了。

从此,孟子刻苦读书,长大后成为伟大的思想家、教育家。人们把他的学说和孔子的学说并称为"孔孟之学"。孟子的母亲也成为中国古代教育子女的榜样。《三字经》称赞说:"昔孟母,择邻处。子不学,断机杼。"

(资料来源:百度文库。)

活动1:能力与职业

每个人都具有很多的能力,比如写作能力、动手能力、演讲能力、计算能力等。请你结合个人实际,从中挑选出你最感兴趣的三项能力,并思考自己接下来将如何进一步发展该项能力,以及具有该能力在未来能胜任的职业。

最感兴趣的能力	能力发展规划	未来能胜任的职业

活动2:自我评估

1. 自我能力评估

每个人在自己的内心深处都埋藏着一份个人的理想职业。请你依据自己目前的职业生涯规划,选定其中的一项工作,对其所涉及的能力展开深入分析。并且请你结合个人的实际情况,对个人的能力现状进行评估。在进行完能力现状评估后,请撰写你的心得感受(表2-2-3)。

请注意:在"工作所需的能力"和"自己目前所具备的能力"两栏,若你非常确定请打"√",若不是很确定或者不清楚请打"?",若是没有或者不需要请打"×"。

表2-2-3 自我能力评估

理性职业名称	工作所需的能力	自己目前所具备的能力
	□ 1. 写作能力 □ 2. 表达能力 □ 3. 组织协调能力 □ 4. 领导能力 □ 5. 专业技能 □ 6. 计算机软件操作能力 □ 7. 沟通能力 □ 8. 营销能力 □ 9. 数据分析能力 □ 10. 英语交流能力 □ 11. 执行力 □ 12. 判断力 □ 13. 创造性 □ 14. 管理能力 其他:	□ 1. 写作能力 □ 2. 表达能力 □ 3. 组织协调能力 □ 4. 领导能力 □ 5. 专业技能 □ 6. 计算机软件操作能力 □ 7. 沟通能力 □ 8. 营销能力 □ 9. 数据分析能力 □ 10. 英语交流能力 □ 11. 执行力 □ 12. 判断力 □ 13. 创造性 □ 14. 管理能力 其他:
我的心得感受		

【工作所需的能力】

√:＿＿＿＿＿＿＿＿＿ ?:＿＿＿＿＿＿＿＿＿ ×:＿＿＿＿＿＿＿＿＿

如果"?"超过5个,表明你对工作还不是很了解,需要去了解该工作。

【自己目前所具备的能力】

√:＿＿＿＿＿＿＿＿＿ ?:＿＿＿＿＿＿＿＿＿ ×:＿＿＿＿＿＿＿＿＿

如果"?"或者"×"显示过多,表明你需要加强自我的了解或自己的能力,以满足工作、职位的要求。

2. 探讨我的工作价值观

请你结合个人的实际情况,对表2-2-4中所列的工作价值观依次按照重要性进行排序。排好序后,请将你的结果与身边好友进行分享。

表 2 - 2 - 4　工作价值观排序

排序	工作价值观
	创造性
	人际关系
	变异性
	独立性
	受肯定
	社会价值
	成就感
	声望
	权力
	金钱
	自尊
	陪伴家人
	安全感
	个人发展
	利他性

实践与拓展

个人工作兴趣发展规划

每个人都是一个独立的个体,具有多种不同的兴趣和爱好。其中,有些兴趣和爱好会不断发展为个人谋生的技能。相关调查研究表明,工作和个人兴趣相符合会增加个人的工作满意度。接下来,就请你通过兴趣回顾来挖掘个人的职业兴趣,并据此来制订个人的工作兴趣发展规划。

第一步,我的兴趣回顾

现在,请你结合个人的实际经历,找出五件让你感到非常快乐(或者自豪)的事情。并且,你需要对每件事情分别展开深思,分析该件事情所涉及的个人相关兴趣点,以及这件事情是否同某个职业相关(表 2 - 2 - 5)。

表 2 - 2 - 5　我的兴趣回顾

序号	让你感到非常快乐的事情	相关兴趣	职业兴趣
1			
2			

续表

序号	让你感到非常快乐的事情	相关兴趣	职业兴趣
3			
4			
5			

第二步,兴趣发展规划

请你从以上的五件事情中,挑出三件你最喜欢的事情,并对其展开详细分析。据此分别撰写该项兴趣的未来发展规划(表2-2-6)。

表2-2-6 兴趣发展规划

事件序号	兴趣名称	发展规划

不同理论背景下的人格分析

第三节 不同理论背景下的人格分析

 案例导入

腾讯五虎将:难得的黄金创业团队

腾讯的创业五人团队堪称难得,其创业团队的组建堪称标本。20 年前的秋天,马化腾与他的同学张志东"合资"注册了腾讯。之后,又陆续吸纳了三位股东,分别为曾李青、许晨晔、陈一丹。为了避免彼此间的权力争夺,马化腾在腾讯创立之初就和四位伙伴约定清楚,大家要各展所长,各管一摊。马化腾是 CEO(首席执行官),张志东是 CTO(首席技术官),曾李青是 COO(首席运营官),许晨晔是 CIO(首席信息官),陈一丹是 CAO(首席行政官)。直到 2007 年的时候,这五人的创业团队还基本保持这样的合作阵型,彼此相互不离不弃。都说一山不容二虎,尤其是在企业迅速壮大的过程中,要保持创始人团队的稳定合作尤其不容易,这与工程师出身的马化腾从一开始所设置的合作框架紧密相关。

从股份构成上来看。5 个人一共凑了 50 万元,其中马化腾出了 23.75 万元,占了 47.5% 的股份;张志东出了 10 万元,占 20%;曾李青出了 6.25 万元,占 12.5% 的股份;其他两人各出 5 万元,各占 10%

的股份。可以看到，主要资金由马化腾所出，但所占的股份却控制在一半以下。马化腾说："要他们的总和比我多一点点，不要形成一种垄断、独裁的局面。"而同时，他自己又一定要出最多的资金占大股。"如果没有一个主心骨，股份大家平分，到时候也肯定会出问题"。

可以说，在中国的民营企业中，能够像马化腾这样，既包容又拉拢，选择性格不同、各有特长的人组成一个创业团队，并在成功开拓局面后还能依旧保持着长期默契合作的人是很少见的。马化腾成功之处，就在于其从一开始就很好地设计了创业团队的责、权、利。能力越大，责任越大，权力越大，收益也就越大。

保持稳定的另一个关键因素，就在于搭档之间的"合理组合"。马化腾非常聪明，但非常固执，他注重用户体验且愿意从普通用户的角度去看产品。张志东脑袋非常活跃，对技术也很沉迷。马化腾和张志东都很擅长技术，马化腾的长处是能够把很多事情简单化，而张志东更多的是把一个事情做得很完美。和马化腾、张志东同为深圳大学计算机系同学的许晨晔，是一个非常随和、有自己的观点但却不轻易表达的人，是有名的"好好先生"；而陈一丹十分严谨，同时又是一个非常张扬的人，他能在不同的状态下激起大家的激情；曾李青是腾讯5个创始人中最好玩、最开放、最具激情和感召力的一人，其大开大合的性格，也比马化腾更具备攻击性，更像拿主意的人。

曾李青：市场干将

马化腾和张志东创办公司一个月后，腾讯的第三个创始人曾李青加入。他是深圳互联网的开拓人物之一，为当年腾讯市场的开拓贡献良多，是腾讯最终能够上市的核心因素。后来，为了给刘炽平让路，曾李青离开了腾讯，他是最早离开腾讯的人。

陈一丹：稳

陈一丹扮演的是首席行政官的角色，自1999年起全面负责腾讯公司的行政、法律、政策发展、人力资源以及公益慈善基金事宜，同时还负责管理机制、知识产权及政府关系。陈一丹有律师执照，非常严谨，同时又是一个非常张扬的人，他能在不同的时候激起大家激情的状态。在腾讯内部，陈一丹和马化腾被认为都是性格很稳的人，考虑事情非常清楚、长远。此外，陈一丹和马化腾也非常互补。马化腾是产品和技术的佼佼者，会有很多新的点子、新的策略，而陈一丹很快就领会，并从专业角度提醒实践中应该注意到哪些问题。

陈一丹在接受《21世纪经济报道》的采访时曾聊到，自己2011年已经决定交棒，而倒计时的近两年里他为最终离开腾讯做了很多铺垫。从离职的历程，也体现了陈一丹的"稳"。

张志东：技术天才

张志东个子不高，比马化腾和曾李青要矮上一个头，圆脸，说话总带微笑，但讨论技术问题时会有些偏执，有时也会激动得脸红脖子粗。熟悉张志东的人都把他叫冬瓜，取张志东的"东"字的谐音，也与其身材有一定的暗合。但随着腾讯的壮大，张志东也逐渐位高权重，旁人逐渐把称呼改成瓜哥或喊他的英文名Tony以示尊敬。据腾讯内部人员介绍，Tony除了在即时通信基础架构上做了巨大贡献外，在微信以及其他产品层面同样贡献巨大。

许晨晔：笃定

许晨晔在腾讯是首席信息官，全面负责网站财产和社区、客户关系及公共关系的策略规划和发展工作。许晨晔和陈一丹一样，是腾讯5个创始人中股份最少的两个人，其负责的事情也多偏内部和后台。

（资料来源：中国企业家网。）

 理论梳理

一、人才成长冰山理论

(一)素质冰山模型

美国著名心理学家麦克利兰于1973年提出了素质冰山模型,也就是"冰山模型",即将人才素质划分为显性素质(冰山以上部分)和隐性素质(冰山以下部分)。其中,冰山以上的部分包括基本知识和基本技能两个部分,这些是显性、容易测量的指标。冰山以下的部分包括社会角色、自我认知、品质和动机等部分,是人内在的、难以测量的部分。

关于"冰山模型"的具体解释,详情见表2-3-1。

表2-3-1 "冰山模型"的具体解释

素质层级	解释	举例
基本知识	指个体对某特定领域或职业的了解	如财务知识、管理知识、教育知识等
基本技能	指个体能运用工具或者方法来解决实际问题或者进行创造性工作的技术或者能力	如演讲力、表达力、问题解决能力等
角色定位	指个体对于职业的预期	如教师、医生、管理者等
自我认知	指个体主观上关于自身的认识和评价	如自我形象、价值观、自信等
品质	指个体独特且稳定的人格特质	如乐观、正直、诚实等
动机	指推动个体行动的内驱力	如成功、成就、人脉等

在图2-3-1所示的人才素质冰山模型中,在海平面之上的为显性素质,这些是人的外在表现,例如外在的行为、知识、技能。这些素质是容易观测和测量的,相较而言也是容易通过学习和训练来改变的。在海平面之下的为隐性素质,这些是人的内在表现,例如自我认知、社会角色、动机等。这些素质是难以测量和观测的,也不太容易受到外界的影响而发生改变。但是,人的隐性素质却在人的行为表现以及发展中发挥了关键性的作用,是决定一个人未来成就的关键。

(二)对企业人事管理的启示

在传统的企业人事管理过程中,人们会密切关注人的外在知识和技能,而忽略了对人的内在素质的考察。例如,有些企业在招聘人员的时候,会要求应聘者是研究生及以上的学历。有些企业在招聘清洁人员时,要求应聘者是大专及以上的学历,这其实是对人才的一大浪费。若企业在招聘人员的时候,仅仅考察人员的外在文凭、知识或者技能,而忽视对人员内在品质的考察,则有可能导致所招聘的人员由于职位的不适应而离职。

依据人才素质冰山模型,大致可以将人分为高外在高内在、高外在低内在、低外在高内在和低外在低内在四种类型。其中,高外在高内在是指个体不仅视野广阔,理论知识丰富,技能过硬,而且其内在心理素质很好,为人也很正派,做事态度端正等,例如领导者。高外在

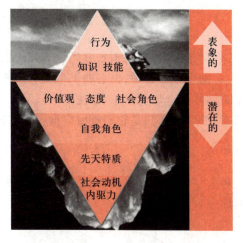

图 2 – 3 – 1 人才素质冰山模型

低内在是指个体的外在素养很高,比如知识技能过硬,但是内在素养低,比如不懂得为人处世,态度不端正。低外在高内在是指个体的外在素养不高,但是内在素养很高,比如某人尽管学历低但是为人很好也很正派。低外在低内在是指个体不仅外在素养低,而且内在素养也很低,比如某人既没有过硬的知识技能也没品德。这四种类型可以用图 2 – 3 – 2 来表示。

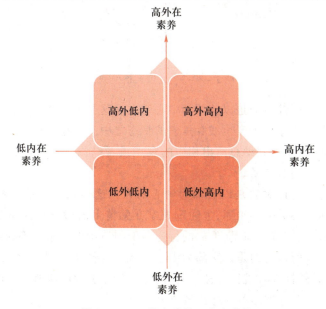

图 2 – 3 – 2 外在素养 – 内在素养

通过以上分析可知,每个人所具有的素养是存在差异的,都各有所长、各有所缺。企业需要依据不同人的特征以及不同岗位的职位要求,合理安排人员并进行差异化管理,以充分发挥人员的主观能动性。因此,素质冰山模型对企业人员资源管理的能岗匹配、人的发展和企业发展发挥了重要作用。

二、九型人格分析

九型人格论属于应用心理学范畴,应用范围极其广泛,可以应用于制造业、服务业以及金融业等多个领域。它不仅有助于企业管理,也有助于个人的成长。目前,全球500强企业均在使用九型人格理论,来帮助本企业培训员工、创建团队以及提升领导力等。它将人类的人格归纳为九种,这九种没有好坏之分,只是它们所回应世界的方式存在差异。

(一)九型人格的三大中心

九型人格理论认为,九种人格模型会有三大中心,分别为思想中心、情感中心和本能中心。并且,每种中心分别对应三种人格(图2-3-3)。

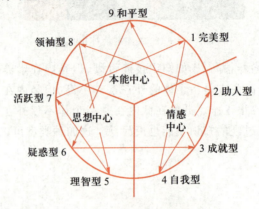

图2-3-3 九型人格模型

第一,思想中心。所针对的是以脑部为中心的人。这类人喜欢运用大脑来进行思考,依赖于个人思想,在平时总是处于安全或者焦虑的状态之中。当他们遇到事情的时候,会习惯性去思考、分析问题,并从中归纳总结出相应的观点或者结论。一般而言,这类人偏向于用脑活动,他们的执行力相对较弱。

第二,情感中心。所针对的是以心部为中心的人。这类人心理活动很丰富,感情很细腻,注重人和人之间在心灵上的沟通,也注重大家在感情上的融通。渴望去了解别人,同时也渴望自己能够被别人理解。但是,他们的行为易受到情绪以及感受等的影响。

第三,本能中心。所针对的是以腹部为中心的人。这类人脚踏实地,喜欢去解决问题,也非常注重工作的时效性和客观性。他们富有智慧,能够有效解决所遇见的问题。而且,在面对问题的时候,他们总能够很好地想出解决办法。

(二)九型人格的透视

1. 完美型(表2-3-2)

表2-3-2 完美型人格分析

人格特征	完美型的人喜欢批判,包括批判自己。他们做事非常认真负责,凡事都求完美。喜欢用超高标准来严格要求自己,厌恶那些不按规矩办事的人。这类人一般会是优秀的组织者,能够按照高标准、严要求来完成任务

行为特点	• 追求完美,非常自觉,自制能力很好; • 心中时刻保持一把"应该还是不应该"的标尺; • 原则性很强,做事规范,认真负责; • 工作效率高,严谨,善于统筹安排; • 以自我为中心,喜欢批评别人和责备自己
人格解析	世界观:我做的是对的; 领导方式:注重事情的完成和问题的解决,喜欢全方位管理,很少会独裁; 外貌气质:衣服整洁,目光炯炯有神,给人一种很端庄的感觉; 行事动机:做事追求完美,高标准,严要求,喜欢自我责备和要求他人,时常处于压抑状态; 潜在恐惧:受自己良心责备或被人批评; 潜在渴望:凡事力求完美; 难以克服的坏习惯:愤怒,批判,憎恨和埋怨; 性格倾向:偏向被动,内向,思辨
人格变化	处于安定和人格提升时:偏向活跃型,不再拘谨;能够自嘲,尝试新事物;能够接纳他人意见。 处于压力和自我防卫时:偏向自我型,易受情绪影响,喜怒无常;偏向消极,总是自我批判;可能会自暴自弃,但大多数情况下能够坚持到底

2. 助人型(表2-3-3)

表2-3-3　助人型人格分析

人格特征	助人型积极乐观、慷慨大方。他们乐于助人,对别人的需求很敏感,能够及时提供帮助。善于运用个人的同情心,来给予别人真正需要的东西,总能无意识在人际中满足个人需求
行为特点	• 享受别人对他们的喜爱; • 能够及时感受到别人的需要; • 乐于助人; • 重视朋友,喜欢称赞别人; • 偏向感性; • 富有同情心,能够站在别人角度考虑问题
人格解析	世界观:我愿意帮助所有需要我帮助的人; 领导方式:注重员工心理感受,善于鼓励他们不断努力; 外貌气质:热情开朗,喜欢笑,很可爱; 行事动机:渴望得到认同和被人喜欢,在帮助别人的同时不喜欢别人察觉; 潜在恐惧:孤独、不被喜爱; 潜在渴望:渴望爱护; 难以克服的坏习惯:骄傲自负; 性格倾向:偏向外向,主动
人格变化	处于安定和人格提升时:偏向自我型; 处于压力和自我防卫时:偏向领袖型,蛮横无理,自大且任性

3. 成就型(表2-3-4)

表2-3-4 成就型人格分析

人格特征	成就型的人精力充沛,具有竞争性,喜欢工作和追求成功。他们目标坚定,能够审时度势,依据身边需求不断变换角色。这类人一般会是优秀的团队领袖
行为特点	• 喜欢被重视; • 好胜心强; • 可以表现个人的成功一面; • 喜欢鼓舞激励他人; • 追求成就、荣誉; • 善于设定目标和制定战略决策
人格解析	世界观:世界就是一个优胜劣汰的竞技场; 领导方式:注重目标的实现,注重效率; 外貌气质:非常机灵,擅长眼神交流,衣着讲究,仪态端庄,外在气派很强,常为众人的焦点; 行事动机:渴望事业有成,渴望被人肯定和羡慕,善于把握机会; 潜在恐惧:被人否定; 潜在渴望:被人赏识和得到认同; 个人难以克服的坏习惯:虚荣、爱出风头; 性格倾向:积极主动
人格变化	处于安定和人格提升时:偏向疑惑型,有实力,有才干,会适当地运用策略,会成为优秀的管理专才和团体领导者; 处于压力和自我防卫时:偏向和平型,会一蹶不振,自我放弃,没有神采,一事无成,充满无用感

4. 自我型(表2-3-5)

表2-3-5 自我型人格分析

人格特征	自我型的人多情,认为需要找到理想伙伴才完美,容易被情绪性经验所吸引,喜欢表现与众不同,容易被情绪所控制,但富有同情心
行为特点	• 认为自己与众不同; • 容易对别人产生误解; • 想象力丰富; • 具有审美观; • 需要情感上的依靠; • 行为自我
人格解析	世界观:我就是我,有个性,我行我素; 领导方式:凭直觉做事,有决断力,有时会意气用事,绝不会妥协; 外貌气质:外形上富有个性,讲究搭配和款式,有艺术家的气质,感性而迷人; 行为动机:渴望自我了解和得到他人认同,我行我素; 潜在恐惧:存在不足或者缺陷; 潜在渴望:渴望自我了解; 个人难以克服的坏习惯:羡慕,妒忌,任性; 性格倾向:被动消极
人格变化	处于安定和人格提升时:偏向完美型,做事冷静,有原则; 处于压力和自我防卫时:偏向助人型,任性,有时会感到失落,行为反复无常

5. 理智型(表2-3-6)

表2-3-6　理智型人格分析

人格特征	理智型的人注重心智体验,避免情绪干扰。喜欢学习新知识,喜欢实现在工作与休闲时别人对他们的期望。一般来说,他们会是优秀的决策者以及某个领域的研究者		
行为特点	• 避免情绪干扰; • 喜爱学习知识,喜欢成为专业人士; • 喜欢逻辑思维和分析; • 不擅长社交; • 知识渊博、精神生活丰富; • 喜欢自给自足		
人格解析	世界观:做我自己,在某些领域我堪称是专家; 领导方式:非常理智,缺乏人情味,能掌握大局,喜欢遥控式领导; 外貌气质:外形木讷,不苟言笑,文静沉着; 行为动机:渴望凭借个人知识和智能去驾驭别人; 潜在恐惧:被人取缔和驾驭,束手无策; 潜在渴望:知悉天下事; 个人难以克服的坏习惯:贪婪,自私; 性格倾向:内向、被动		
人格变化	处于安定和人格提升时:偏向领袖型,勇于冒险,有勇有谋; 处于压力和自我防卫时:偏向活跃型,有点神经质,满嘴理论,犹豫不决		

6. 疑惑型(表2-3-7)

表2-3-7　疑惑型人格分析

人格特征	疑惑型的人喜欢预想最坏的结果,喜欢做事拖延和猜忌他人。害怕权威,喜欢弱势群体。一般而言,他们会是忠诚且稳定的团队伙伴		
行为特点	• 有危机意识,有时会杞人忧天; • 做事认真负责; • 服从指挥; • 忠诚可靠; • 不喜欢尝试新东西或事物; • 容易因不稳定而感到压力		
人格解析	世界观:现实世界很危险,需要找到信得过的同伴; 领导方式:以人为本,是一位忠诚的政策执行者,能以"置之死地而后生"的精神去领导下属和处理问题; 外貌气质:眼神警惕,生性多疑,神情焦虑; 行为动机:渴望得到关怀和保护; 潜在恐惧:缺乏安全感; 潜在渴望:感到安全和受保护; 个人难以克服的坏习惯:恐惧,焦虑,疑心太重; 性格倾向:内向,主动,忠诚,保守。		
人格变化	处于安定和人格提升时:偏向和平型,顺其自然,信任身边的人,乐意效忠所属的群体; 处于压力和自我防卫时:偏向成就型,过于敏感,会轻率鲁莽地做事,为达目的不择手段		

7. 活跃型(表 2-3-8)

表 2-3-8　活跃型人格分析

人格特征	活跃型的人乐观开朗,精力充沛,且让人捉摸不透,不喜欢被束缚,喜欢保持愉悦的心情。他们喜欢接触新的观点、事物以及人,富有创意。一般而言,这类人是未来导向者
行为特点	• 喜欢探索新事物; • 喜欢冒险; • 善于逃避不愉快的事情; • 喜欢社交; • 喜欢有多样的选择; • 多才多艺
人格解析	世界观:人生在于体验新事物,探索新领域; 领导方式:团体式领导,喜欢变革创新,领导风格偏乐观积极,善于笼络人心; 外貌气质:精力充沛,笑容亲切,非常精明,为人十分友善;外表通常比较光鲜、出众; 行事动机:渴望拥有更多快乐,逃避苦恼; 潜在恐惧:个人时间和空间被人占用; 潜在渴望:渴望乐趣; 个人难以克服的坏习惯:贪玩、不专一; 性格倾向:外向、主动、贪玩
人格变化	处于安定和人格提升时:偏向理智型,懂得自我克制; 处于压力和自我防卫时:偏向完美型,容易发怒和对人有要求

8. 领袖型(表 2-3-9)

表 2-3-9　领袖型人格分析

人格特征	领袖型的人具有支配力,善于关心和保护朋友,善于运用自己的力量去实现有价值的事情,但有时具有攻击性。一般来说,这类人会是领袖或极端孤立者
行为特点	• 说话直接,不转弯抹角; • 喜爱接受挑战; • 喜欢以领导者姿态出现; • 喜欢挑战他人; • 喜欢支配他人; • 对达到目标充满自信
人格解析	世界观:我是天生的强者,充满正义感; 领导方式:强势专制,直接明了,有时会很严厉; 外表与气质:霸气,有大将风范,目光坚定,声音响亮,走路昂首阔步; 行为动机:渴望担当领导者,喜欢发号施令; 潜在恐惧:被别人支配; 潜在渴望:指挥别人; 个人难以克服的坏习惯:贪婪,喜欢权力; 性格倾向:外向,冲动,乐观
人格变化	处于安定和人格提升时:偏向助人型,体贴关心别人,慷慨大方; 处于压力和自我防卫时:偏向理智型,固执倔强,喜欢以个人论据去逼人就范

9. 和平型(表2-3-10)

表2-3-10　和平型人格分析

人格特征	和平型的人是和平使者。善于了解他人的观点,却不清楚自己所想。喜欢和谐、舒适的氛围,喜欢配合他人,通常兴趣广泛。能够专心执行某项团体计划,是很好的仲裁者
行为特点	• 适应能力强; • 愿做和平使者; • 兴趣广泛; • 善于避免冲突; • 与人融洽相处
人格解析	世界观:船到桥头自然直,退一步海阔天空; 领导方式:集体式领导,以人为本; 外貌气质:朴实无华,悠然豁达,不拘小节,节拍较慢,说话慢条斯理; 行为动机:渴望大家和平共处,不要引起不必要的冲突; 潜在恐惧:与人群疏远; 潜在渴望:与人和平相处; 个人难以克服的坏习惯:懒惰,无主见; 性格倾向:乐观,随和,内向
人格变化	处于安定和人格提升时:偏向成就型,目标清晰明确,积极主动; 处于压力和自我防卫时:偏向疑惑型,行为偏激,多疑过虑,防守和被动

三、大五人格分析

近年来研究大五人格特质模型的学者越来越多,他们更广泛地将其运用在临床健康心理学以及人才甄选上,它是目前最流行的人格结构模型。大五模型(Big Five Model)中有五个基本维度,它们是所有维度的基础,包含了人格特质中最重要的变量,该模型通过对人们这些特质的测量来预测其未来的行为表现。

人格结构大五模型是基于问卷研究得出的结论。从目前的研究来看,人格结构大五模型更接近于人格的真实维度,这对于心理辅导来说是一个有力的支持。依据浙江工商大学肖余春等人所提出的理论,我们可以将人格特质及行为表现总结如表2-3-11所示。

表2-3-11　人格特质及行为表现

特质	含义	高值表现	低值表现
外倾型	个体对关系的舒适感	喜欢群居,善于社交,自信果断	封闭内向,胆小害羞,安静少语
随和型	个体服从他人的倾向性	合作,热情,信赖他人	冷淡,敌对,不受欢迎
责任型	对可靠性的测量	负责,有条不紊,值得信赖,持之以恒	精力分散,缺乏规划,不可信赖
情绪型	个体承受压力的能力	平和,自信,有安全感	紧张,焦虑,失望,缺乏安全感
开放型	对新奇事物的兴趣与热衷程度	富有创造性,凡事好奇,对艺术敏感	保守,对熟悉的事物感到舒适和满足

迪士尼为何会取得成功

美国的迪士尼曾一度从事美术设计，后来他失业了。他和妻子原来住在一间老鼠横行的公寓里。但失业后，因付不起房租，夫妇俩被迫搬出了公寓。这真是连遭不测，他们不知该去哪里。

一天，二人呆坐在公园的长椅上，正当他们一筹莫展时，突然从迪士尼的行李包中钻出一只小老鼠。望着老鼠机灵、滑稽的面孔，夫妻俩感到非常有趣，心情一下子就变得愉快了，忘记了烦恼和苦闷。

这时，迪士尼头脑中突然闪过一个念头。对妻子惊喜地大声说道："好了！我想到好主意了！世界上有很多人像我们一样穷困潦倒，他们肯定都很苦闷。我要把小老鼠可爱的面孔画成漫画，让千千万万的人从小老鼠的形象中得到安慰和愉悦。"风行世界数十年之久的"米老鼠"就这样诞生了。

在失业前，迪士尼一直住在公寓里，每天从早到晚都同老鼠生活在一起，却并没有产生这样的设想。而在穷途末路、面临绝境的时候出现了这样的灵感，原因何在？其实，"米老鼠"就是触发了灵感的产物。他说："米老鼠带给我的最大礼物，并非金钱和名誉，而是启示我陷入穷途末路时的构想是多么伟大！还有，它告诉我倒霉到极点时，正是捕捉灵感的绝好机会。"

发现灵感思考法是指，在对问题已进行较长时间思考的执着探索过程中，需随时留心和警觉，在同某些相关与不相关的事物相接触时，有可能在头脑中突然闪现所思考问题的某种答案或启示。就像迪士尼夫妇由小老鼠触发灵感一样，许多意想不到的东西都可以成为触发灵感的媒介物。这一点常常使思考者喜出望外，兴奋异常。

（资料来源：360作文网。）

钻石人格

罗德里格斯是一个企业家，他经营着一家销售单颗钻石的网络公司。罗德里格斯的钻石数据库曾是世界上最大的数据库之一，拥有多达6 000颗钻石的记录。据罗德里格斯说，这些钻石价值3.5亿美元。毋庸置疑，罗德里格斯对自己所面临的商业风险持有乐观的态度。

但是，对于罗德里格斯来说，前途却并不是那么的光明。1985年，罗德里格斯从波多黎各搬到了佛罗里达州，当时他只会说一点点英语。他在那里的一个社区大学里学习，在当地的一个购物中心找到了一份工作来养活自己。毕业之后，他的女朋友建议他为当地的一家珠宝商工作，他采纳了她的建议。他努力工作并且拥有了自己的钻石，之后也通过了美国宝石协会的钻石鉴定师证书，但是他对此却并不满足。

1997年，罗德里格斯厌倦了为他人打工，决定开一家自己的珠宝店。但是，生意并不景气。"我的一些顾客告诉我，他们能在网上买到的钻石太少了。我脑海中立刻闪过一个念头。"罗德里格斯看见了机会,他开始联系知名的钻石经销商,看他们是否有兴趣通过网络来销售钻石。一位著名的经销商说:"通过网络销售钻石是行不通的,你的公司将无法生存。"罗德里格斯听到这个便灰心了,他说他犯了一个错误。"我没有继续坚持去做。如果你有一个梦想,一定要努力坚持。"

后来,罗德里格斯成了一名著名的企业家。他的公司也于 2003 年 12 月份上市。

罗德里格斯为何会如此成功呢?只需问一下与他相识多年的两个人便就知道了答案。帮助罗德里格斯建立了基业的一位房地产商说,罗德里格斯是个非常上进的年轻人。他能成功是很自然的事情。他是一名真正意义上的企业家。罗德里格斯之前的房地产方面的老师也说:"罗德里格斯对自己的激励总是源源不断。他拥有很好的人格,关注细节,勇于坚持。你会发现从一开始他就坚持不懈。我以他为傲。"

罗德里格斯用正确的方式维持着成功,他也意识到自己的商业潜力:"我拿的工资不高,公司每年的管理费用为 25 万美元。没有负债,收支平衡。我很关心我的公司。在我们的事业起飞之前,我会保持公司的平稳发展。然后就会是另一番景象。"

(资料来源:百度文库。)

拓展活动

1. 产品经理的素质模型分析。

自宝洁集团在 1927 年开始出现产品经理这一岗位之后,很多企业开始效仿这一管理制度。产品经理如今在市面上很受欢迎,是企业中专门负责产品管理的职位。产品经理的主要职责包括用户分析、竞品分析、需求分析、条件整理、绘制原型图、编写文档、需求评审、产品测试、产品上线、产品反馈等。

请你上网查找相关资料,加深对产品经理这一职位的了解。然后,结合前面对人才成长冰山模型的介绍,运用冰山模型来对产品经理展开深入剖析(图 2-3-4)。

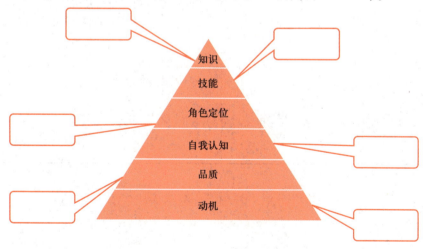

图 2-3-4 产品经理素质冰山模型

2. 请你结合前面对九型人格的分析,上网查找相关资料或者阅读相关书籍,给每种人格类型列举两个典型人物(表 2-3-12)。

表 2 - 3 - 12　九型人格分析

人格类型	典型人物
完美型	
助人型	
成就型	
自我型	
理智型	
疑惑型	
活跃型	
领袖型	
和平型	

实践与拓展

自 我 剖 析

你将来想从事何种职业呢？该职业对于人员的素质有哪些要求？你的现状又是怎样的呢？为了使自己将来能够顺利从事该职业,你将准备付出哪些努力呢？完成表 2 - 3 - 13。

将来打算从事的职业：_____

表 2 - 3 - 13　自我剖析表

职责要求	我的现状	改进措施
外在素养要求		
内在素养要求		

第四节　创业五类人格分析

 案例导入

马云的创业故事

马云在求学时代是个顽童,从小喜欢替朋友出头打架,成绩让老师很头痛。 连马云也曾笑言自己小

学考重点中学,考了三次没有考上,大学也是考了三次才最终如愿。不过,多年后能在世界各地演讲时用英文侃侃而谈的马云,却在 12 岁时就自觉地开始打英语基础。1979 年刚改革开放,到杭州旅游的外国人多起来,马云一有机会就在西湖边找人练习。这为他日后的发展打下了基础。

1988 年,马云去杭州电子工业学院教外语,这是他的第一份工作。当时工资大约每月 110 元。不甘寂寞的他找了不少兼职,并利用课余时间为到杭州观光的外国游客担任导游。西湖边的第一个英语角就是马云发起的。1992 年,马云和朋友一起成立了杭州最早的专业翻译社"海博翻译社",课余四处活动接翻译业务。当时经营挺艰难,一个月的营业额是 200 多块钱人民币,可光是房租就要 700 元。第一年实在不行了,马云就背着口袋到义乌、广州去进货,卖礼品、包鲜花,用这些钱养了翻译社 3 年,才开始收支平衡。马云后来说:"我一直的理念,就是真正想赚钱的人必须把钱看轻,如果你脑子里老是钱的话,一定不可能赚钱。"到 1995 年,钱没赚多少的马云,却凭超强的活动能力为自己带来了不小的名气。一家和美商合作承包建设项目的中国公司,聘马云为翻译到美国收账。

接下来的一切就像好莱坞影片中的情节一样:美国商人想赖账,掏出一把枪将马云禁闭在房间中长达两天。马云在惊恐不安中被释放,又丢失了随身行李,只得在拉斯维加斯的赌场挣了 600 美元回国。

回国之前马云去西雅图看了一个朋友,在此马云第一次接触了互联网。对马云有触动的是,他好奇地对朋友说在搜索引擎上输入单词"啤酒",结果只找到了美国和德国的品牌。当时他就想应该利用互联网帮助中国的公司为世界所熟悉。

就这样,作为"杭州十大杰出青年教师"之一的马云辞了职,借了 2 000 美元,1995 年 4 月开办了"中国黄页",这是中国第一批网络公司之一。1997 年年底,马云和他的团队在北京开发了外经贸部官方站点。不过由于诸多原因,马云于 1999 年年初决定放弃这些在北京的生意,他拒绝了雅虎、新浪的高薪邀请,回到杭州创办了一家能为全世界中小企业服务的电子商务站点。截至 2014 年 9 月,马云投资的网络媒体网站有 20 多家,其中"优度网"最为成功,优度网与国内 2 000 多家门户媒体建立了合作关系,可为各大企业发布网络新闻稿。

马云说:"从我外婆到我儿子,他们都喜欢阿里巴巴这个故事。"于是,马云从别人手里买下了阿里巴巴这个域名。

18 位"创业罗汉"在"不向亲戚朋友借钱"的前提下,筹了 50 万元本钱。这其中包括马云的妻子、当老师时的同事和学生、患难朋友,当然还有被他的人格魅力吸引来的业界精英,如阿里巴巴首席财务官蔡崇信,当初抛下一家投资公司年薪 75 万美元的副总裁职位,来领马云几百元的薪水。

马云下了死命令,每个员工必须把房子租在离他家五分钟可以到达的路程之内。那时候的工作是不分昼夜的,而大家最开心的时候,就是马云亲自为大家下厨,端上一桌好菜。

其后的 6 年,阿里巴巴的故事尽人皆知——马云 6 分钟说服风险投资公司软银集团,拿到第一笔风险投资。其后,各路投资纷纷进入。其股东不乏国际大财团的身影:高盛、富达、软银,前 WTO 组织主席彼德·苏德兰也位列董事会成员中。现在,数以百万计的全球商人在阿里巴巴上交换信息。此外,马云和投资者还在 2003 年 7 月推出为消费者服务的淘宝网,2004 年推出网络交易支付工具"支付宝",2012 年推出天猫。

(资料来源:百度文库。)

理论梳理

一、五类人格特质

管理大师德鲁克曾说:"在知识经济时代里,成功是属于了解自己的人,他们知道自己的长处、价值,以及如何表现出最好的自己。"德鲁克曾经多次提到,所有企业归根到底只有一个问题:就是如何用人。如何将正确的人放在最适当的岗位上? 首先要识人,其次才是用人,然而识人用人却是最难的课题。

如何认识自己? 如何识别人才? 古今中外人们对于这个课题都有很多研究。中国三国时期刘劭的著作《人物志》,从为国家建立用人制度的角度撰写了识人、用人的原则与方法。该书的观点是:人人皆具有才能,而所谓才能是相对于具有某类才能者所处的岗位所言。在西方关于性格分析的理论有很多,人们关注人类本性的本质问题。每个人对人格心理学都会感兴趣,因为它主要回答如下问题:我们在哪些方面、多大程度上相似;我们在哪些方面、多大程度上不同;为什么每个个体都有自己独特的做事方式。因为我们的相似使得人与人之间更容易相互理解,从而便于交往;因为我们的不同使得人与人之间有了智力、能力等方面的差异,从而需要合作。

依据前面的"人才成长冰山理论""九型人格分析理论"以及"大五人格分析理论",我们可以将人格特质分为外倾型、责任型、情绪型、随和型、开放型五种类型。其中,开放型是指个体好奇心比较强,对外界事物感兴趣;责任型是指个体做事认真负责,为人公平公正;外倾型是指个体为人友好、待人亲切,喜欢结交新朋友;随和型是指个体喜欢和谐的氛围,喜欢与别人进行合作;情绪型是指个体做事积极主动且勇于承担事情结果。

为了让学生能快速了解五类人格特质,我们根据动物行为特征分析,选取老虎、海豚、企鹅、蜜蜂、八爪鱼五种动物,重新提取性格特质词条,并匹配如表2-4-1所示。

表2-4-1 人格特质分析表

动物属性		特质分析	人类行为
	老虎	主动且重视事情的结果 特点:勇敢、挑战、积极	勇于尝试
			胸怀大略
			相信自己
	海豚	主动且热切地对待他人 特点:热情、分享、乐观	不怕生疏
			呼朋引伴
			表达力强
	企鹅	含蓄且亲切地对待他人 特点:耐心、和谐、合作	待人亲切
			与人合作
			耐心对待
	蜜蜂	含蓄且重视事情的过程 特点:品质、程序、分工	分工权责
			认真工作
			公平正义

动物属性	特质分析	人类行为
八爪鱼	广泛涉猎,但不会太坚持 特点:整合、周到、弹性	老二哲学
		面面俱到
		多面向

二、五种人格特质个体的相处方式

无论是在生活还是工作之中,我们难免需要与人打交道。然而,每个人具有各自的人格特征和行为习惯。当与不同特质的人相处时,我们最好能够了解他们的特点,从而选择他们喜欢的方式来与之相处,尽量规避对方最讨厌的状态。依据前面的学习,我们将不同的人格特质划分为五类,将这五类人的具体的相处特征进行归纳,详情见表2-4-2。

表2-4-2　五种人格特质个体的相处特征

观测点	老虎	海豚	企鹅	蜜蜂	八爪鱼
魅力所在	勇往直前,不畏艰难,受挫力强,极具魅力	擅用幽默感和善解人意去影响别人、帮助别人,这种魅力是别人难以抗拒的	内敛稳重的成熟度是他人所不能及的,更能彰显其魅力	注重承诺,做事的质量和精确度完全值得信赖,因此做事情的态度会让人欣赏	喜欢多面地去接触人和事物,也因此博学多闻,多才多艺,这一点会让许多人欣赏
最大产能	要完成的事情具挑战性时,会做得很起劲,包括对人、对事,相信自己做得到	没有太多传统规则限制和约束,与朋友一起行动,会更有产能	习惯做例行性的事,给予充分的时间去酝酿计划、准备,熟练后,会有持续性的高产能表现	在有条不紊的环境中工作较有产能,重视标准作业程序,会用专业让工作达到完美状态	充分了解环境之后与团队一起合作;擅长收集相关资讯,迅速整合,得出最适合的解决方案
对团队的贡献	目标的执行力很让人敬佩,可以成为团队学习的对象	常有新鲜的创意和想法,活跃团队气氛,因此可以给团队不断地注入活力	以团体为导向,是个相当合群的人,会给团队注入一股稳定的力量	喜欢先评估风险,对于危机十分敏感,因此会帮助团队评估各项新方案的可行性	会帮助团队争取最大的利益
最舒适的状态	若身为部属,会希望被充分授权,没有太多限制、干扰	感觉到被环境或人们所喜欢的时候,愿意近距离接触	和谐、温馨、融洽的环境会让他感到舒适	非常尊重别人,也希望别人尊重自己,在被人尊重的环境下,会感到舒适,愿意全心付出	安全感对他非常重要,因此环境越明朗越自在

续表

观测点	老虎	海豚	企鹅	蜜蜂	八爪鱼
最讨厌的状态	别人侵犯或是进入自己的权限与领域时会不舒服，必要时会发动攻击	不是一个攻击性强的人，对方让他不愉快时，他可能会选择不再与对方说话或交往	不会被轻易惹火，但容易因为累积过久的不满而一次爆发，难以收拾	讨厌出错或面临尴尬，不喜欢在没有准备好的情况下表现自己	讨厌面对无前例可参考的状况
相处建议	结果先行 言简意赅 充分授权 给予尊严	关注感受 及时鼓励 给予认可 交流互动	给予关爱 先讲故事 给予稳定 减少变化	数据先行 关注细节 给予尊重 诚挚感谢	告知先例 建立连接 给予安全 多种选择

拓展阅读

为何余大海会取得成功

余大海是浙江财经学院东方学院07级工商管理专业的学生，同时还是一家名为"宅时代"的外卖店的老板。在东方学院的生活区里，经常可以看到一群身穿印有"宅时代"统一工作服的人在忙着送餐，而"宅时代"已成为学生间流行的一个新名词。

余大海在读大二时，就曾经做兼职送过外卖。那时候送的外卖特别多，为了方便就把自己的行李箱拿了出来，把外卖放在里面拖着走。由于外卖店大多离学校远，即使通过外卖车，送到学校也要一段时间。而余大海就是等外卖车到学校后去取外卖，再根据地址挨个寝室送过去。"每次外卖车一到，就会有很多学生过来问，能不能顺便多送几份。"余大海就是那时发现了外卖商机。"大三大四的学生课都比较少，很多人都爱待在寝室里不愿意出门，做'宅男宅女'，所以我就将外卖店取名'宅时代'。"

瞅准商机后，余大海就开始认真计划这家外卖店，"我们的店没有店面、只有厨房，把外卖从厨房直接送到寝室门口，没有店铺式经营可以大大节约经营成本。"外卖店的全体员工，除了余大海，还有一个厨师、一个配菜工、一个洗菜阿姨，还有尚未固定数目的送餐员。"我们每天的菜色都不一样，固定在四荤六素，价格和附近餐馆差不多，1荤2素是7块钱。"余大海说。

"每天早上6点半，我一定会起床。"余大海说，他总是一早就来到学校门口租的房子，也就是外卖店的厨房。等菜送到了就检查斤两有没有差错，等洗菜阿姨到了就动手帮忙洗洗菜。"一般9点多就开始准备午饭，到11点就迎来外卖的高峰期。"余大海说。

"外卖最重要的是方便、快捷。"为了突出这个特点，余大海开拓了多种订餐渠道，所有学生常用的联系方式，都可以直接订餐。为了加快送餐速度，所有送餐员都是本校学生，对送餐线路都了如指掌。余大海认为，只有送餐及时才能体现外卖的优点，才能留住顾客的心。

"我的第一拨客人，是学校里的辅导员老师。"余大海说，开业第一天，他把"宅时代"的快餐直接送到了在生活区值班的辅导员老师们的寝室门口，"让老师试吃，听听老师们的意见,如果老师放心,学生们也才会放心。"这一做法得到了辅导员老师们的不少褒奖。"宅时代"的经营方式是对原有校园周边外卖的一次创新,而且学生创业,更值得支持。

(资料来源:小故事网。)

相关链接

陌 生 聚 会

假如你被邀请出席一个盛大的陌生聚会。在这样的场合,不同性格的人有不同反应。

海豚型的人:热衷参加各式各样的有关无关的活动。这种性格的人对人有着高度的兴趣,这使他们容易打动别人。他们关注他人对自己的看法和评价,喜欢成群结队地去旅游或者去某个地方。进入到陌生环境的海豚与其他性格相比,更容易迅速融入环境,他们会非常自然主动地与周围的人攀谈。作为最容易信任他人的性格,海豚型的人始终相信,每个人都有可能是我的朋友。他们能够快速地和陌生人打成一片,结交起一大批朋友。

企鹅型的人:先找个地方坐下,开始享受"能坐着绝不站着,能躺着绝不坐着"。企鹅懒得去思考到底周围发生了什么,旁观本身就已经是一件无上的享受了。

老虎型的人:直截了当,目标明确,以能学到什么或交换到什么新信息或认识了几个可能对我未来有影响的人为最高目标。

蜜蜂型的人:思考,一旦发现能对上眼的,在半推半就的含蓄下展开交流。当晚会结束时,会因为找到了一个可以深入交流的知己而认为自己今天非常值得。

八爪鱼型的人:慢热,只有当他人主动关注自己时,他才会愿意接触,并积极配合。

拓展活动

1. 针对全家旅行前所做准备的各种表现,请判断不同的家人分别为哪种特质?

A:我觉得不用做太细的计划,机票和酒店订了就好,太束缚就没意思了,出来玩开心就好。

B:去哪儿我说了算,其他我不管。

C:对于出行,我会做攻略,计划要提前做,并且我们也要按照计划执行,否则会很不安。

D:我总觉得行李箱不够大,我会带好全家的鞋子、药等各种用品,越齐全越好。

E:我会征求家里所有人的意见,大家都满意才好。

A	B	C	D	E

2. 请尝试分析《西游记》中师徒四人的先天特质属性及典型表现。

_____

_____

_____

实践与拓展

我的创业团队分析

假设你现在想去创业,请你依据自己想创业的主题来给企业进行定位,并据此来组建创业团队。请用大五人格特质来分析自己的创业团队。

创业主题	
企业定位	
创业团队分析	

第三章

团队组建——开启创业之门

 学习目标

1. 了解创业团队及其在不同创业阶段的重要作用；
2. 了解创业团队角色测评方法；
3. 掌握创业团队组建原则；
4. 掌握团队建设的基本步骤和常用工具；
5. 掌握创业团队组建常见问题及解决方案。

近年来，随着我国高校毕业生的不断增加，就业压力日趋增大，很多大学生选择了创业。但大学生创业存在社会经验不丰富、创业资金不足、社会人脉不广等问题，在创业过程中往往困难重重，很难坚持下去。因此，组建创业团队，创业团队成员之间优势互补、资源共享，并依靠团队力量集资集策，抱团取暖，成为创业成功的一条途径。

第一节　创业团队认知

 案例导入

同舟共济，才能成就梦想

在上海海洋大学，有一个攻克了某种高级观赏鱼人工养殖课题的高才生，名叫王楠。他在毕业后，用这个颇有技术含量和难度的科技项目开始了自己的创业之旅。

在校期间，他首先攻克了这种鱼在人工海水下的养殖，紧接着又在老师的帮助下成功地解决了人工繁育课题。于是，他创业的企业里，从此就有了漂亮的观赏鱼缸——类似于我们常见的热带鱼缸一样，在清澈的水里，游动着彩色的观赏鱼，美丽而又让人喜欢。

为了开办公司，他找到了一个与他性格不同但优势互补的搭档张玉。王楠是技术型的，可以负责公司的技术问题；而张玉是营销型的，可以负责公司的销售和外联工作。

公司在天使基金的帮助下顺利开张了，由于产品填补了市场空白，一时间生意兴隆，他俩非常开心。但好景不长，渐渐地王楠发现公司的业务很好，可就是不盈利。他细心地观察和打探之后，发现张玉已经在外边又重新开了自己的公司。

是沟通不够？ 还是利益分配不均？ 还是其他原因？ 一心只顾技术改进的王楠，也缺乏企业管理知识。总之，尽管他们创业优势互补，但却因为彼此间缺乏诚信问题，导致团队合作失败，也最终导致创业失败。

以上案例中的创业团队是基于优势互补来组建的，这本是很好的开始。但是，很快公司出现了一些问题。搭档张玉在团队发展得比较好的时候，起了私心，自己在外面重新开了一家公司。这就是由于张玉对和王楠一起所创办的企业的认同感较差导致的。他当初加入团队，也许是和王楠一样想将企业办好，但是最终还是耐不住利益的诱惑而产生了其他的想法，不再考虑整个团队的发展，而是个人的事业发展。而且，王楠由于缺乏企业管理知识，没有及时察觉到团队中所存在的问题，而导致团队后来在管理中出现问题。

（资料来源：李肖鸣，孙逸，宋柏红．大学生创业基础 [J]．2016:56 –57.）

 理论梳理

一、创业团队的内涵

（一）创业团队的概念

在创业活动中，关键因素和创业主导者是创业团队而非个人，由此可见创业团队的重要性。创业团队是创业者成功的基石，是由基层和管理层所组成的一个共同体。团队可以合理利用每位成员的知识和技能来解决问题，并最终实现创业目标。

目前，国内外许多专家、学者都对创业团队的内涵进行了界定。Charles Cooney 等人认为，创业团队是指一群积极参与企业发展且与企业之间有重大利益关系的人。陈飞等人认为，创业团队是指在新创企业建立前后参与企业创建过程的人。我国学者张亮认为，创业团队是由两个或两个以上的人组成的，他们共同对企业的发展负责，并拥有共同的财务或其他方面的义务。丁雨佳认为，创业团队是指在创业过程中，一些才能互补并负有共同责任、有共同的价值观、愿为统一创业目标而奉献的少数人员集合。

综上所述，本教材将创业团队定义为，在企业创立过程中发挥重要作用的一群人，他们具有共同的价值观和创业目标，并一起为最终目标的实现而不断努力。

（二）创业团队的四要素

创业团队
的四要素

一个完整的创业团队应具有四个要素，包括人、目标、职能分配以及计划（图 3 –1 –1）。

图 3 –1 –1　创业团队四要素

1. 人

人是创业团队中最核心的部分。目标是由人来实现的,因此创业团队中人员的选择要非常慎重。一般来说,创业团队是由一群志同道合且拥有共同的创业理念和创业目标的人建立而成的,因此团队成员具有共同点是至关重要的。其共同点主要体现在创业观相同、价值观相同、金钱观相同。然而对一个创业团队而言,成员之间仅仅有共同点是不够的,还需要有互补点。一个企业的创立,需要有人进行决策、管理和宏观把握,制订计划需要有人具体实施,还需要有人去寻找创业机会,与合作伙伴进行交流和沟通,等等。因此,创业团队成员要多元化,成员之间的优势要能互补而非叠加。优势互补既要有性格上的互补也要有技能、专业、特长方面的互补,还要有人脉资源方面的互补。每个人的社会资源是有限的,但当整个团队的社会资源合并在一起进行重新整合的时候,所发挥的效用将数倍增大。因此,创业团队在成员构成上要把握三个"共同"和三个"互补"。即创业理念和目标相同、价值观相同;性格互补、能力互补、资源互补。

2. 目标

明确的目标是创业团队成立的基础。创业团队的建立必须有一个相对明确的目标,为团队成员指明前进和奋斗的方向。创业团队具有明确的目标后,才清楚创业方向,并为实现此目标付出行动和努力。也只有这样,创业团队才能明确需要什么样的机会,才能准确把握商机。除此之外,明确的目标能使创业团队明晰组织需要哪方面的人才,在寻找合作伙伴或雇佣员工时都能有清晰的认识,从而按照创业团队的目标选择最合适的人才,提高团队的战斗力和综合实力。

3. 职能分配

合理的职能分配是创业团队成功的必备条件。创业团队的成员必须要有职能上的分配,即规定每个成员在创业过程中所担负的责任和拥有的权力。首先要根据每个成员的专业特长和优势确定其职责,从而保证每个成员都能最大限度地发挥自己的作用。这样才能保证在创业过程中遇到的问题都能有相对专业的人员来解决,这样可以有效提高整个团队的办事效率。职能分配能使团队成员在紧密团结的基础上协调一致、统筹合作,既能增强整个团队的士气又能提高团队的工作效率,获得更多的收益。不仅如此,创业团队还需要明确规定每个团队成员所拥有的权力。虽然许多创业团队推崇群力群策,将决策权交给全部成员,每项决策都要由整个团队共同商议讨论之后才做出决定。但是在具体执行的时候需要适当地分权,在不损害集体利益的情况下,个人需要拥有与职能相对应的决策权力。

4. 计划

准确、详细的计划是创业团队成功的前提,也是实现创业目标的保障。创业团队的成员在制订计划时要充分考虑创业企业内外部环境、企业自身优劣势等因素,其不仅要服务于创业团队短期目标,还要有利于创业企业长期战略目标的实现。另外,计划一定要具有可行性和可预见性,否则就只能是纸上谈兵,对创业团队没有任何帮助。计划不仅要确保组织目标的实现,而且要从众多的方案中选择最优方案,从而使得创业团队资源得到最合理、最有效的应用。在有了明确的目标、合适的团队成员,也规定了成员的职责和权限后,就需要有一系列周密的计划来引导创业团队具体实施,从而最终实现目标。合理、详尽的计划也能为创业企业今后的管理控制活动提供一定依据,使创业团队今后的发展与目标要求尽量保持一致,从而使创业企业在正确的轨道上更好地前进。

二、创业团队的重要作用

"众人拾柴火焰高""三个臭皮匠赛过诸葛亮",这些古话都说明了团队的重要性。尤其是大学生创业,优秀的创业团队是创业取得成功的法宝。基于前人的相关研究,本书依据创业的历程分别讨论创业团队的重要作用(图3-1-2)。

图3-1-2 创业团队的重要作用

创业团队
的重要作用

(一)创业初期

在创业初期,企业由于发展不成熟、成员不稳定以及根基不稳等众多原因,而存在资金周转不灵、人员管理不当、关键信息缺乏等诸多风险,这势必会给企业的发展造成巨大的影响。若是处理不当,会给企业带来巨大的损失,甚至有可能会导致企业创业失败,这些都会让创业者产生巨大的压力。创业团队是由一群具有共同奋斗目标的人所组成的,他们可以共同分担创业风险和创业压力,将压力和风险不断分解,大事化小小事化了,从而使创业项目得以落地和实施。

(二)创业成长期

在创业成长期,企业已经打好了根基且具有了一定发展规模。此时,企业需要不断提高自身竞争力来获取更深层次的发展。从本质上来说,人是具有主观能动性的,是实现企业发展的最活跃因素。创业团队中的成员同企业的发展具有重大的利益关系,他们的存在及所做的贡献能够有效推动企业的发展。因而,创业团队人员可以合理分工、互相合作、优势互补、各展所长,使创业企业能够迅速进入发展轨道,从而逐步壮大起来。

(三)创业发展期

经过了创业初期和创业成长期之后,企业就开始进入创业发展期。此时,企业各方面发展已经日趋成熟,它需要找到一个蓝海(未知的市场空间)来保持自身持续稳定的发展。创业团队可以通过群策群力来不断实现自我突破,挖掘全新的市场,为企业获取长期稳定的发展奠定基础。同时,创业团队也可以通过互相促进,相互制约,来保证企业健康、飞速地发展。

优秀创业团队的特征

1. 团队成员有共同的创业理念

创业理念决定着创业团队的性质、宗旨和任何获取创业的回报,并且关系到创业的目标和行为准则。这些准则指导着团队成员如何工作和如何取得成功。从某种意义上讲,创业理念甚至比机会、商业计划、融资等细节问题更为重要。共同的创业信念是组建团队的一个基本准则。许多拥有杰出的技术或其他相关的技能,以及良好教育背景的人在一起创业,往往由于缺乏共同的创业理念,而成为高度个人主义竞争的牺牲品。他们的极端个人主义与团队的一致性格格不入,最终将导致创业的失败。实践表明,能够促使团队成功的理念和态度并无定式,但却具备一些共同点。这些理念是:凝聚力;合作精神;完整性;立足长远目标;收获的观念;致力于价值创造;平等中的不平等;公正性;共同分享收获。

2. 团队成员之间形成互补关系

互补性是指团队成员在思维方式、成员风格、专业技能、创业角色等方面的互补。团队成员之间可以有一定的交叉,但又要尽量避免过多的重叠。团队成员可能是某一方面的专家,但不可能样样精通,那就有必要利用其他团队成员或外部资源来弥补。一个优秀的创业团队必须包括以下几种人:一个具备高超领导艺术的人,这个人可以决定公司未来的发展方向,用正确的方法激励所有人共同努力实现一个合适的目标。这个人相当于公司战略决策者或公司的带头人;一个拓展能力强的人,它具有产品的销售、融资等方面的拓展能力;一个具有专业管理水平的人,一个企业光有理想没有管理水平就无法控制成本;一个研发能力强的人,特别是对高科技企业来说更是如此。当然创业团队也并非一蹴而就,往往是在新企业发展中才逐渐孕育而成的。

3. 团队利益第一

团队成员能够同甘共苦,每一位成员都将团队利益置于个人利益之上。他们认识到,个人利益是建立在团队利益的基础上,因此团队中没有个人英雄主义,每一位成员的价值,体现在其对于团队整体价值的贡献。另外,团队成员愿意牺牲短期利益来换取长期利益,比如团队成员不计较短期薪资、福利、津贴,而将创业目标放在成功后的利益分享。

4. 股权分配合理

平均主义并非合理,团队成员的股权分配不一定要均等,但需要合理、透明与公平。通常核心创业者拥有较多股权,但只要与他们所创造的价值、贡献相匹配,就是一种合理的股权分配。创业之初的股权分配与以后创业过程中的贡献往往并不一致,因此会发生某些具有突出贡献的团队成员拥有股权数较少、贡献与报酬不一致的现象。因此好的创业团队需要有一套公平弹性的利益分配机制,来弥补上述不公平的现象。例如,新企业可以保留一定百分比的盈余或股权,用来奖赏以后有显著贡献的创业人员。

5. 对企业的长期承诺

对于企业经营成功给予长期的承诺,每一位成员均了解企业在成功之前将会面临严峻的挑战,因此承诺不会因为一时利益或困难而退出,并同意将股权集中管理,如有特殊原因而提前退出团队者,必须以票面价值将股权出售给原公司创业团队。

6. 团队成员有良好的沟通

团队的形成可能是基于地缘、血缘、学缘、业缘或共同的兴趣,形成团队的成员可能是同乡、亲属、同学、同事关系等。因此,团队成员在创业初期,大多能够齐心协力,精诚团结,为企业的发展贡献自己的力量。但随着企业的发展,各种矛盾、各种难题不断出现,在处理这些问题时,团队成员自然有不同的观点。如果成员之间不能很好地沟通以形成统一的意见,那么事后难免相互埋怨。相互间的矛盾会随着时间的增长越来越大,最后可能导致团队的分裂。而优秀的团队并不回避不同的意见,而是进行充分的沟通和交流,最后形成一致意见。因为大家是基于共同的利益,不是谋取个人利益,所以能够畅所欲言,坦诚相见。

(资料来源:武勇. 优秀的创业团队是创业成功的法宝[J]. 改革与战略,2006(7):100 - 101.)

相关链接

肯德基的创业故事

肯德基是世界上著名的炸鸡快餐连锁企业之一,它已成为全球范围内的著名品牌。

1930 年,它的创始人哈兰·山德士在美国肯塔基州开了一家餐厅。在此期间,他通过潜心研究炸鸡的新方法,终于成功研发出独特的烹饪秘方。依据该秘方所制作出的炸鸡口味比较独特,深受顾客的喜爱和欢迎,整个餐厅的生意也日趋兴隆,该秘方也沿用至今。肯塔基州为了表彰他为家乡所做出的贡献,授予他"山德士上校"的荣誉称号。

然而,到了 20 世纪 50 年代中期,他的事业却面临了一个危机,新建的高速公路要通过他的 Sanders Cafe 餐厅,导致他必须出售此餐厅。尽管当时他已经 66 岁了,但他觉得自己还不老,不需要依靠社会福利来帮助自己度过日子。于是,山德士上校用他的一辆出品于 1946 年的福特老爷车,载着他的香料配方和压力锅开始上路,这也成了他事业的转机。

他到印第安纳州、俄亥俄州及肯塔基州各地的餐厅,将炸鸡的配方和方法出售给有兴趣的餐厅。1952 年,他在盐湖城授权经营了一家肯德基餐厅,这也是他授权经营的第一家餐厅。在短短五年内,山德士上校在美国和加拿大已经发展了 400 多家的连锁店,这也是世界上餐饮加盟特许经营的开始。

通过对肯德基的创业案例进行分析,我们可以发现它其实并没有发明任何新的东西。但是,它通过应用管理的概念和技术,即思考顾客所重视的价值,来使得产品更加的标准化和规范化。并且,也依据实际来设计操作流程和应用工具,在分析这些工作流程和结果的基础上来设立相关标准,并据此来培训员工。最终,肯德基不仅大幅提高了资源的产出,也开创了新的市场和新的顾客阶层。这其实就是创业。

拓展活动

以下案例是一个经典的反例,也是餐饮行业的经典案例。请认真研读以下案例,并分析真功夫创业团队犯了哪些错误? 若是你遇到这一情况,你将如何来应对?

真功夫的创业小故事

真功夫曾经是中国快餐行业前五强中唯一的本土品牌,是国内首家实现全国连锁发展的中式快餐企业。真功夫的蔡达标和潘余海本来是很好的合伙人,最后因股权问题而分道扬镳。他们起初是按50%、50%的股权比例持股;投资人在后期投资以后,他们分别变成47%。这种持股比例后来在公司决策制定时经常引发僵局或者争议,最终的结局是一个人从公司出去了,另外一位被股东控告侵占公司资产,锒铛入狱。

企业的股权分配是一个非常重要的问题,它能够决定企业的生死。最错误的做法是股权五五分,五五分的结果是没有分配决定权。在开始的蜜月期可能不会产生争执,正所谓可以共患难,难以同甘苦。到了一定阶段,出现分歧的时候,如果有没有一个人拥有绝对的控制权,可能谁也不服气谁,最终的结果就是分道扬镳,创业失败。

实践与拓展

辩论:组建创业团队的利与弊

请大家依据观点分成两组,要求每组的人数相等。在大家分好组后,两组分别就"组建创业团队的利与弊"主题展开辩论。辩论时长为10分钟。在两组辩论结束后,教师分别对两组刚才的行为表现进行点评。然后,请你结合刚才的辩论过程,对组建创业团队的利与弊展开思考。

利	弊

第二节　创业团队组建原则

创业团队
组建原则

案例导入

小米科技公司的创业团队

小米科技公司(以下简称小米科技)于2010年4月6日正式成立,是一家专注于高端智能手机自主研发的移动互联网公司。它的三大核心产品是手机应用软件米聊、智能手机系统MIUI和智能双核手机小米手机。2010年4月,小米科技正式启动手机实名社区米聊社区,推出半年内注册用户突破了300万。2010年10月,小米手机启动研发,2011年8月16日研发完成,小米手机正式发布,自此开创了手机销售的"狂潮"。到2011年12月,小米科技经过两轮融资累计积累资金达1.3亿美元,2012年6月又获得新一轮 2.16 亿美元融资，企业整体估值达到 40 亿美元，相当于诺基亚的一半，超过新浪、搜狐这两家门户网站。

目前我国手机市场竞争日益激烈，智能手机也逐渐发展成为主流。小米科技在如此短的时间内，在企业人员规模、产品销量、融资规模等方面获得惊人的成长速度，离不开创办该公司的优秀创业团队。小米科技公司的创业团队是由雷军带头组建的，共有 7 名成员，分别是董事长兼 CEO 雷军，总裁林斌，副总裁黎万强、周光平、黄江吉、刘德以及洪峰。这支创业团队由来自 Google、微软、金山等公司的顶尖管理人员和技术人员组成，被誉为"超豪华"的创业团队，对小米科技的创业过程起到了巨大的推动作用。

1. 团队能力维度

（1）创业团队中领导的丰富经验和领导才华。雷军是小米科技的灵魂人物，他在创办小米科技前已取得出色的成就，并通过广泛的社会关系网物色和组建了小米科技的创业团队。事实上，小米科技创业团队多数是与雷军有着良好友谊并相互信任的业内同仁或朋友，而雷军丰富的管理经验和领导才华也为公司发展提供了重要支持。

（2）能力互补的超豪华创业团队。在小米核心创业团队中，成员们都是专业领域内的顶尖人才，专业实力十分突出，多位团队成员都曾在世界顶级的高科技企业中担任要职；成员在专业能力和技术上也形成了优势互补的格局，负责开发手机系统的，开发手机软件的，设计手机以及做手机硬件的，分工十分清晰、明确。同时，小米创业团队成员具有不同的专业背景，使得这个团队具有多元化的因素，具有更加广泛的认知来源，包括价值观、经验和技能等，在实质性的工作任务当中，多元化的创新性及合理的冲突水平，大大提高了小米科技的战略决策质量。

（3）团队成员广泛的社会关系。小米创业团队成员凭借过往出色的工作经历，在其专业领域内积累了广泛的社会关系，这些社会关系能使得他们比普通创业者更容易识别和开发潜在的商业机会，能更快速、顺畅地向外界传达企业信息而减少双方的信息不对称，让外部资源所有者对新创企业做出正确评估，降低外部机构的信息识别成本和获取成本，从而更容易获得外部企业和机构的支持，为小米科技有效调动资源和高速发展提供良好基础。

2. 团队文化维度

（1）明确的共同愿景。在小米科技创业之初，所有创业成员们就已经明确了小米科技的发展目标是要成为一家世界 500 强的公司，并明确"使手机取代电脑，做顶级智能手机"的公司愿景。这个共同的愿景促使专业背景差异较大的团队成员能凝聚在一起、共同奋进，充分调动着团队成员的主观能动性，并时刻激发团队成员的创业激情。

（2）良好的工作氛围。小米科技创业团队成员之间相互给予高度的赞赏与肯定，他们之间没有严格的等级，每一位员工都是平等的，每一位同事都是自己的伙伴。他们崇尚创新、快速的互联网文化，拒绝冗长的会议和流程，喜欢在轻松的伙伴式工作氛围中发挥自己的创意，形成了小米科技轻松的伙伴氛围。在这种氛围下，团队成员彼此共享信息，组织中人与人之间相互学习，从而不断产生新的知识，形成一种良性循环。

（3）团队创业激情。小米科技的创业成员大多为资深手机发烧友，他们认为，只有实现手机软硬件的高度结合才能出好的效果，才有能力提升移动互联网的用户体验。基于他们的共同理念与理想，在雷军的邀请和组建下，他们形成了一个有激情、有梦想的创业团队，而他们的创业激情已成为小米手机发展的原动力。

3. 团队制度维度

（1）宽松、扁平化的组织结构。 大多数创业团队在创业初期为了将公司业绩提升上去，都采取集中精力研发新产品的战略，让公司获得一定的市场份额并赢得生存的资本，却忽略了为新创企业制定一个完善合理、有章可循的制度。事实上，雷军早已认识到对于一个新创企业，清晰的组织模式的建立能够使大量的管理工作规范化、标准化、程序化，好的管理制度也是留住人才的关键。因而，小米科技首先在组织架构上将"强专业弱管理"的理念制度化，建立宽松、扁平化的组织结构。

（2）促进营销、研发等部门开展跨部门合作。产品是企业各部门共同工作的结果，没有各个部门之间的互相作用和配合，就不可能有好的产品。因此，小米科技创业团队成员之间经常进行密切沟通，相关的营销人员、产品研究经理等甚至经常被整合到一个团队，以小组形式促进跨部门沟通合作，从而对市场做出最快的反应。

（3）合理的激励制度。小米科技实行透明化分配机制，形成物质激励与精神激励双管齐下的激励原则。物质方面，在金山公司工作时雷军就以"宝马"汽车激励网游团队而受到广泛关注，在小米科技，雷军更是为创业团队成员和普通员工提供了优于同行的薪酬和福利；在精神激励方面，金山曾经的"互联网精神""做到极致""用户口碑"和小米的"为发烧而生"等口号无不彰显雷军在精神和愿景激励方面的丰富经验。

（资料来源：徐万里，林文滢，陈艳萍．高科技企业创业团队的成功特质——基于小米科技创业团队的案例分析［J］．科技和产业，2013,13(6)：126－132.）

 理论梳理

一、根据项目确定团队组成

（一）影响项目团队组织结构选择的因素

项目团队组织结构的选择会受到很多因素的影响，比如外部环境因素、项目本身因素等。项目本身因素主要包括项目规模、技术结构和项目现状等三大因素（图3－2－1）。

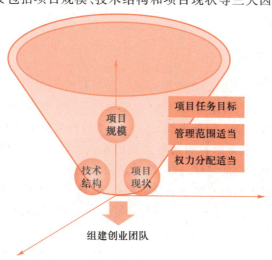

图3－2－1　根据项目确定创业团队组成

第一，关于项目规模。项目规模是确定创业团队成员结构的关键因素。一般来说，项目规模越大，所需要的项目团队成员的组织结构就越复杂，且对团队成员的专业要求也会越高。因而，当创业者在组建创业团队时，需要考虑项目规模及结构安排。

第二，关于技术结构。一般而言，项目所要求的技术越复杂，团队成员对其把控的能力就越弱。此时，需要一种更具有弹性的技术规范来支持团队成员对意外情况做出应对。

第三,关于项目现状。团队成员的组建和结构安排需要考虑整个项目的现实条件,比如资金的规模。若是创业团队可运转资金有限,则需要缩减团队的成员规模,人数不宜过多,能够满足基本需求就好。

(二)项目团队组织结构设计的基本原则

1. 项目任务目标原则

每一个项目都有其对应的任务和目标,创业团队的确定需要与项目任务目标相挂钩。团队成员的选择及其职责的划分,都需要依据具体的任务进行安排。并且,需要将整个项目团队的目标进行划分,形成具有层次性和可行性的任务体系。与此同时,需要将项目任务与人相联系,做到责权分明。

2. 管理范围适当原则

领导者的适当管理,有助于员工工作效率的提高和企业发展的不断推进。但是,如果管理者管理的范围太宽,则会起到相反的效果。如果管理的范围过小,则管理的层级会较多,这样不利于整个团队的工作效率。

3. 权力分配适当原则

在现实生活中,企业的权力分配一般会包括集权和分权两种。其中,集权是指将权力集中在领导者的手中,优点在于决策快、目标统一,缺点在于容易分散管理者的注意力而忽视了项目规划及整个团队的长远发展等。分权是指适当将权力进行下放,构成权力层级,优点在于高效率、灵活性,缺点在于可能会导致项目经理对一些事情无法把控。

二、团队角色测评

(一)DISC 行为模式测评

DISC 矩阵是 1928 年由美国心理学家威廉·马斯顿博士在《正常人的情绪》(The Emotion of Normal People)一书中所提出的,现已经成为世界 500 强企业所普遍使用的性格测评系统,该系统主要是用来测试人们行为模式的。人类的行为是个体自身的反应及对环境的认知相互作用的结果。每个人的行为都有固定的模式。DISC 行为模式测试工具的学习和运用,可以帮助人们反思自己的情绪,理解自己所做出的行为,并依据实际情况做出适当的调整。而且,它也有助于人们观察和了解他人的行为,这对于团队成员之间的协作是非常有效的。在了解了自己及团队其他成员的行为特征以后,就可以充分发挥团队成员的优势。大家各展所长,实现团队力量的最大化。

依据 DISC 行为模式矩阵(图 3-2-2),可以将团队成员角色划分为指挥型、影响型、稳定型以及服从型等四种典型模式。

1. 指挥型(Dominance)

属于此类型的人对事情能够积极做出反应,他们通常性格坚定,目的性强,气场强大,并且时间观念很强,做事时注重决策和效率。一般来说,这类人在管理层和销售层的人可能会比较多。

2. 影响型(Influence)

这类人才性格开朗,偏外向,善于交际,人脉关系广泛,说话时表情很丰富且语言很幽默。

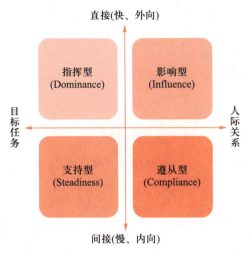

图 3 - 2 - 2 DISC 矩阵模型

而且,他们做事富有创意,能够打破常规。一般而言,这类人才会处在营销和公关类的岗位。

3. 支持型(Steadiness)

这类人才性格腼腆,偏内向,善解人意,喜欢帮助和迁就别人,喜欢按照规矩办事且不敢面对新的挑战。这类人才多处于行政类和人力资源类的角色。

4. 遵从型(Compliance)

这类人才逻辑条理清晰,善于思考分析,做事情有条理且追求精准,喜欢关注细节和用数据说话,但一般社交敏感度不高,不善于化解压力。一般来说,这类人集中在科研部门。

(二)霍兰德职业兴趣测试

霍兰德职业兴趣测试(Self - Directed Search)是由美国职业指导专家霍兰德基于职业类型理论,综合考虑自己的职业咨询经验而编制的。就职业选择来说,兴趣是个体和职业之间最关键的桥梁。霍兰德职业兴趣测试主要是从兴趣角度来探讨职业选择的问题,也是迄今为止最具有影响力的职业分类测试。它对于企业在招募人才的过程中发挥了重要的作用,目前世界上很多企业在人员应聘的环节都会应用此测试。(图 3 - 2 - 3)

1. 实际型(R)

实际型又被称为"现实型"。此类型的人动手能力强,手脚很灵活,喜欢从事一些操作性工作;为人谦虚,做事保守,喜欢做一些具体任务;不擅长社交,喜欢独立做事。这种类型的人一般喜欢从事需要运用操作技能的工作,会对要求体力、能使用机械设备、与动植物相关的工作感兴趣,如技术型职业(摄影师、机械装配工等)和技能型职业(如厨师、木匠等)。

2. 企业型(E)

此类型的人具备领导才能,有野心、有抱负,一般比较务实。追求物质财富、权力权威,也喜欢竞争、冒险,做事目的性较强。这种类型的人具备一定的经营管理能力、领导才能以及监督、管理能力,可以从事销售、项目管理、企业管理等工作。

3. 社会型(S)

"社会型"人才一般关心社会问题,渴望发挥个人作用。他们也擅长社交和处理人际关系,喜欢不断结交新朋友。他们喜欢能运用到社交能力并能认识到很多朋友的工作,擅长从

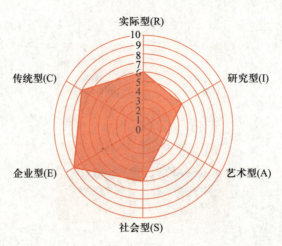

图 3 - 2 - 3　霍兰德职业兴趣测试模型

事提供指导、帮助、培训以及治疗等的职业,如教师、培训人员、公关人员等。

4. 传统型(C)

"传统型"人才不喜欢打破常规,一般为人谨慎保守,不具有创新性,但具有自我牺牲的精神。他们喜欢按照计划办事,做事很细心且富有条理性。喜欢在别人的领导下工作,也喜欢关注现实和细节问题。他们适合从事精确、具体且有条理性的工作,他们也适合从事涉及记录信息、按照特定程序组织的数据类工作,如秘书、打字员、会计、行政助理等。

5. 研究型(I)

研究型又称为调研型。这类人一般为思想家而非实干家,他们的抽象思维能力很强,善于思考分析问题,但他们不喜欢动手操作。而且,他们知识渊博,考虑问题很理性,做事也富有逻辑,能够不断探讨未知领域,但不善于领导别人。他们喜欢从事那些要求独立性和创造性的工作,或者那些要求独立完成、运用分析能力和抽象能力的工作,如科研人员、工程师、医生等。

6. 艺术型(A)

艺术型的人富有创造力,喜欢表现自己的个性,一般做事会偏情绪化。他们不断追求完美,具有艺术才能和个性特征,也非常擅长表达。这类人才喜欢从事要求具备创造力、表达力和艺术修养的工作,不擅长做事务性的工作,如艺术家、美术家、小说家等。

三、创业团队组建原则

李嘉诚曾说过:"创业合作必须有三大前提,一是双方必须有可以合作的利益;二是必须有可以合作的意愿;三是双方必须有共享共荣的打算。"创业团队的成员通常包括战略决策者、市场开拓者、技术研发者和管理协调者,每个人所扮演的角色和发挥的作用存在差异,因而创业团队组建时需要依据一定的原则,如图 3 - 2 - 4 所示。

1. 目标明确合理原则

创业团队是由一群志同道合的人所组成的。他们在相互信任、相互了解的基础上,组建具有共同理念和价值观的团队,并会据此形成创业目标。为了使得团队成员清楚知道整个企业的奋斗目标,创业目标需要明确具体,避免大家在奋斗的过程中存在歧义,或者出现盲目努力的现象。而且,创业目标的确立要科学、合理,以保证创业目标的可行性和具体可操

图 3-2-4 创业团队组建原则

作性,从而保证目标实现的可能性。此外,创业目标需要具有可测量性。这有利于创业团队能够评估努力的结果,一方面能够不断激励团队成员,另一方面能帮助团队成员明确其中存在的不足,并据此及时做出相应调整。

2. 互补原则

现如今是需要相互协作的社会,单枪匹马的战斗已经很难适应社会的发展。创业者之所以会寻找队友来组成创业团队,其所主要考虑的原因就在于创业团队成员之间的互补。德国哲学家莱布尼茨曾说过,"世界上没有两片完全相同的树叶。"每个人都是一个独立的个体,具有自己的特征和所长。创业团队中的成员可以在知识、能力以及资源等方面形成互补,不断实现"1+1>2"的化学效应,即团队成员效益的最优化。其实,这对于整个团队的发展是非常有利的。

3. 精简高效原则

创业团队需要吸纳和引进众多人才,但不是团队成员越多就越好。一方面,团队成员多,随之带来的开销就会增加。然而,企业在创立初期所能够支配的资金本来就有限,需要实现这些资金的最大化利用。另一方面,若创业团队中成员过多,那么在管理上会很困难。但是,创业企业在初期本来就发展根基不成熟,整个公司的管理体系也不完善,这势必会影响整个企业的有效发展。创业团队的组建除了依据精简的原则外,也需要考虑整个企业所运作的效率。若现有的创业团队能够保证企业的高效运作,则就不需要再吸纳人才。否则,仍然需要扩大创业团队的规模。

4. 动态开放原则

创业过程是一个充满未知性和不确定性的过程。在创业过程中,团队中的成员会因理念不符、价值观不一致以及企业发展前景等多方面原因,而选择放弃或者离开创业团队。创业团队成员的离开或者加入,会改变创业团队的人员组成结构。因而,在组建创业团队的时候,创业者要保证整个团队的动态性和开放性。尽量吸纳优秀人士加入创业团队,以不断完善整个创业团队的体系结构,提升整个团队的竞争力。

拓展阅读

看雷军如何找合伙人和员工

北京小米科技有限责任公司(简称小米科技)成立于 2010 年 4 月,是一家专注于高端智能手机、互联网电视以及智能家居生态链建设的创新型科技企业。它的产品概念是"为发烧而生"。2018 年 7 月 9 日,小米科技在港交所主板挂牌交易。

如何找到合适的人?这是几乎所有的创业公司都需要面对的难题。小米科技也不例外。它的创始人雷军曾经在公开场合表示,对于创业者来说,需要解决人才在何处和如何说服这些人才加入这两大难题。而且,雷军在创业之初,花费了 80% 的时间来找人。小米科技最初的 100 名员工在入职的时候,都是由雷军亲自去面试的。也正是因为雷军在找人时的付出,他找到了合适的人,组建了最合适、最专业的创业团队。雷军也正是依靠这支精挑细选出来的团队,让小米科技在其后的发展持续保持强大生命力。

那么,在创业初期我们到底该如何来找人呢?

雷军曾经提到过,当第一部安卓手机出现的时候,他就感觉到安卓手机能和苹果手机一起抗衡天下。于是,他决定去做手机。尽管在此之前他没有从事过硬件产业,但他不想错过此机会。

2010 年 4 月,在银谷大厦 807 室,团队中的 14 个人一起喝了碗小米粥,小米就此踏上旅程。在小米创业之初的时候,雷军认为小米的首要问题就是找人,用来解决此问题的办法只有两种:花费足够的时间去找人,至少需要花费 70% 的时间;把现有的产品和业务做好,来展示未来的发展空间和机会。

小米科技在创立初期,规模很小甚至连产品都没有,组建极强的团队、获得对方的信任并不是一件容易的事情。所以,在最开始的半年,雷军花费了大量的时间来找人。其间,雷军为了能够找到一名资深和非常出色的硬件工程师,曾给他连续打了 90 多个电话。而且,为了说服他能够加入小米科技,雷军同几个合伙人一起同他整整交流了 12 个小时。但是,那位工程师还是不相信小米模式能够盈利和赚钱,迟迟下不了决心。雷军见此现状便开玩笑地问他:"你觉得你钱多还是我钱多?"那位工程师便回复道:"当然是您钱多。"雷军就对他说:"那就说明我比你会挣钱,不如我们俩来分工,你负责产品,我来负责挣钱。"最终,经过雷军的劝说,他终于答应了。

关于硬件负责人,雷军曾有一位非常理想的人选,也花了很多的时间和精力去同他沟通,想让他加入进来。但是,此人却表示自己对股份"无所谓"。雷军对他很是失望,觉得他没有创业精神,这不是他所想要的人。

总而言之,雷军找人会考虑两大关键因素:

一是找最专业的人。乔布斯曾经说过,"我认为一名出色的人才能顶 50 名普通的员工,我将大约四分之一的时间用来招募人才。"雷军也深谙此道。在小米科技成立后不久,他就分别从不同领域找到了七个合伙人,分别来自金山、谷歌、微软、摩托罗拉等公司。这七个人各司其职,仅用一年左右的时间便打造了一款爆款产品。于是,小米科技估值也从此水涨船高。

二是找最合适的员工。在雷军看来,这些员工需要具有创业精神,要有创业心态,要非常喜爱自己所做的事情。与此同时,这些员工也需要具有共同的愿景。其实,找人是天底下最困难的事情。但是,拥有核心团队,企业以后的发展则是非常有利的。小米科技最早加入进来的员工都投了资金进去,这使得大家能够在创业的过程中拥有主人公的意识,有非常高的积极主动性参与其中。

每个企业在发展的过程中,都有自己的核心成员。随着企业的不断发展,以及企业所面临的外部条件发生变化，这些核心成员会因为某些原因而选择离开。那么，企业该如何来留住核心人才呢？小米科技的做法很值得我们借鉴。

1. 打造利益共同体

小米科技在邀请任何人加入进来的时候，会给他们提供三个选择条件，让他们自己来选择：

第一，可以选择和跨国公司一样的报酬；

第二，可以选择2/3的报酬，然后拿一部分股票；

第三，可以选择1/3的报酬，然后拿更多的股票。

实际上，很多人都选择了第二种方案。其实，2/3的报酬也是不低的数字，足够员工照顾生活。与此同时又有股票，这样大家就非常乐意同创业公司一起奋斗，从而实现共同成长。

2. 将培养真正落到实处

小米科技极力营造一个中高端人才的环境，将培养和引进相结合。创业公司都很清楚人才是非常重要的，所以非常重视内部培训和提升。此时，需要设置专项培训费用，这样人力资源就会当作专门的事情来落实，以保证整个企业有不断的发展活力。

3. 需要学会去包容

每个人都不是最完美的，需要容忍员工身上所存在的不足，但与此同时也要帮助他们去改进这些不足。可以通过给他们提供足够的培训和方向指引，帮助他们逐步去提升自己。

（资料来源：知乎网。）

蒙牛的快速发展离不开资源的整合

蒙牛是中国领先的乳制品供应商，已经列入全球乳业十强。它的创立者牛根生当初在创业的时候，也跟很多人一样缺少创业资源。可是，蒙牛却跑出了火箭一般的成长速度。牛根生整合了工厂和政府农村扶贫工程，也整合了农村信用社资金。当蒙牛没有运输车的时候，他就整合个体户来投资买车。当蒙牛没有员工宿舍的时候，他就整合政府来出地，整合银行来出钱，员工能够分期贷款。从而，农民就能够用信用社贷款来买牛。而且，蒙牛也会用品牌来担保农民生产出的牛奶的包销，结果蒙牛几乎零投入，整个北方地区的农民都在为蒙牛养牛。

从蒙牛的案例中，我们可以看出：人们手中可支配的资源总是有限的，任何企业家都不可能拥有世界上的所有资源。企业家要想能够实现自己的发展目标，就必须要充分利用自己手中可占用和可支配的资源，通过与他人进行交换来找到自己所需要的资源。与此同时，对方也能够获得相应的回报。这就是资源整合的一个重要法则，即整合思维模式。

精华观点：能不能把可以利用的资源整合过来为己所用，关键在于你有没有整合的思维。

（资料来源：360个人图书馆。）

相关链接

激情创业路 为梦想坚守

樊文合是河南牧业经济学院2010级市场营销专业专科学生。他2012年注册成立郑州天天酒店管理有限公司,2013年成立河南合之茂商贸有限公司,曾与郑州两家五星级酒店签订合作协议,合同金额超过500万元。

艰苦生活,磨砺不屈性格

樊文合的创业故事和他的艰苦生活是分不开的。入学后面临的生活费来源难题,使他不得不在空余时间多做几份勤工俭学的兼职。大一后半学年,樊文合在一次做酒店前台收银的兼职时,以勤恳的工作态度得到了酒店老板的肯定。于是,酒店老板将"学生电影院"交给他独自经营。

经过一番辛苦努力,他赚取了人生的第一桶金。由于经常和酒店老板打交道,樊文合也渐渐悟到了一些酒店的运作流程,于是一颗涉足酒店行业的理想的种子开始在他脑海中萌芽。樊文合拿到大学毕业证书后,满怀激情地为创业而努力着。然而由于资金有限,经验不足,他到处碰壁。出于生活压力,他不得不暂时放下创业梦想从事销售工作,凭借他的热情与勤奋,他的业绩经常是公司第一。

当资金慢慢有所积累、社会经验也日益丰富时,坚韧不屈的他在参加相关行业的创业培训后,毅然决定辞职,又一次踏上了艰辛而漫长的创业征程。

踏实肯干,崭露头角

2012年,樊文合和朋友合伙投资两家小规模的快捷酒店,成立了郑州天天酒店管理有限公司,成立后公司运营一切正常,效益很稳定。2013年年初,他独资申请注册了河南合之茂商贸有限公司,主要经营酒店智能化解决方案、高清数字信号建设、酒店微信控技术等业务。

创立公司之初,樊文合透过对市场的分析和判断,加上工作中积累的人脉资源,并通过自己所学的专业知识以及之前积累的工作经验,利用掌握的先进技术为诸多企事业单位在管理及日常工作方面提供了更加方便智能的解决方案,获得了企事业单位的一致认可,并在一定程度上开创了同行业的新局面,成为行业新锐。他通过自身的不懈努力,使越来越多的行业需求者从各地慕名,前来洽谈合作事宜。目前,公司所推广的产品及服务正在向各大相关行业全面推广。

(资料来源:郑翔文. 激情创业路 为梦想坚守[J]. 河南教育(高教),2014(5):24.)

拓展活动

1. DISC测试

表3-2-1是DISC测试的完整版,一共有40道题。请你认真完成以下测试题,看看自己是属于哪种行为模式。请注意你需要在每一个大类中的四个选择题中选择一个最符合自己的,并将自己的选项序号填在"我的答案"这一列,且不能有任何遗漏。

表3-2-1 DISC测试题

题号	选项	我的答案
1	(1) 敢于冒险:愿意去面对新事物并敢于下决心掌握的人; (2) 适应力强:能够轻松自如地适应任何环境; (3) 活泼生动:充满活力,表情生动,多手势; (4) 善于分析:喜欢研究各部分之间的逻辑和正确的关系	

题号	选项	我的答案
2	(1) 有始有终：在现有的事情完成以后才能做新的事情； (2) 喜好娱乐：开心，充满乐趣与幽默感； (3) 平和对待：在冲突中，能够不受干扰、保持平静； (4) 善于说服：用逻辑和事实而不用权威来服人	
3	(1) 容易同化：容易受他人的观点和喜好的影响，而动摇自己的想法； (2) 自我牺牲：愿意为他人利益而放弃个人的意见； (3) 善于交际：处于兴趣与交往，而非挑战或者是商业机会； (4) 意志坚定：喜欢以自己的方式做事	
4	(1) 让人认同：因个人的人格魅力或性格而让人认同； (2) 体贴友好：关心别人的感受与需要； (3) 竞争意识：喜欢把一切当作竞争，赢的欲望非常强烈； (4) 自控能力：极少流露自己的情感	
5	(1) 让人振作：能够给他人带来振奋的刺激； (2) 尊重他人：对人很诚恳，能够尊重他人； (3) 善于应变：无论遇到任何情况，都能做出有效的反应； (4) 含蓄内敛：能够自我约束情绪与热忱	
6	(1) 充满活力：身上散发着活力； (2) 容易满足：容易接受任何情况与环境； (3) 敏感性高：对周围的人和事都过分关心； (4) 自立自强：独立性很强，只依靠自己的能力、判断与才智	
7	(1) 计划周密：先做详尽的计划，并会严格地执行，不想随意改动； (2) 富有耐性：遇事冷静，具有耐心； (3) 积极向上：相信自己有转危为安的能力； (4) 鼓舞他人：借助个人的人格魅力，鼓励他人参与进来	
8	(1) 自信果敢：很自信且极少犹豫或者动摇； (2) 无拘无束：不喜欢提前做好计划，或者受到计划的牵制； (3) 羞涩话少：非常安静，也不善于交谈； (4) 有时间性：时间观念很强，不喜欢做事计划被人干扰	
9	(1) 迁就他人：改变自己来与他人保持协调，能够在短时间内按照他人要求行事； (2) 井井有条：能够系统、有条理地安排事情； (3) 为人坦率：为人很坦率，说话很直接； (4) 乐观向上：能够让他人和自己相信任何事情都会好转	

题号	选项	我的答案
10	(1) 强迫他人:喜欢发号施令,强迫他人听从; (2) 忠诚可靠:非常可靠和忠心,有时毫无根据地奉献; (3) 幽默风趣:能够把任何事物都变成精彩的故事; (4) 友好善良:不爱争论,也不主动交谈	
11	(1) 勇敢无畏:无所畏惧,敢于冒险; (2) 体贴温柔:待人友好、温柔,有耐心; (3) 注意细节:能够观察入微,做事情有条不紊; (4) 可爱有趣:感觉很开心,与他人相处充满乐趣	
12	(1) 令人开心:充满活力,并能将快乐传递给他人; (2) 文化修养:特别爱好文学艺术,如戏剧、交响乐; (3) 自信:相信个人能力,也相信自己能够取得成功; (4) 自始至终:情绪很平稳,做事情能够坚持到底	
13	(1) 理想主义:依据自己完美的标准来设想和衡量新事物; (2) 独立自主:独立自信,能够自给自足; (3) 无攻击性:不说或者不做可能会引起别人不满或者反对的事情; (4) 激励他人:善于鼓励别人参与、加入,并把每件事情都变得有趣	
14	(1) 感情外露:从不掩饰自己的情感喜好,在与人交谈时常常会身不由己地触碰他人; (2) 深沉内敛:说话深刻,常常会进行内省,对肤浅的交谈和消遣会感到厌恶; (3) 做事果断:有能力很快做出判断与得出结论; (4) 幽默风趣:语气平和但有冷静的幽默	
15	(1) 善于调解:经常帮助调解不同的意见,以避免双方发生冲突; (2) 音乐爱好:喜欢参加与音乐相关的活动,并对音乐有较深的鉴赏能力,这主要是出于对音乐的艺术性的喜爱,而不是因为表演所带来的乐趣; (3) 高效推动:能够领导他人,高效率地推动工作; (4) 善交朋友:喜欢参加各种聚会,喜欢去交新朋友,不随便把任何人当陌生人	
16	(1) 考虑周到:喜欢帮助别人,善解人意,能够记住一些特别的日子; (2) 为人执着:做事情喜欢善始善终,不达目的、善不罢休; (3) 喜欢说话:喜欢不停地说话和讲笑话来娱乐别人,以避免沉默所带来的尴尬; (4) 容忍他人:容易接受别人的观点,不反对或改变他人	
17	(1) 善于聆听:愿意聆听别人的倾诉; (2) 绝对忠实:忠于自己的理想、朋友和工作; (3) 领导力强:天生就是一个领导者,不相信别人的能力比得上自己; (4) 活力充沛:整个人充满活力且精力充沛	

题号	选项	我的答案
18	(1) 非常知足:对于自己拥有的感到很满足,很少去羡慕别人; (2) 团队首领:要求有领导地位,也希望别人能够跟随自己; (3) 善于制图:善于在工作生活之中运用数字图表解决问题; (4) 惹人怜爱:能够成为人们注意的中心,很受别人的喜爱	
19	(1) 力求完美:对自己和对别人都高标准、严要求; (2) 平易近人:容易相处和平易近人; (3) 辛勤劳作:能够为了完成任务而不停地工作,不用休息; (4) 很受欢迎:聚会时是焦点人物	
20	(1) 跳跃活泼:充满活力和富有朝气; (2) 勇敢无畏:不怕冒险,大胆向前; (3) 规范约束:能够时刻坚守住用来规范个人举止的道德准则; (4) 平衡沉稳:做事沉稳,一般会是中间派	
21	(1) 沉闷乏味:死气沉沉,缺乏生气; (2) 羞怯内向:在众人关注下会显得不自在,喜欢躲避别人的注意力; (3) 喜欢表现:好表现,说话声音大且华而不实; (4) 专横傲慢:喜欢发号施令和支配别人,有时会略显得傲慢	
22	(1) 为人散漫:生活过得很任性且无秩序; (2) 无同情心:对别人的问题和麻烦缺乏理解,无法站在别人的角度看问题; (3) 缺乏热情:很难会感到兴奋,常常会觉得好事难做; (4) 难以宽恕:喜欢嫉妒别人,也难以宽恕和忘记别人对自己的伤害	
23	(1) 袖手旁观:当事情变得复杂的时候,不愿意参与其中; (2) 充满怨恨:常常会将别人对自己的冒犯或者自己所认为的冒犯放在心中; (3) 固执己见:抗拒或者不愿意接受别人的方法; (4) 喜欢唠叨:喜欢重复说同一件事,而且喜欢找各种话题聊天	
24	(1) 吹毛求疵:喜欢关注琐事细节,喜欢从中挑剔不足; (2) 过分忧虑:常常会感到焦虑和担心; (3) 容易健忘:容易忘记一些无趣的事情,或不愿意回忆起这些事情; (4) 说话率直:有话直说,喜欢直接表达自己的观点	
25	(1) 缺乏耐性:不喜欢等待别人; (2) 无安全感:缺乏自信且总是会感到担忧; (3) 优柔寡断:犹豫不决,难以下定决心; (4) 喜欢插嘴:在别人说话的时候,总是会打断别人	

题号	选项	我的答案
26	（1）不受欢迎：喜欢追求完美,对于那些不顺意的人总是会拒之千里; （2）不愿参与：对别人的生活不感兴趣,不喜欢探问别人的私生活; （3）难以预测：情绪总是变幻无常,时而兴奋,时而低落,或者总是无法兑现承诺; （4）无同情心：不会或者很少会当众表达对弱者或者受难者的同情	
27	（1）固执己见：喜欢按照自己的想法做事,难以听取不一样的观点; （2）随兴随意：做事情随意性比较大,缺乏一惯性; （3）很难被取悦：个人要求太高,很难被别人所取悦; （4）行动迟缓：一般情况下采取行动比较慢	
28	（1）平淡冷漠：平常很少表露出自己的情感; （2）态度悲观：一般抱着最好的期待,但往往会最先看到事务的不好的一面; （3）为人自负：自我评价很高,总是认为自己是最佳人选; （4）放任自流：为了讨好别人,而允许别人做他自己喜欢做的事情	
29	（1）容易发怒：为人善变且易冲动,但一般会很快就忘掉; （2）没有目标：不喜欢、也不愿意设定目标; （3）喜欢争论：容易与人争吵,凡事都觉得自己是对的; （4）孤芳自赏：容易感到被疏离,总是会缺乏安全感,或者担心别人不喜欢和自己相处	
30	（1）天真烂漫：非常单纯,无法理解生命的真谛; （2）消极怠慢：一般只看见事情的消极一面; （3）鲁莽莽撞：很有胆识,但是一般会行为不恰当; （4）为人冷漠：凡事漠不关心,得过且过	
31	（1）担心忧虑：时常会感到担忧或者时常会心烦意乱; （2）不善交际：总喜欢吹毛求疵,挑人毛病,从而不被人喜欢; （3）工作狂人：为了实现目标或者获得回报而不断工作,很少停下休息; （4）喜欢认同：喜欢得到别人的认同和赞赏	
32	（1）过分敏感：对事物反应过度,当被人误解的时候,会感到被冒犯一样; （2）不世故：经常会用考虑不周的方式来表达自己; （3）胆小怯弱：遇到困难就会退缩; （4）喋喋不休：说话滔滔不绝,难以自控,难以倾听别人	
33	（1）非常腼腆：对所做的事情不确定且缺乏信心; （2）生活紊乱：缺乏有序安排生活的能力; （3）嚣张跋扈：做事很冲动,喜欢控制和指挥别人; （4）情绪抑郁：时常会感到情绪低落,消极	

题号	选项	我的答案
34	(1) 没有毅力:时常会感到矛盾,个人的情绪与个人的行动不合乎逻辑; (2) 性格内向:喜欢活在个人的世界里,喜欢将个人的想法和兴趣放在心里; (3) 无法容忍:无法容忍别人的观点、态度与做事方式; (4) 没有异议:对很多事情都不关心	
35	(1) 杂乱无章:生活环境无秩序,经常找不到东西; (2) 情绪影响:情绪很难高涨,尤其在感到自己不被欣赏时容易情绪低落; (3) 低声细语:说话声音很低,不在乎别人是否能够听得清楚; (4) 喜欢操纵:做事很精明,喜欢使事情朝着自己有利的方向发展	
36	(1) 行动缓慢:行动和思维都比较缓慢,有时会相对麻烦; (2) 为人顽固:喜欢按照个人的意愿来行事,不会轻易被他人所说服; (3) 喜欢表现:喜欢做出一些行为表现来吸引别人的注意力,喜欢成为公众的焦点; (4) 存在戒心:不会轻易相信人,对别人的话语会存在疑惑	
37	(1) 性格孤僻:喜欢独处,不喜欢置身于人群之中; (2) 统治欲强:会毫不犹豫地表现出个人的控制的能力; (3) 为人懒惰:做事前总是会先预估需要花费多少时间和精力,能不做就不做; (4) 嗓门偏大:说话声音和笑声很大,总能盖过其他人	
38	(1) 做事拖沓:任何事情起步很慢,需要外界的推动力; (2) 喜欢多疑:总是怀疑他人,不轻易相信别人; (3) 容易发怒:没有完成指定的任务时,容易感到愤怒或者烦躁; (4) 无法专注:做事不专注,没法集中精力做某件事情	
39	(1) 容易记仇:喜欢记恨或者惩罚那些冒犯到自己的人; (2) 喜新厌旧:不喜欢长时间做同样的事情; (3) 为人勉强:不喜欢参与或者不愿意投入; (4) 草率行动:做事缺乏耐心,容易草率行动	
40	(1) 容易妥协:为了避免相互矛盾,即使自己是正确的,也不惜放弃个人立场; (2) 喜欢批评:喜欢衡量他人或者是对他人进行预判,常常会对他人的意见进行反对; (3) 为人狡猾:做事很精明,总是会想出各种办法来达到自己的目的; (4) 喜欢善变:做事缺乏耐心和恒心,需要各种改变来避免无聊	

在做完测试题之后,请你依据表3-2-2的选项标准,将自己的选项序号填在图3-2-5所对应的英文字母里面。

表 3 - 2 - 2 选项标准

序号	D	I	S	C
题 1	1	3	2	4
题 2	3	2	4	1
题 3	4	3	1	2
题 4	3	1	4	2
题 5	3	1	4	2
题 6	4	1	2	3
题 7	3	4	2	1
题 8	1	2	3	4
题 9	4	3	1	2
题 10	1	3	4	2
题 11	1	4	2	3
题 12	3	1	4	2
题 13	2	4	3	1
题 14	3	1	4	2
题 15	3	4	1	2
题 16	2	3	4	1
题 17	3	4	1	2
题 18	3	4	1	3
题 19	3	4	2	1
题 20	2	1	4	3
题 21	4	3	1	2
题 22	2	1	3	4
题 23	3	4	1	2
题 24	4	3	2	1
题 25	1	4	2	3
题 26	4	3	2	1
题 27	1	2	4	3
题 28	3	4	1	2
题 29	3	1	2	4
题 30	3	1	4	2
题 31	3	4	1	2

序号	D	I	S	C
题 32	2	4	3	1
题 33	3	2	1	4
题 34	3	1	4	2
题 35	4	1	3	2
题 36	2	3	1	4
题 37	2	4	3	1
题 38	3	4	1	2
题 39	4	2	3	1
题 40	3	4	1	2

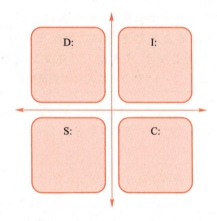

图 3 - 2 - 5　选项统计

测试得分计算：

请计算你的各项得分，每个选项为一分。

D:_____　I:_____　S:_____　C:_____

测试结果说明：

超过 10 分称为显性因子，可以作为性格测评的判断依据。低于 10 分称为隐性因子，对性格测评没有实际指导意义，可以忽略。如果有两项及以上得分超过 10，说明你同时具备这两项特征。

我的测试结果：_____

2. 霍兰德职业兴趣测试

通过前面的学习，相信你对霍兰德职业兴趣测试也有了一定的了解，也想了解自己的职业兴趣。那么，就请你上网进行测试，并将自己的测试结果同班级同学进行分享。

我的测试结果：_____

组 团 竞 赛

通过老师指定或者学生自告奋勇的方式,挑选出 2~4 名成员上台作为队长。在队长确定好了之后,每位队长分别挑选 3~4 位同学为各自的队友,此时需要保证每组人数相等。在组完队后,就可以开始智力抢答游戏。待比赛结束后,分别请获得第一名和最后一名的两组来分享各自选人的成功经验和失败经验。最终,班级每位学生需要依据本活动来思考创业团队选择成员的技巧和注意事项。

创业团队人员构成

创业团队是由一群具有共同奋斗目标的人所构成的,每个人在团队中所发挥的作用各异。相信大家都知道唐僧师徒四人西天取经的故事,他们师徒四人相互配合并最终取经成功。我们不妨将唐僧团队看作是一个创业团队,请你上网查找相关资料,对唐僧团队各成员的特征展开分析,并从创业团队的角度思考他们在团队中所扮演的角色,即他们分别属于表 3-2-3 中的领导型人才、骨干型人才、实干型人才还是协调型人才。

表 3-2-3 创业团队人员类型及特征

序号	人员类型	所具有的特征
1	领导型人才	团队负责人;目标坚定、具有极高悟性;具有较强的亲和力和感召力;成熟执着;人脉广泛
2	骨干型人才	是整个团队中不可或缺的技术核心人物;个人英雄主义严重;性格极端,恃傲才傲物
3	实干型人才	能够踏踏实实做事;一般不会夸夸其谈;任劳任怨;缺乏主见;具有较高的纪律性
4	协调型人才	性格和善,亲和力强;与大多数人相熟;喜欢和别人沟通,善于聆听别人意见;喜欢活跃气氛

那么,唐僧师徒四个人分别在团队中扮演着怎样的角色呢?接下来,就请你结合表 3-2-3 中的人格特征,将唐僧团队中的成员进行角色归类(图 3-2-6)。

除了表 3-2-3 所提到的几个角色外,一个完整的创业团队还需要包括哪些角色呢?这些角色又会具有哪些特征呢?请你上网查找相关资料,填写在表 3-2-4 中,并与班级同学展开讨论和分享。

表 3-2-4 创业团队人员类型及特征补充

人员类型	人员特征

图 3 - 2 - 6 唐僧团队的角色

第三节 创业团队组建步骤

 案例导入

联想集团核心团队的组建

如何组建核心团队？关于这个问题很多中国的企业考虑得比较少，或者他们只是进行简单的处理。他们一般喜欢家族创业，即将自己的企业传递给自己的子女。比如，李嘉诚将企业传给自己的儿子，娃哈哈宗庆后先生将企业传给了自己的女儿。但是，联想在此方面的做法却完全不一样。联想明确规定，不允许家族成员在联想工作。联想之所以能够取得今天的成果，与它的团队建设是密不可分的。它在创业团队建立方面的做法，确实有很多值得创业者去借鉴和学习。

联想集团的柳传志先生曾经说过，创业团队的领军人物是非常重要的，在有了这个领军人物后，那么要创建一个伟大团队的重要任务就是带队伍。联想有一句名言：搭班子、定战略、带队伍。其中，带队伍是最后一个也是联想最突出的一大特色。

尽早培养接班人

柳传志从小就熟读《三国演义》，算是诸葛亮的忠实粉丝。他认为诸葛亮鞠躬尽瘁、死而后已，千百年来作为智慧和道德的双重象征留存于人们心中。然而，诸葛亮没有实现匡扶汉室的理想，而且蜀国还是三国中最先被灭亡的。那么，到底是因何缘由而造成了这样的局面呢？ 在柳传志看来，我们应该以诸葛亮为戒，把自己放在过渡者的角色，而不是包办代替的角色。并且，柳传志在联想集团也是这么做的。联想集团的两位领军人物，一位是杨元庆，另一位是郭为，他们都是由柳传志一手培养起来的。并且，柳传志在多年前就已经开始培养他们了，这在中国企业中是比较罕见的，这也是值得很多中国的企业去学习的。

在实战中选拔人

柳传志是军人出身，他喜欢看巴顿将军的战争回忆录，他也曾经说过巴顿选人的故事。有一次，巴顿将军为了提拔士兵，将所有的候选人叫到一起，说："伙计们，我想要在后面的仓库里面挖一个战壕，长八英尺，宽六英尺，深三英尺。"然后自己躲在仓库外的窗户那里偷偷观察。他看到很多人在讨论，

111

为什么要在这里挖？为什么要挖长八英尺，宽六英尺，深三英尺？大家七嘴八舌，讨论个不停。这时，突然一个士兵说道，"伙计们，先挖完再说，管他那个老头要干嘛。"巴顿眼睛一亮，要提拔的人就是他。柳传志从这个故事中受到了很大的启发，并先后让杨元庆和郭为在不同的岗位进行锻炼，然后再提拔，这就是在实战中来选拔人才。

避免组织侏儒症

这仅作为比喻并无讽刺。那么，到底何为组织侏儒症呢？假如姚明就是 CEO，那么副总裁、部门经理和基层员工就会一个比一个矮，到基层员工就是侏儒了，这是不利于企业发展的。所以柳传志就敢于用比自己强的人，来避免组织侏儒症。比如，联想在创业初期就敢于启用工程院院士倪光南。柳传志认为这是值得的，这样能够避免组织侏儒症。

管理好团队的冲突

柳传志曾经和某中科院院士发生过冲突，这位院士曾是联想创业期间的重要成员。之所以会发生冲突，主要在于两个人对同一问题的看法不一样。这位院士主张科工贸战略，也就是先发展科学研究，再发展工业，最后进行贸易。但柳传志的战略跟他的战略正好相反，柳传志主张贸工科战略，他认为企业首要的任务就是生存，所以要先进行贸易。其实，认知上的冲突并不是那么的可怕。当这种认知冲突演变为利益冲突就变得可怕了，再演变为情感冲突就更加可怕了。情感冲突是怎么看你都不顺眼，你在我眼里没有优点。柳传志也差点因为后两种冲突，而面临牢狱和灭顶之灾。如果当初联想没有处理好这些冲突，就没有联想的今天。所以，创业者面临冲突要分清是哪种冲突。要鼓励认知冲突，因为它们促使创业者创新的动力，当然也要避免利益冲突和情感冲突。

（资料来源：360 个人图书馆。）

 **理论梳理**

一、创业团队的组建流程

通过前面的分析可知，创业团队是整个创业企业发展的最活跃因素，它的存在和发展关乎整个企业的成长和繁荣。因而，创业团队的有效组建是非常重要的。其实，创业团队的组建是一个非常复杂的过程。依据周波的 MBA 创业团队的组建程序可知，创业的组建一般包括物色核心成员、明确创业目标、制订创业计划、招募合适人员、规划成员职权、构建制度体系、整合创业团队等七个步骤，如图 3－3－1 所示。

1. 物色核心成员

核心人员的构成会影响整个创业项目的成功与否。一般而言，是由有创业想法和创业意愿的团队发起人，通过自己的生活圈、学习圈以及工作圈等来挑选合适的人员，所筛选的成员与自己目标一致，且大家各方面会形成互补，以此组成创业团队的核心人员。

2. 明确创业目标

创业者需要具有明确的创业目标，一方面有助于厘清创

物色核心成员
↓
明确创业目标
↓
制订创业计划
↓
招募合适人员
↓
规划成员职责
↓
构建制度体系

整合创业团队

图 3－3－1　创业团队组建步骤

业思路和明确创业方向，另一方面有助于吸引更优秀和更合适的创业人才。创业者在有了创意之后，需要对其进行仔细斟酌和调研分析，将其形成具体的创业目标。在明确了创业目标之后，创业团队成员会对未来发展更有把握，知道自己需要到达哪里以及该如何去实践，

这对于整个团队的后期协作是非常有利的。

3. 制订创业计划

在明确了创业目标之后,创业者就可以依据市场调查结果以及所面临的实际情况,对创业目标展开具体剖析,形成具有可行性和合理性的计划体系。需要注意,该计划体系需要具有层次性,即包括总体计划和具体的实施计划。并且创业计划需要责任到人,具有动态性和开放性,允许进行适当的调整。

4. 招募合适人员

由于创业初期资金有限,因而创业团队的组建需要依据精简高效的原则。一般而言,一个创业团队的规模控制在 3～7 人比较合适。为了促进整个团队的运作效率,团队成员的组建也需要考虑知识、能力、性格以及资源等方面因素的互补性。通常,这些都是很难直接观察出来的,可以结合对个人的教育背景以及工作履历等进行考察。当然,创业初期的团队组成一般是创业者的亲戚朋友,这样有助于大家之间相互信任和合作。但是,在整个团队发展到一定阶段和形成一定规模后,由亲戚朋友等所组成的创业团队会发生责权不明等问题。因此,对于新创企业来说,需要提前制订人员职责、利害关系等方面的规定。

5. 规划成员职权

创业团队是由一群各具特征的人所组成的,他们的教育背景、知识能力以及所拥有的人脉资源都各异,会在一定程度上形成互补。若是团队成员权力和职责规划不明晰,则可能会引起不必要的冲突,这会影响整个团队的有效合作。因而,需要依据团队中每位成员的优劣势,来具体分配工作任务,使他们能够各尽其才,各展所长。

6. 构建制度体系

在创业团队逐渐形成之后,所面临的一个重大的问题则是创业团队的管理问题,制度体系的制定有助于创业团队的管理。因而,为了能够有效地管理整个创业团队,需要构建创业团队的制度体系,主要包括规范制度和激励制度。其中,规范制度主要是用来约束整个创业团队的,包括人事制度、财务制度、行政制度、法务条例等。激励制度主要是用来激励整个团队成员的,包括绩效考核制度、奖惩制度等。需要注意,所制定的创业制度是服务于创业目标的,并且这些制度规范需要具有弹性和开放包容性,允许进行适当的调整。

7. 整合创业团队

由于创业团队是由一群人所组成的,每个人的问题解决方式和性格特征等会存在差异,大家需要不断地磨合。随着整个创业团队的不断运行,创业团队中所存在的弊端和分歧会逐渐显露出来。因此,在必要的时候需要对整个创业团队进行适当调整,包括人员的构成、人员职权分配和任务安排等。

二、创业团队组建常见问题及解决方案

(一) 常见问题

依据相关研究和创业实践案例,我们可以将创业团队组建的常见问题进行归纳,如图 3 - 3 - 2所示。

问题一:组织认同差异化

创业团队成员都是独立的个体,他们具有各自所独有的特点,每个人的性格特征也会存

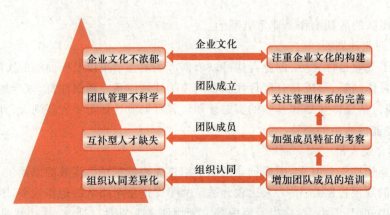

图 3 - 3 - 2　创业团队组建常见问题及解决方案

在差异。尽管团队成员在加入时能够接受组织的共同愿景或者创业价值观,但是在团队的后续发展过程中难免会因外部环境的变化导致其对组织的认同发生改变。甚至会出现这种情况,在企业进入发展困难的阶段,就会有人因缺乏吃苦的精神和对组织的未来发展失去信心等原因而主动退出团队,这势必会对企业的发展非常不利。

问题二:互补型人才缺失

最理想的情况下,创业团队中的成员是志同道合、相互互补的人才。但是,在实际操作中,大家一般会将脾气、性格相似的人组织起来,而忽略了不同成员之间的互补性。而且,性格、能力等特征是隐性的,很难在短时间内直接观察出来,需要经过长期的相处才清楚。由此可见,互补型人才缺失是创业团队的一个很常见的问题。例如,小常同学在亲戚的资助下,开了一家美容美发店,于是便让投资的亲戚持股,这样就随便组建了创业团队。刚开始生意很不错,但是后来美发店的运行出现了资金管理混乱的问题,但是却没有人知道问题出在哪里。这其实就是创业团队中缺乏能够进行资金管理的人才。

问题三:团队管理不科学

创业团队在起初发展不成熟,人员体系也不是很完善,也缺乏相关的团队管理经验。团队管理不科学,就会导致团队成员之间缺乏有效沟通,影响团队成员之间的协作,这会影响整个团队的有效运作。而且,团队管理不科学会出现赏罚不分明、成员执行力不高以及成员之间矛盾激化等现象,这些都影响企业的可持续发展。

问题四:企业文化不浓郁

一般而言,对于刚刚创立的企业来说,比较重视企业业绩、业务运作等硬性指标,而忽视了企业文化这一软性指标。企业文化不浓郁甚至于缺乏,会使得成员缺乏清晰的文化价值观,进而使企业员工缺乏归属感。现如今,企业所面临的市场竞争环境是非常激烈的,企业文化的建设是至关重要的,它有利于增强团队成员的凝聚力和向心力,这对于初创型企业来说尤为重要。

(二) 解决策略

策略一:加强成员特征的考察

在创建创业团队的过程中,首先需要明确团队目标,对该目标展开深入剖析,分析该目标中会涉及哪些事务和职责,据此明确创业团队中所需要的人才。在进行成员特征考察时,需要关注成员的"六大特质"和"五项天赋"。其中,"六大特质"主要包括领导力、决策力、开放性、创造性、独立性和毅力,"五项天赋"包括价值观、才智、创造力、精力和自驱性。加强对团队新加入者在这些方面特征的考察,有助于加强创业者对他们的深入了解,从而能够合理选择团队成员,来组建互补型的创业团队。

策略二:注重企业文化的构建

企业文化是一种具有品牌效应的无形资产,尽管不能创造直接的经济效益,但能通过对人的管理来影响企业的效益和发展。因而,能否构建一种积极向上的企业文化,成为决定企业兴衰存亡的关键因素。在塑造企业文化的时候,首先对企业中所存在的几种不同文化展开分析和进行整合,从中提炼出最能体现本企业特色的和适应本企业发展的企业文化。然后,通过举办一些组织活动,来让企业文化能为创业团队成员所知,通过不断的内化将其深入到他们的内心深处,使他们在平时的生活和工作中做到自觉践行。

策略三:增加团队成员的培训

通过增加对团队成员的培训,包括企业文化、发展战略、业务能力、管理能力等方面的培训,使得企业文化深入人心,团队成员的视野和能力等得到提升。一方面,有利于增加团队成员对本企业的凝聚力和忠诚度,激发团队成员的工作激情。另一方面,有利于增强团队成员的实力,增强整个团队的竞争力。

策略四:关注管理体系的完善

在这里,管理体系包括管理上的规范制度、管理文化、管理成员以及管理方式。规范制度对人们的行为起到一定的约束作用,管理文化有助于创业团队管理透明,管理成员是管理行为的实施者,管理方式有助于优化整个团队的管理流程。关于规范制度的完善,可以通过分析现有的规范制度来发现所存在的漏洞,然后有针对性地进行弥补。关于管理文化的完善,可以从企业员工的利益以及企业定位等角度分析,不断增加企业管理文化的透明度。关于管理成员的完善,将管理岗位和成员的优势进行对比分析,来保证每个人都能最大化发挥个人才能,为企业的发展做出最大的贡献。关于管理方式的完善,需要考虑企业管理方式是否能够优化办事流程以及激发团队成员的积极性,只有合理的管理方式才能使得管理过程顺畅。

拓展阅读

中星微电子的创业团队

1999 年 10 月,邓中翰与来自朗讯贝尔实验室的张辉、惠普的杨晓东等人放弃了在美国的事业和成就归国,借鉴硅谷模式创立了中星微电子公司。

中星微电子公司自创立起的短短 6 年,"星光"系列数字多媒体芯片以 500 多项专利技术、销量占据国际市场 60％的份额,率先走向国际市场。"星光中国芯"打破了国外芯片生产的垄断格局,彻底结束了"中国无芯"的历史。2005 年 11 月 15 日,中星微电子公司在美国纳斯达克成功上市,这是中国电子信息产业中首家拥有核心技术和自主知识产权的 IT 企业在美国上市。

中星微电子公司的成功归功于以邓中翰为首的四人创业团队。创业团队堪称豪华:邓中翰博士,1997 年毕业于美国伯克利加州大学,获电子工程博士、经济管理硕士、物理学硕士。曾先后任职于 Sun Microsystem、IBM，从事计算机研究工作，后在美国硅谷创建半导体公司 Pixim 工作。伯克利博士张辉曾在贝尔实验室从事芯片研究。斯坦福博士杨晓东有英特尔和惠普工作的经历。金兆玮参与过国家级项目。

显然，中星微电子公司的创业团队以技术见长，他们通过精诚合作创造出了惊人的技术成就。当然中星微电子公司的创业团队通过自身学习或引进外部人才，弥补了其在市场、运营、融资等方面的不足。

（资料来源：武勇. 优秀的创业团队是创业成功的法宝［J］. 改革与战略，2006（7）：100－101.）

拓展活动

你的团队合作能力怎么样？

你在创业团队中发挥着怎样的作用呢？你具有团队协作能力吗？你能与团队中其他成员融洽相处吗？接下来，让我们通过一个小测试来了解个人的团队合作能力。

请注意：在作答的时候，不要考虑太多，第一感觉非常重要！

题目：假设你现在去参观一个非常有名的艺术馆，当你进门后你会发现有左中右三个方向的走廊。那么，你的第一反应是会选择往哪个方向走呢？

A. 向左

B. 直走

C. 向右

你的选择：_____

答案解析：

A 选项：你很合群！你总是会默默站在一边，观看别人的欢声笑语。并且，你也能够为别人的成绩而鼓掌。当你与自己的朋友待在一起的时候，总是会无所不谈、畅所欲言。对于个人的情绪处理，你也很擅长。只要别人的意见跟你的出入不是很大，你都能够很愿意融入其中。

B 选项：你很不合群！给人的第一印象是你这个人很骄傲且自命清高。其实，你是属于慢热型人才，需要在相处一段时间后才能和别人慢慢熟悉起来。而且，你很具有个人特色。

C 选项：你经常很直截了当地表达个人的想法和观点！这并不代表你没进行思考，而是你本身就认为没有必要拐弯抹角、考虑太多。虽然你的行事缺乏计划性和责任感，往往只会抱着见步行步的心态。你对群体生活的欲望不大，但也离不开群体生活。而且，你不太注意细节，随心所欲就好。

实践与拓展

团队建设小游戏：背靠背

老师将班级同学分成 2 组，每组分别派两位同学出来做游戏。然后，让这两位同学背靠背地坐在地上，并且双手相互交叉，合力站起来。在此过程中，需要对两组站起来的时间分别进行统计。待整个游戏环节结束后，分别让两组参赛人员对刚才的游戏过程发表感想，并对时间比较短的组进行表扬。

之后,大家展开讨论:

(1) 仅仅依靠一人之力能否站起来?

(2) 如何站起来会更加容易些?

相信通过此过程,大家都意识到团体间的相互配合的重要性。请结合本游戏的相关环节,以及个人的亲身实践经历,对团队合作展开思考。

我的思考:团队合作

第四节 团队画布

团队画布

 案例导入

北欧表情家居老魏的创业故事

在这个创业的时代,许多创业者都在为选择什么样的创业项目而发愁。有的创业者就像进入了百货商场挑花了眼,总觉得别人的项目好,常常会拿不定主意。初创业者会产生这样的心理,是不难理解的。但是,对于一个真正的创业者来说,项目的选择是很重要的,项目运作的细节更重要。这也就是为何很多人尽管有很好的项目,但最终却创业失败的原因。还有很多人的创业项目虽然看起来很平常,但却由于善于经营和运作而最终取得成功,此类创业成功的案例也是普遍存在的。

北欧表情家居的老魏是一位在淘宝网开店创业成功的创业者,他曾是政府机关的高级英文翻译人员。2002 年 MBA 毕业后,他没有继续到政府机关工作,而是开始了自己的创业历程。他一直都很喜欢具有北欧风情的家居饰物,比如各种家具、花瓶容器、旧式钟表、装饰品、布艺地毯、怀旧灯具等。正所谓"有兴趣才能长久"! 在经过慎重考虑后,老魏决定从自己的喜好入手,把自己的喜好当作创业项目。

那么,到底应该采取怎样的销售渠道呢?

当时,国内的网上销售才刚刚起步。他经过认真的思考后,决定利用当时最新的网络渠道来销售自己的产品,他也因此成为最早网上开店的商家之一。为了保证货源,他不断通过网络联系厂家,再根据自己的眼光来挑选适合网上销售的产品。但当时由于创业之路刚开始,所预定的货物不多,因而很多厂家都爱理不理的。于是,他就亲自赶到厂家去谈去争取供货。在他的不断努力下,淘宝店的货物品种越来越多,生意也越来越好。

为了稳定客户来获得尽快发展,他不放过销售流程的每一个细节,并且在每一个细节上增加人性化的服务。他首先把店里的十名员工的工作进行细分,做到每一个细节都有人负责。采购人员一个,商品宣传人员一个,零售客服人员两个,批发人员一个,仓库管理人员两个,包装人员三个。每天早上,客服会把上一天的所有未发货订单传到仓库。在库管把所有货品找出来后,包装的师傅就可以进行包装。因为快递都是当天发,而平邮是第二天发,所以快递人员会先包装快递。在货品发出后,包装的师傅会在订单上填写相应信息,主要是包裹号码还有运费,5 点左右将订单再反馈到客服处,客服再通知买家。

在整个运作过程中,对顾客的人性化服务体现在三个电话上。第一个电话是在产品发出后,及时地通知客户,把货运公司或者快递公司的货号电话告知顾客,让客户放心还有地方可查。第二个电话是在估计客户收到产品后,和客户确认收到了产品,并了解客户对产品到达的时间的意见。第三个电话是问候客户和了解客户对产品的意见,以及是否还需要其他的服务。这三个电话的过程如果发现问题会及时解决,力保客户的满意度,老魏就是这样在细节上打动客户,不断提升企业业绩的。

创业是个人素质的综合体现,每一个环节都需要付出艰苦的努力。创业项目固然很重要,但创业细节也不容有所忽视,这也是每个创业者都需要明白的道理,这样才能不断走向成功。

(资料来源:百度文库。)

理论梳理

为了提高创业团队的组建效率,借助一些合适的工具是非常有必要的。而且,随着信息技术的快速发展,可供创业团队组建的工具越来越多。但是,每种工具都各有其自身特征和所适用的条件。因而,创业者需要依据创业团队的目的、实际情况以及工具用户特征,来选择创业团队的组建工具。接下来介绍几款常用的工具,以增加大家对这些工具的了解。

一、团队管理画布(TMC)

通过团队管理画布,创业者能够清楚了解到在团队管理过程中所需要关注的问题,以及针对具体问题的解决策略。团队管理画布(TMC)是一个有效的用来管理的工具,它将团队管理划分为两大部分,分别为"搭班子"和"带队伍"。在"搭班子"这一部分,它告诉创业者如何来招募队员。在"带队伍"这一部分,它告诉创业者如何来激励团队成员和挽留团队成员(图3-4-1)。

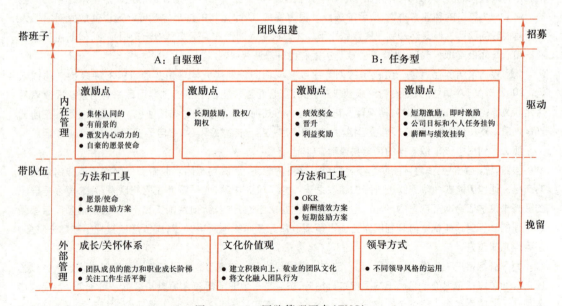

图 3-4-1 团队管理画布(TMC)

1. 团队招募

团队招募其实是一个"搭班子"的过程,即组建创业团队。该模块旨在于告诉我们在团队组建过程中所需要关注的内容,即如何来吸引成员,如何来面试员工,如何来了解员工。

2. 团队激励

团队激励模块涉及团队管理者该如何有效地激励团队中的成员,使他们不断朝着最终目标努力奋斗。其实,在进行团队激励的时候,团队管理者需要区分员工的类型,主要包括自驱型和任务型两种。自驱型员工是以内在驱动为指导,自我价值实现为目标;任务型员工是以任务驱动为指导,自我利益实现为目标。

对自驱型员工来说,他们对整个团队及其愿景是认同的,他们也愿意为了整个团队的繁荣不断努力。对于此类员工,管理者需要对他们给予长期激励,比如给予股权/期权,或者成为企业合伙人等一系列激励方式。所采取的激励方法是通过愿景/使命来激励员工,或者是制订一些长期激励方案。目前,很多企业都采取合伙人制度来激励企业员工,例如万科企业股份有限公司正在尝试建立事业合伙人制度来激励员工,永辉超市实施门店合伙人机制,财经培训机构上海高顿教育集团也实施合伙人制度来激励企业员工。

对任务型员工来说,他们对于公司的未来发展不是很关心,他们的关注点在于薪酬/奖金、利益奖励、晋升。因而,对于此类员工,管理者需要采取的激励方式是短期激励、即时激励,或者是将激励方式与薪酬和绩效相挂钩等。此时,企业管理者需要关注 OKR(目标与关键成果法)、薪酬绩效方案以及短期激励方案等方法或者工具。

3. 团队文化

团队文化是一种软实力,能够不断激励团队成员朝着目标前进。说到底,每一个成功的企业背后所支撑它们的都是企业文化。团队管理者需要采取一系列的措施并组织活动,来构建一种积极向上的企业文化,并将其渗入到组织内部,融入每个团队成员的行为之中。

例如,华为有四大特色文化,分别为狼性文化、垫子文化、不穿红舞鞋、文化洗脑,这些文化旨在于形成员工的远大追求和务实作风,提倡尊重个性和集体奋斗。也正是这样的企业文化促使大家结成利益共同体、公平竞争,积极向上,奋发图强。

4. 领导风格

对于同一个创业团队来说,不同的领导风格所产生的效应和效果会截然不同。此模块旨在告诉我们,针对不同的创业团队,管理者的领导风格应该是怎样的,该如何去提升自己的领导力。

从某种意义上来说,一个创业团队的领导风格和体制决定了一个团队的发展。例如,乐视网的创始人贾跃亭中心作用非常突出,他将公司职权权力掌握在自己一人手中。董事会也基本形同虚设,无法对贾跃亭最高决策权力形成有效牵制。贾跃亭的这种领导方式导致企业的内部控制出现了很多的问题,是非常不利于企业的发展的。如今的乐视网离退市仅一步之遥,与这种高度集权的领导体制不能说毫无关系。

5. 团队提升

在成长/关怀体系模块,管理者需要关注团队成员的能力成长及职业发展,这对于整个团队绩效的提升是非常重要的。与此同时,管理者也需要关注团队成员身心健康,采取适当措施帮助他们实现工作和生活之间的平衡,这有利于推动团队成员的持续发展。

通过团队管理画布,我们就能清楚地了解整个创业团队在组建和管理的过程中所存在的问题,以及所需要采取的改进方法。

二、Teambition——任务管理工具

Teambition 是国内团队协作工具,提供任务、文件、日程等功能,为整个创业团队的合作提供无限可能。Teambition 已经开发出了网页版和移动版,使得人们能够随时随地进行团队协作和办公。该软件具有功能强大、容易上手、有效支持团队协作等特征。接下来,我们共同来学习关于 Teambition 工具网页版的基本操作。

1. 注册登录

第一步,点击网址 https://www.teambition.com/,登录网页(图 3 - 4 - 2)。

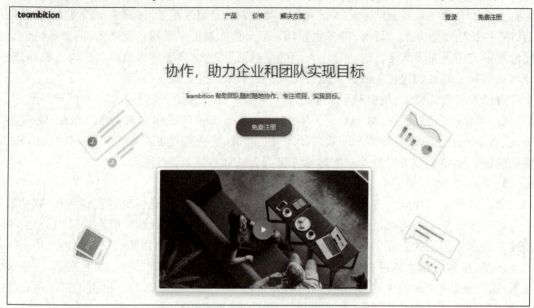

图 3 - 4 - 2 登录界面

第二步:点击"免费注册",就可进行注册登记(图 3 - 4 - 3)。

图 3 - 4 - 3 注册登记界面

第三步:依据工作需要,选择适当的协作场景(图3-4-4)。

图3-4-4 协作场景选择界面

2. 创建项目

项目的创建旨在于保证团队能够更简单、高效地进行协作(图3-4-5)。

第一步,点击"创建新项目"。

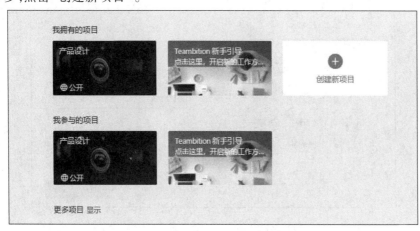

图3-4-5 创建新项目界面

第二步,选择项目模板。可以自己创建模板,也可以运用已有的模板(图3-4-6)。在选择了项目后,需要完善项目信息来完成创建(图3-4-7)。

3. 任务管理

任务管理能够支持团队成员对具体任务展开研讨,帮助用户厘清团队的任务实际进展情况。

第一步:点击"新建任务列表"来创建新的任务栏。在具体的任务栏,可以通过点击"添加任务"来创建新任务(图3-4-8)。

第二步,编辑"任务内容",并选择认领的人,此时也可以邀请新成员,设置截止时间和添加标签(图3-4-9)。

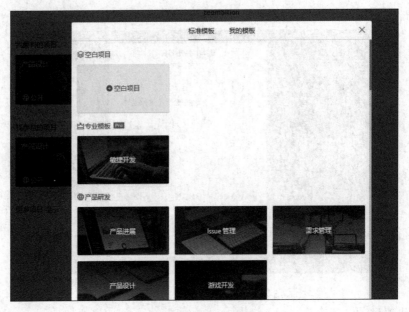

图 3 - 4 - 6 项目模板

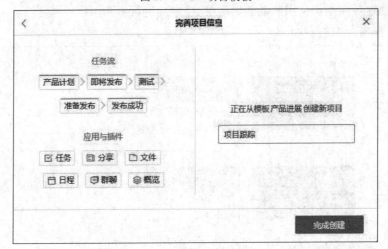

图 3 - 4 - 7 完成创建

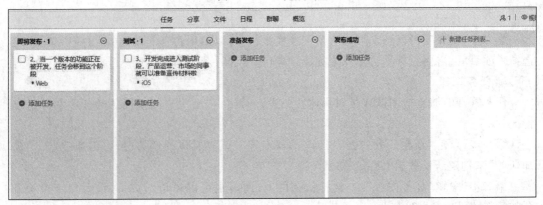

图 3 - 4 - 8 添加任务

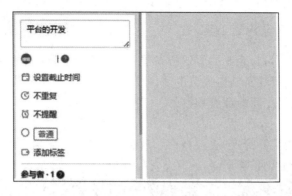

图 3 - 4 - 9　编辑任务内容

4. 文件管理

在"文件"模块,可以创建新的文件夹,也可以上传文件。对于具体的某个文件,可以进行重命名、下载以及移动等操作(图 3 - 4 - 10)。

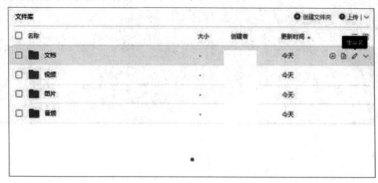

图 3 - 4 - 10　文件管理

5. 分享操作

"分享"模块有助于团队成员了解项目进展。点击"添加分享",就进入分享界面。编辑好文档标题、正文以及参与者等内容后,就可以"立即发布"。在发布了所分享的内容后,团队成员可以对该分享的内容进行点赞(图 3 - 4 - 11)。

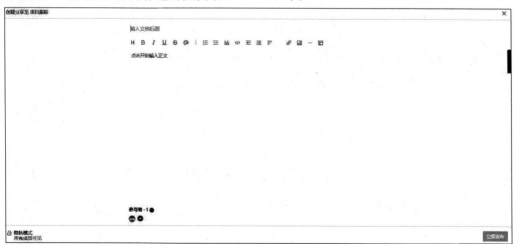

图 3 - 4 - 11　分享操作

三、企业微信—团队沟通工具

企业微信是腾讯公司为企业所研发的高效办公平台,它是一种办公沟通工具。不仅具有微信聊天的功能,还集成了微信公费电话、收发邮件、员工考勤、请假报销等诸多功能,它极大地便利了团队成员之间的合作和办公。

1. 注册登录

第一步,在百度浏览器输入"企业微信",就会进入"企业微信官网"。之后,点击"企业注册",则可以进入企业微信注册界面(图3-4-12)。

图3-4-12 企业微信登录界面

第二步,填写注册信息。在企业微信注册界面,输入企业名称、行业类型、人员规模等信息,并要进行管理员微信号扫码验证。之后,点击"注册"并等待审核通过(图3-4-13)。

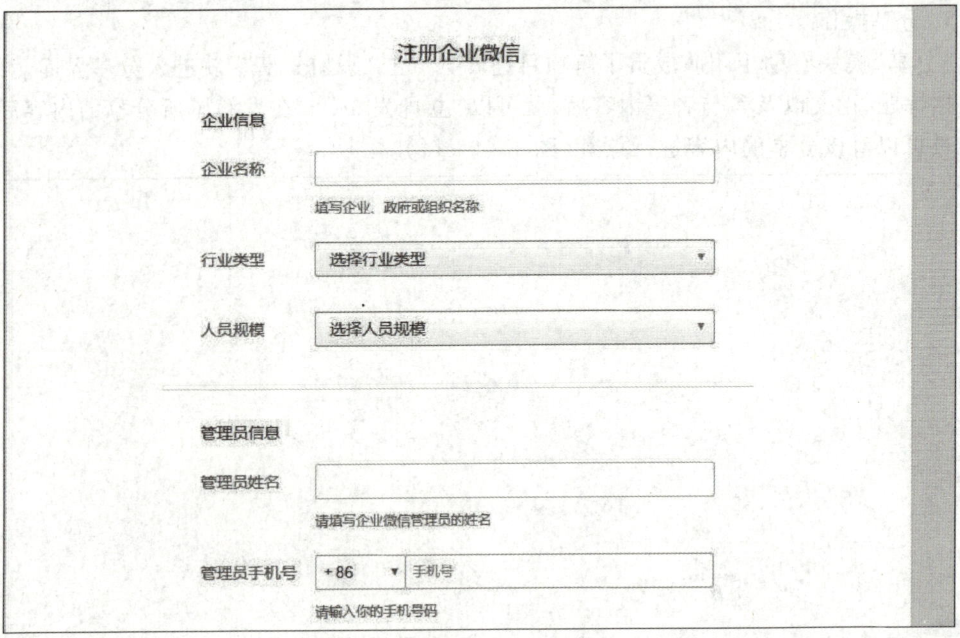

图3-4-13 注册企业微信

第三步,企业微信登录。在审核通过以后,需要再次打开企业微信官网,点击"企业登录",并用管理者的微信扫码登录(图3-4-14)。

图3-4-14 企业微信扫码登录

2. 功能使用

在登录企业微信之后,管理员在后台通过微信好友或者手机号码的形式,将企业成员加入企业微信通信录中。之后,公司成员下载企业微信APP,登录企业微信,使用企业微信里面的邮件、聊天等功能(图3-4-15)。

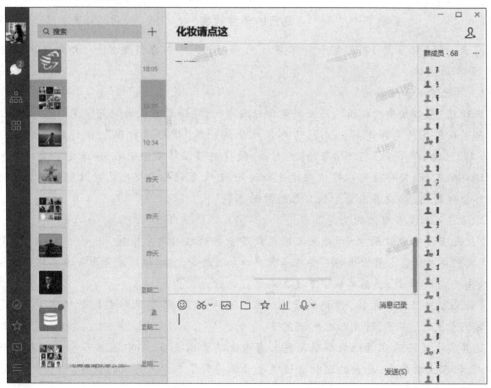

图3-4-15 企业微信功能使用

说话的艺术

在平时的生活和工作之中,良好的说话技巧是获取成功的一剂良药。说话是一门艺术,更像是一门学问(图3-4-16)。

跟智慧的人说话,要靠渊博;
跟笨拙的人说话,要靠详辩;
跟善变的人说话,要靠扼要;
跟高贵的人说话,要靠气势;
跟富有的人说话,要靠高雅;
跟贫贱的人说话,要靠谦敬;
跟勇敢的人说话,要靠勇敢;
跟负过的人说话,要靠鼓励。

图3-4-16 说话的艺术

马云的创业故事

马云,1964年9月10日生于浙江省杭州市,1999年创办阿里巴巴,并担任阿里集团CEO、董事局主席。

1. 学数学不如学英语

正所谓"无心插柳柳成荫",马云高考目标北京大学,却考上杭州师范学院。大学毕业后,马云当了6年半的英语老师。流利的英语赋予他一张"国际通行证",使得他有机会征服《福布斯》记者,早早登上了《福布斯》的封面;使得他可以结交杨致远、孙正义甚至比尔·克林顿这样的人物;使得他可以穿梭在达沃斯论坛,让大家记住阿里巴巴。这些都促成了马云的国际化视野,使他能弄来资金做自己想做的事情。

2. 让"天下没有难做的生意"

"让天下没有难做的生意"是阿里巴巴所有业务的核心指导原则。

"我们要求销售人员出去时不要盯着客户口袋里的5元钱,你们是负责帮客户把口袋里的5元钱先变成50元钱,然后再从中拿走5元钱。"马云说。

"如果客户只有5元钱,你把钱拿来,他可能就完了,然后你再去找新的客户,那是骗钱。客户都完了,穷了,阿里巴巴也就完了。"

这其实也是马云生意经的鲜明写照。有人说马云朋友多,其中固然有马云的人格魅力的因素,但在生意场上,马云的这种价值观也让他得到了不少生意上的伙伴。

3. 倒立

马云说,如果你倒过来看世界,他会变得不一样。这不仅仅是理论,而是阿里巴巴员工的"必修课"。的确,"倒立"思维让马云在与竞争对手打拼时,可以充分认识自己与对方的优劣,做到"以己之长,攻其之短"。倒立思维的结果,就是马云在与竞争对手过招时,从不按规则出牌。

4. 武术

马云是一个狂热的武侠迷,据说年少时就喜欢舞枪弄棒,对武侠小说更是入迷。马云与金庸最早是20世纪90年代在香港见第一面。两人聊得投机,金庸便给马云题字"多年神交、一见如故"。因此,后来携金庸先生数次"西湖论剑"自不必说。阿里巴巴的核心价值观也被马云称为"六脉神剑"——客户第一、团队精神、拥抱变化、诚信、激情、敬业。

喜欢武术,让马云结识金庸;有了金庸,"西湖论剑"才有了号召力;而作为东道主,马云俨然成了武林盟主。其实,那时新浪才是老大,盟主应该由王志东来当。

5. 变

"拥抱变化"是阿里巴巴的所谓"六脉神剑"之一。马云对此的解释是,突破自我,迎接变化,把变化融入日常生活。的确,这些年,阿里巴巴都在经历剧烈变化。成立中国供应商、推出诚信通、成立淘宝、成立支付宝、收购雅虎中国、分拆业务、筹备上市,几乎没有停歇,阿里巴巴员工从几十人发展到几千人。

在阿里巴巴内部,变是不需要理由的。马云要摧毁的是员工头脑中的一切惯性和惰性,所要"榨干"的是员工的全部创造性。

(资料来源:改编自瑞文网。)

拓展活动

1. 请你根据前文对 Teambition 工具的介绍,自己上网展开实践体验。在经过亲身实践体验以后,请对该工具在支持团队协作的优劣势方面展开分析,并将其分别写下来。

优势	劣势

2. 请你根据前文对企业微信工具的介绍,自己展开实践体验。在经过亲身实践体验以后,请对该工具在支持团队协作的优劣势方面展开分析,并将其分别写下来。

优势	劣势

组建创业团队

在第一章的学习中,我们撰写过一份创业计划书,请你围绕该创业计划书来设想组建创业团队,并完成以下内容的构思和撰写。

1. 团队核心成员的构成:

2. 创业目标:

3. 创业计划:

4. 创业团队成员的组成及其职责分配：

5. 制度体系的构建：

第四章

素质提升——完成自我修炼

 学习目标

1. 了解人际交往的内涵及其相关理论；
2. 了解人际关系的内涵及其发展历程；
3. 了解情绪的内涵及其功能；
4. 掌握人际交往的心理学效应；
5. 掌握创业团队中的常见情绪；
6. 学会管理创业中的情绪；
7. 学会应对创业中的压力；
8. 学会如何去成为创业赢家。

第一节 创业团队中的人际交往

 案例导入

碳元科技徐世中：一位创业者的自我修炼

2010年8月，碳元科技正式成立，成为国内第一家可以驾驭复杂的高导热石墨膜研发、生产的高新技术企业。经过多年发展，碳元科技如今已成功首次公开募股（IPO）。让人难以想到的是，这家发展顺利的上市公司掌门人徐世中，身上竟有过多次创业的印记。

上大学的时候，他就埋下了想要创业的种子。大学期间，他在湖南省化学工程研究所做兼职实验员，在接触了一些和产品研发相关的东西后觉得挺有趣的。当时就有这样的想法：创业将这些有趣的东西变成产品，这也是他们学工科的人的一条好出路。一毕业，他一腔热血带着技术跑到了江苏泰兴，帮一个企业做地板胶，还真的成功了。他们给了他2 000块钱的服务费，虽然钱比较少，但特别开心。沿着这条路，他又找到宁波一家工厂，用技术帮他们改良了砂管胶的性能。他们除了给他工资，还付了一些技术费用。这算一次"微创业"。

2000年，他和一个高中同学跑到舟山，正式合伙成立一家公司。他当时才27岁，担任总经理，心里特别没底，也没什么规划，就是抱着试试看的想法，希望挣一些钱来改善改善生活。这个项目对物流的依赖度特别高，那时候舟山还没有大桥，货物和原料进进出出都需要靠船运输，一有大风货都发不出去。这个项目从选址、资金到人才储备全都不成熟，同投资人的沟通也不够，倒掉是必然的。不过失败了反而是好事，这个行业门槛比较低，也没有太大增长的可能。如果没出岔子，他现在可能还困在

里面。

离开舟山的时候，他没攒下什么钱，但经验和能力长进了不少。可能是天生爱管闲事，性格就适合创业。他带着之前的技术去了宁波，和一家企业开展技术合作，做压敏胶。从 2002 年一直做到了 2005 年，除了工资，他还能拿到 25% 的利润分成，分了可能有二三十万元。后来工业城规划变了，这个化工项目就被停掉了。

他看到广东有很大的压敏胶市场，宁波的项目停掉后就马上去了广州，和别人合伙建化工厂。他把前面赚的钱都投进去了，还借了一些，他们大概筹集了 2 000 万元资金。在广州建一个化工厂是很难的，中间经历了无数的沟沟坎坎，不过他都迈过去了。工厂投产之后，他负责采购、生产和市场，和另外一个大股东共同经营。结果，经营过程中两个人理念冲突非常严重，后来他选择退出。2005 年到 2009 年所有赚的钱都赔掉了，他两手空空地离开了。

回顾这次创业，他发觉当时的合作有先天的缺陷：一是合作伙伴彼此并不十分了解；二是经营理念的冲突，而理念冲突带来的问题是致命性的。

（资料来源：改编自搜狐网。）

理论梳理

人际交往与
人际关系

一、人际交往与人际关系的定义

（一）人际交往

美国社会心理学家沙赫特曾做过著名的"人际剥夺"实验。在该实验中，他以高薪（每小时十五美元）招聘应试者到房间里去住，应试者住的时间越久，所能够获得的回报也就越多。但是，此房间的条件非常差，不仅地方小，而且与世隔绝，没有报纸、电话以及信件等渠道来与外界进行沟通，被试者身上甚至都不让携带钱包。最终，只有五个应试者来报名参加实验。在这五个人当中，其中一人只待了两个小时，有三人待了两天，只有一人待了八天。在此房间待了八天的人说："如果我再在里面待上一分钟，我就要发疯了。"实验说明，其实没有哪个人愿意同其他人隔绝，大家都离不开人际交往。

人际交往亦指社会交往，是指人与人之间通过一定方式进行接触，从而在心理上和行为上发生相互影响的过程。一般而言，在人际交往中进行交流的主体要么是个人要么是群体，交往的方式包括直接交往与间接交往、单向交往与双向交往、正式交往与非正式交往等。人际交往作为一种社会现象具有两大特征，分别为交往中的双方同为主体和交往中的双方行为相互影响。古希腊哲学家亚里士多德曾经说过："一个生活在社会之外的人，同人不发生关系的人，不是动物就是神。"儒家代表人物荀子说："人之生也，不能无群。"由此可见，人际交往是个体社会化的必由之路。

在人际交往过程中，大家相互影响、相互制约，这也是交往的一大特点。在人们进行交往的过程中，他们喜欢将自己的行为表现与周围其他人的期盼进行比对，从而来发现该做之事和不该做之事。与此同时，个体在交往过程中会依据别人的反应、态度等，不断调整自己的行为方式，据此形成个人的世界观和个性特征。其实，也正是人们之前的交往过程，促成了人们活动行为的共同性。如果没有人际交往，个体只能是独立的个体而不能成为社会的人。

（二）人际关系

"人际关系"一词是 20 世纪初由美国人事管理协会率先提出的,1933 年美国哈佛大学教授梅奥创立了人际关系理论。从管理学角度来看,它是根源于行为科学奠基人乔治·埃尔顿·梅奥通过霍桑实验而提出的人际关系学说。人际关系是指基于个人情感基础之上的人与人之间的相互关系,此关系是在人们社会活动过程中所形成的。它的好坏将会直接影响到个体的个性形成和行为发展,也将会直接影响到团体的人际氛围。

人际关系是多门学科所共同涉及的领域,如哲学、管理学、社会学、社会心理学、伦理学等,它们都涉及对人际关系的研究和探讨。随着研究的不断深入,人们对于人际关系内涵的理解趋于一致。它主要表现在以下三个方面:第一,人际关系不是一种虚无的关系,它是真真切切存在的。它存在于人与人之间的现实交往之中,表现为人们之间的思想和行为的互动过程;第二,人际关系具有社会性,人本身是无法离开社会而独立生存的,则人际关系也不能脱离社会而独立存在;第三,人际关系含有思想和情感等因素,这是因为人本来就是有思想和有情感的,而人际关系是人在现实生活中通过相互交往而形成的。

人类社会的复杂性,决定了人际关系的错综复杂性。依据所交往的双方是个体还是群体,可以将人际关系分为三种:第一种是个体与个体之间的关系,比如同学关系、朋友关系等;第二种是个体与群体之间的关系,比如个人与家庭之间的关系、学生与班级之间的关系;第三种是群体与群体之间的关系,比如国家与国家之间的关系等。如图 4 - 1 - 1 所示。

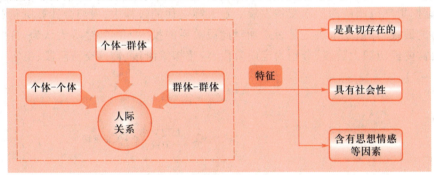

图 4 - 1 - 1　人际关系

（三）人际交往与人际关系

人际交往和人际关系既相互区别又相互联系,它们是两个相独立的概念,与此同时也相互依存。人际关系是在人际交往的基础上形成和发展的,是人际交往多次反复并凝结为一定模式的结果。人际交往与人际关系的关联如图 4 - 1 - 2 所示。

在人们交往的过程中,人际关系得以形成。人们之间的亲密程度和人际关系的性质从而表现出来,它们反过来也会影响人们交往的内容和频率。人际关系和人际交往的独立性,决定了它们又各有侧重点和特定的内容。人际交往的侧重,体现了社会群体之中人与人之间相互联系的特定的方式和程序。然而,人际关系则侧重反映了人们在交往后所形成的各种心理状态和实际结果。

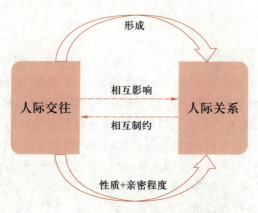

图 4-1-2　人际交往与人际关系的关联

二、人际交往的维度与人际关系的发展

　　阿特曼等人于 1973 年提出了社会渗透理论(social penetration theory),通过该理论来解释人际关系的发展过程。他们认为,人际交往可以分为交往的深度和交往的广度两大维度。其中,人际交往的深度是指人们之间交往的亲密程度,人际交往的广度是指人际交往的范围。

　　依据该理论可知,人际关系的发展是呈渗透式的过程。即起初是在偏窄范围内的表层交往,逐渐向更广范围的深层次交往发展。在人际交往的过程中,人们会计算所花费的成本和所获得的回报,并据此来决定是否增加对此段关系的投入。阿特曼等人认为,良好人际关系的发展需要经历四大阶段,分别为定向阶段、情感探索阶段、情感交流阶段、稳定交往阶段(图 4-1-3)。

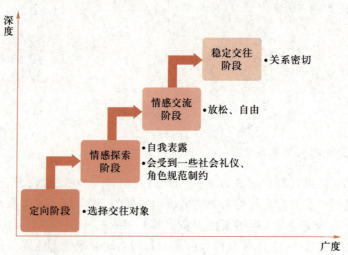

图 4-1-3　人际交往的维度 - 人际关系的发展

　　第一个阶段:定向阶段

　　"定向"意味着人们会对所交往的对象有选择性。人们在同某人进行交往之前,会做出一些行动或者说出一些语言,来引起交往对象的注意,对方的回应则是彼此交往的开端。在

平时的生活和工作之中,若我们注意到某人并想同他人进行交往的时候,我们可以通过礼貌性地打招呼,或者聊聊无关的话题,谈谈自己的职业或者近期的新闻等行为,来开始与对方的接洽。

第二个阶段:情感探索阶段

在经过了定向阶段以后,人际交往就会步入情感探索阶段。如果双方在定向阶段都对彼此产生了好感,并有了进一步交往的兴趣,那么他们则可以进一步进行自我表露,并开始探索双方该如何进行更深层次的沟通。对于处在此阶段的人际交往,建议双方需要一定程度的情感投入,但还是不要过多涉及双方的隐私。此时,双方的交往还是比较正式的,会受到一些社会礼仪以及角色规范等的制约。

第三个阶段:情感交流阶段

在经过了情感探索阶段之后,若双方能够聊得开、谈得来,就有可能会进入到情感交流阶段。在情感交流阶段,双方会有更深层次的情感卷入,会谈论一些比较私人的话题,比如生活中的烦恼、工作上的不满、家庭的不和谐等。在此阶段,双方之间的关系不再是那么正式规范化,而是处于一种放松、自由的状态,这会使得彼此能够相互坦白。

第四个阶段:稳定交往阶段

经过了情感交流阶段之后,若双方之间的情感交流能够持续一段时间,则有可能会进入更加密切的阶段。若是彼此一直处于稳定交往的阶段,则双方会成为亲密的朋友。在大家成为亲密朋友之后,就可以分享很多事情,比如各自的情感状态、收入状况以及情感喜好等。但是,在现实生活之中,能达到此种境界的关系是非常少的。

三、人际交往理论

随着人们对人际交往关注的不断深入,人际交往理论在不断丰富。在本书中,笔者主要介绍人际需要的三维理论、社会交换理论以及 PAC 人际交往理论等三个理论。

(一)人际需要的三维理论

人际需要的三维理论,是由社会心理学家舒茨(W. Schutz)在 1958 年提出的。舒茨认为,个体的人际互动是基于三种基本需要,分别为包容需要、支配需要和情感需要,它们与个体早期的成长经验密切相关。不仅能够影响个体在人际交往中所表现出来的行为,也能够解释和预测他人在人际交往中的行为表现(图 4-1-4)。

1. 包容需要

包容需要主要包括个体希望与别人进行接触和交往的需要,个体希望能够属于某个群体的需要,以及个体希望能够与他人维持一种和谐关系的需要。个体的包容需要的形成与其早期的成长经历是密切相关的。

图 4-1-4　人际需要三维模型

若个体在成长的过程中与父母及其他小伙伴交往的不多,那么他的包容需要就会偏低且容易得到满足。此时,他们会倾向于摆脱与他人的相互作用行为,也拒绝参与社会群体活动。

若个体在成长过程中的社会交往行为过多,那么他的包容需要就会偏高。具有过高的包容需求的个体,会在人际交往中过分寻求与他人接触的机会,以此来引起他人的关注。

如果个体在早期的成长中与父母以及他人有适当的交往,则他们的包容需求既不会过高也不会偏低。他们会在具体的情境或者场合,依据个人的实际需要来进行社交,从而形成适当的社交行为。

2. 支配需要

支配的需要是个体基于权力关系形成的或者维持的人际关系需要,主要包括能够控制别人的需要和被别人控制的需要。个体的早期成长经历,也会对其支配需要的形成具有重要影响。

若个体是在一个既有约束又非常自由民主的环境中成长,那么他会形成民主型的行为倾向。他们擅长处理与他人之间的控制与被控制的关系,既能够顺利解决人际关系中与控制相关的问题,又能够适当地确立个人的地位和权力范围。如果个体成长于高度控制的环境之中,他们会形成专制型的行为倾向,喜欢为他人做决定。如果个体成长于完全不受控制的环境,那么他们就会形成服从型的行为倾向,表现为过分顺从、喜欢依赖别人,不喜欢受到别人的支配。在现实生活中,表现为服从型的行为倾向的人喜欢甘愿当配角。

3. 情感需要

它是个体在人际交往中所形成的与他人的亲密关系的需要,主要包括个体爱护别人或者希望被别人关爱的需要。个体情感需要的形成,与个体的早期成长经历是密切相关的。

若个体在成长过程中爱的需求没有得到满足,则会倾向于形成低个人的行为。这类人表面上会与人非常友好,但在内心深处是与人保持距离的,且害怕过分亲密的关系。若个体在成长过程中过于被溺爱,则会倾向于形成超个人的行为。这类人总是过分寻求爱护,总过分希望自己能够与人建立亲密的关系。若个体在成长过程中得到了适当的爱的需要,则会倾向于形成适当的个人行为。这类人能够适当地表现自己的情感,同时又能够适当地接受别人的情感。

(二) 社会交换理论

社会交换理论是对社会交往研究中最具影响力的理论,由社会学家霍曼斯(G. C. Homans)在1958年提出,它是基于经济交换的基本原则来解释人类的社会行为。该理论认为,人们的人际交往行为其实是一种商品交换的行为,包括"有形交换"和"无形交换"两种。其中,"有形交换"是指心理财富的交换,"无形交换"是指包括赞许、荣誉、地位等非物质的交换。

在人际交往过程中,不仅有付出也会有回报。大家总是希望用最少的付出来寻求最大的奖赏和快乐。如果人类的某种行为获得的奖赏越多,他就越会表现出此行为。如果人类的某种行为付出的代价很大,但是所获得的收益却不大,则他就不会继续表现出此行为。随着人际交往的不断进行,个体关于报偿和代价的认识会不断发生改变,这是一个与心理效价相关的问题。当个人对于个体的报偿与代价之比的认识要大于别人的时候,别人也许会无法理解或者无法认可。这也正好说明了为何有些事情在别人看来是那么不值得去做,但是当事人却觉得它是非常有意思的。由此可见,社会交换的过程其实包含心理估价的问题。

霍曼斯依据经济学功利主义和行为主义心理学,提出了用来分析人际交往的六个基本原则,分别为成功原则、刺激原则、价值原则、剥夺-满足原则、攻击-赞同原则、理性原则

（图 4 - 1 - 5）。

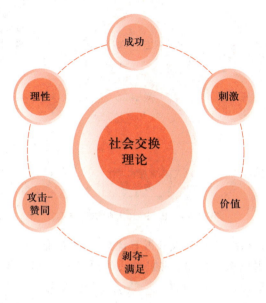

图 4 - 1 - 5　社会交换原则

（1）成功原则：人类的某个特定的行为，若是经常会收到报酬，则他将有可能会此行为。

（2）刺激原则：如果在先前某个特定的刺激或者某组特定的刺激，总是会伴随着一定的奖励，若现在的刺激与过去的刺激越相似，此人极有可能会采取此行为。

（3）价值原则：若个体的某种行为所具有的价值越大，则个体就会越倾向于采取此行为。

（4）剥夺，满足原则：如果个体的行动在近期经常获得某种报酬，那么此报酬对于行动者来说就失去了价值。

（5）攻击，赞同原则：人的行为是同个体的预期相一致的。若个体的行为没有获得预期的报酬，或者得到预期惩罚的时候，则他会产生愤怒的情绪或者会表现出攻击性的行为。若个体的行动得到了预期的报酬甚至超过了预期，或者没有得到预期惩罚的时候，则个体会偏向于认同此行为。

（6）理性原则：人的行为不是一种单纯的"刺激—反应"，而是一种理性的行为。

（三）PAC 人际交往理论

PAC 人际交往理论可以被称为交互作用分析理论、人格结构分析理论或者人际关系心理分析。它是由加拿大心理学家艾瑞克·柏恩（Eric Berne）于 20 世纪 60 年代提出的。在人们的生活工作中，个体需要彼此做出回应，则人们之间总是会存在一种社会相互作用。柏恩认为，个体的个性是由三种心理状态所组成，分别为父母状态（parentstate，P）、成人状态（adultstate，A）和儿童状态（childstate，C），这也就是所谓的 PAC 人际交往理论（图 4 - 1 - 6）。这三种状态在每个人身上都存在且相互作用，但是它们在每个人身上所存在的比例是不一样的，据此会形成千差万别的人格特性。

1. 父母状态

具有这种人格特性的人会以权威和优越感为标志，常常会表现为统治、教导和训斥等家

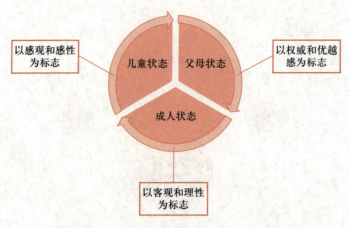

图 4 - 1 - 6　PAC 人际交往模型

长制作风。当一个人的人格结构中 P 成分占有优势的时候,他们通常会表现为凭主观感觉办事,喜欢在工作中运用权威。而且,他们说话的语气一般都是属于支配型,比如"你应该……""你必须……"等。

2. 成人状态

具有这种人格特性的人会以客观和理性为标志,常常会采用商讨的方式与对方相处,使得双方都处于一种平等的状态。他们通常会注重事实,并据此做出理性分析和判断决策。当一个人的人格结构中 A 成分占有优势的时候,他们会遇事冷静,做事理性且尊重他人。

3. 儿童状态

具有这种人格特性的人会以感观和感性为标志,常常会表现为任人摆布和自觉服从。他们一般会比较任性,总是会天真得像一个孩子一样。当一个人的人格结构中 C 成分占有优势的时候,他们会表现为喜怒无常、遇事畏缩,说话时总是会说"我猜想……"等。

若是人们在交往的过程中能够以成人的姿态来参与其中,能够增加对方对你的印象,也能够引导对方做出对应的成人反应。PAC 人际交往理论,有利于人们在交往中有意识地察觉双方的心理状态,据此表现出恰当的反应来取得良好的沟通效果,这对于企业管理人员尤为适用。

拓展阅读

人际交往必知的六禁忌

▌禁忌一:热衷于探听家事 ▌

每个人都有自己的秘密。而有些人热衷于探听,事事都想了解得明明白白,这种人是要被别人看轻的。一个人喜欢探听,即使什么目的也没有,人家也会忌三分。从某种意义上说,爱探听人家私事,是一种不道德的行为。

禁忌二：喜欢嘴上占便宜

有些人喜欢说别人的笑话，讨人家的便宜，虽是玩笑，也绝不肯以自己吃亏而告终；有些人喜欢争辩，有理要争理，没理也要争三分；有些人不论国家大事，还是日常生活小事，一见对方有破绽，就死死抓住不放，非要让对方败下阵来不可；有些人对本来就争不清的问题，也想要争个水落石出。

禁忌三：进出不互相告知

上班期间有事要外出，或者请假不上班，虽然批准请假的是领导，但最好要同办公室里的同事说一声。即使临时出去一小会儿，也要与同事打个招呼。这样，倘若领导或熟人来找，也可以让同事有个交代。互相告知，既是共同工作的需要，也是联络感情的需要，它表明双方互有的尊重与信任。

禁忌四：有事不肯求助

轻易不求人，这是对的。因为求人总会给别人带来麻烦。但任何事物都是辩证的，有时求助别人反而能表明你对别人的信赖，能融洽关系，加深感情。求助他人，在一般情况下是可以的。当然，要讲究分寸，尽量不要使人家为难。

禁忌五：有好事儿不通报

单位里发物品、领奖金等，你先知道了，或者已经领了，像没事似的，从不向大家通报一声，有些东西可代领的，也从不帮人领一下。这样几次下来，别人自然会有想法，觉得你太不合群，缺乏群体意识和协作精神。以后他们有事先知道了，或有东西先领了，也就有可能不告诉你。如此下去，彼此的关系就不会和谐了。

禁忌六：明知而推说不知

同事出差去了，或者临时出去一会儿，这时正好有人来找他，或者正好来电话找他，如果同事走时没告诉你，但你知道，你不妨告诉他们；如果你确实不知，那不妨问问别人，然后再告诉对方，以显示自己的热情。明知而却说不知，一旦被人知晓，那彼此的关系就势必会受到影响。

（资料来源：张东霞．人际交往必知的六禁忌[J]．建筑工人,2010(4):57–57.）

一个成功的"情报人"

在这个信息发达的时代，拥有了无限发达的信息，就等于拥有了无限发展的可能性。信息来自个体的情报站，情报站其实就是自己的社交网络。你的人缘有多广，你所获取的情报就有多广，它就是你事业无限发展的平台。

在商场上，我们一般会称人缘信息为"情报"。那么，对于一个生意人来说，该如何来获得工作上所必需的情报呢？我们所知的有效的方法主要有以下三种：一是经常看报；二是与人建立良好关系；三是养成读书习惯。换句话说，生意人重要的情报来源是"人"。对他们来说，"人的情报"无疑比"铅字情报"重要得多。越是一流的经营人才，就会越重视这种"人的情报"，也就越能为自己的发展带来方便。

日本三洋电机的总裁龟山太一郎就是一个很好的例子。他被同行誉为"情报人"，对于情报的汇集别有心得。其中，最为有趣的是他自创的"情报槽"理论。他说："一般汇集情报，有从人身上、从事物身上获得这两个来源。我主张从人身上加以汇集。如此一来，资料建档之后就随时可以活用，对方也能够随时会有反应，就好像把活鱼放回鱼槽中一样。把情报养在情报槽里，它才能随时吸收到足够的营养。"

把人的情报比喻成鱼是非常有趣的。一位知名评论家也说："我每一次访问都像烧一条鱼一样，什么样的鱼可以在什么市场买到，应该怎么烹调会比较好，这些我都得先弄清楚。"对于生意人来说，如何从人身上得到情报及处理情报，这样的工作其实是和编辑人的职责是一样的。许多记者都知道：在没有新闻的时候，设法找个话题去和人聊聊。生意人也是这样，也许没有办法随时外出，那就利用电话来跟朋友们讨教吧！

日本前外相宫泽喜曾有个闻名的"电话智囊团"。宫泽在碰到记者穷追不舍时，往往会要求给予一个小时的时间考虑。如果碰巧在夜里，则只要一通电话就可以得到满意的答复，这些答复来自他的十名智囊团成员。这也就是我们所谓的"人的情报"。

一个人思考的时代已经过去了，建立品质优良的社交网络可以提供充分的情报，成为决定工作成功的关键。和他们交往虽然愉快，但这样的关系却不能长久。结交朋友的过程便是建立社交网络的过程。两个人由陌生到熟悉之后，便会有一种相见恨晚的感觉，彼此间就产生了友谊。朋友之间交往的本质其实也就是互相启发和互相学习，彼此从不断摸索中逐渐改变、逐渐成长，不断建立起稳固而深厚的友情。在我们的工作和生活中，可以作为个人智囊的朋友，大致可分为以下三类：

第一类是提供给我们有关工作情报和意见的人，称为"情报提供者"。这种人大都从事记者、杂志和书籍的编辑、广告和公关等工作，即使你不频频打扰，对方也会经常提供宝贵的意见，像上述的"电话智囊"就是属于这一类。

第二类是提供我们有关工作方式和生活态度意见的人，称为"顾问"。这种人多半是专家，甚至是本行业内的第一人，我们可以把他们视为前辈或师长。

第三类则是与工作无直接关系的人，称为"游伴"。原则上大家不是同行，通常是我们在参加研讨会、同乡会和各种社团所认识的人，有些也是"酒友"。他们不但可以是"后援者"，有时甚至是我们的"监护人"。

（资料来源：新励成网。）

混世魔王:A同学

A同学是初二的一名男生,以下是对A同学的一些行为特征的分析。请你认真研读下面的案例,并完成后面的习题。

1. 行为特点:会动手打女同学;对男同学搞恶作剧;不遵守纪律和约定,等。体育课老师说了集队时不可以乱走动以及动体育器械,但是案主还是会动。在不允许进入社工室的时间进入社工室,社工劝阻,他就借口待2分钟就走。上学期和某班班长打架,导致对方骨折。现在案主很喜欢写小说,甚至在课堂上写,班主任老师认为他这样有一种精神寄托会好一点,所以没有反对。

2. 认知观点:案主认为自己就是在和同学玩,不是打他们;想和他们做朋友,但是实在做不成朋友就算了。

3. 情绪特征:案主很容易发脾气,然后过段时间自己又好了。

4. 人际关系:班里同学都很排斥他,社工入班开展活动,同学们都不愿与他一组,案主被孤立。在外班有几个朋友。班主任不太喜欢他,认为他到处惹事,生活习惯很不好。案主周末会和C圈(cosplay圈子)的朋友一起出去玩。案主自小父母离异,没有见过母亲。父亲在三年前又结婚了。继母对案主挺不错的,也会管教案主。父亲则在澳门工作一两周回来一次。案主和奶奶一起生活。

5. 可利用资源:案主自身求助欲望强烈,会主动告诉社工自己的情况,希望得到社工的关注。案主班主任比较配合社工的工作。

(资料来源:一生范文网。)

请你结合人际需要的三维理论,分析A同学的情感需要、支配需要以及包容需要分别包括哪些,填写表4-1-1。

表4-1-1 A同学的需要分析表

需求类目	具体需求
包容需求	
情感需求	
支配需求	

1. 人际关系需求排序

每个人的成长背景是存在差异的,不同的成长背景对于个体的情感需要、支配需要以及包容需要也会存在差异。请你依据个人的亲身经历,对这三种需求进行排序(表4-1-2)。

表 4 - 1 - 2 我的人际关系需求排序

排序	需求类目	具体需求
	包容需求	
	情感需求	
	支配需求	

2. 人际交往的重要性分析

通过前面的学习可知,人际交往对于处于社会上的我们来说是非常重要的,比如有利于缓解个人的压力,有利于加深个体对于自我的认知,有利于个体人生价值的实现等。接下来,请你结合个人的亲身经历,分析人际交往对于自己的三个主要作用,并举例加以说明(表 4 - 1 - 3)。

表 4 - 1 - 3 人际交往的重要作用

人际交往的重要作用	举例说明

3. 人际关系的自我反思

人际关系的好坏是同个人的人际交往质量密切相关的。反过来,个体的人际关系又会影响个体的人际交往过程。相信在你的成长过程中,已经结交了很多的朋友,但是你同他们每个人的关系都非常密切吗?请你将你与朋友之间的关系进行排序,排出最亲密的朋友和最不亲密的朋友,并分别对你同二人之间的相处模式展开分析,分析为何你和他们的之间的亲密程度会存在差异。接下来,请你结合个人的亲身经历,完成以下表格(表 4 - 1 - 4)。

表 4 - 1 - 4 人际关系自我反思

	我们之间的关系	原因分析
朋友一	□ 非常亲密 □ 关系一般 □ 非常不好	性格方面: 相处模式: 其他:
朋友二	□ 非常亲密 □ 关系一般 □ 非常不好	性格方面: 相处模式: 其他:

相信每个人都有很多朋友,请你从你的众多朋友中挑出关系最亲密的一位,并结合人际关系发展阶段理论,对你们之间关系的发展过程展开深入分析。

交往阶段	交往中的趣事	交往中的困难及其解决
稳定交往阶段		
情感交流阶段		
情感探索阶段		
定向阶段		

第二节 创业过程中人际交往的心理学效应

 案例导入

福特汽车公司一家分工厂的人际关系处理

2007 年 1 月 21 日，美国著名的福特汽车公司新泽西的一家分工厂，过去曾因管理混乱而差点倒闭。后来总公司派去了一位很能干的人物，在他到任后的第三天，就发现了问题的症结：偌大的厂房里，一道道流水线如同一道道屏障，隔断了工人们之间的直接交流；机器的轰鸣声，试车线上滚动轴发出的噪音更使人们关于工作的信息交流越发难以实现。

由于工厂濒临倒闭，过去的领导一个劲地要生产任务，而将大家一同聚餐、厂外共同娱乐时间压缩到了最低线。所有这些，使得员工们彼此谈心的机会微乎其微，工厂的凄凉景象很快使他们工作的热情大减，人际的冷漠也使员工本来很坏的心情雪上加霜。组织内出现紊乱，不必要的争议也开始增多，有的人开始破罐破摔，工厂的情势每况愈下，这才到总部去搬来救兵。

这位新任的管理者在敏锐地察觉到这一问题的根本之后，果断地决定员工以后的午餐费由厂里负担，希望所有的人都能够留下来聚餐、共渡难关。在员工看来，工厂可能到了最后的难关，需要大干一番，所以心甘情愿地努力工作。其实，这位经理的真实意图就在于，给员工们一个互相沟通、了解的机会，以建立信任的空间，使得组织的人际关系有所改善。

在每天中午大家就餐时，经理还亲自在食堂的一角架起了烤肉架，免费为员工烤肉。一番辛苦没有白费，在那段日子里员工们所谈论的话题都是有关组织未来走向的问题。大家纷纷献计献策，并就工作的问题展开讨论，寻求最佳的解决方案。

这位经理的决定是有一定风险的，他冒着成本增加的危险拯救了企业不良的人际关系，使得所有的人员都回归到和谐的氛围中。尽管机器的噪声还是不停，但已经无法阻挡住人们内心深处的交流。两个月后企业业绩开始回转，五个月后企业开始盈利。该企业至今还保留着此传统，中午就餐的时候大家欢聚一堂，并由经理亲自派送烤肉。

有人说："成功＝30％知识＋70％人脉。"更有人说："人际关系与人际技能才是真正的第一生产力。"因此，生命永远不孤立，我们和所有的东西都会发生关联，而生命中最重要的也就是这种人际关系。由此可见，经理人要想取得成功，首先应该知道这点并能灵活处理关系。

（资料来源：百度文库。）

 理论梳理

现如今是一个需要人际关系的社会，一个人单枪匹马是难以获得成功的，创业过程更是需要人际交往。在人际交往的过程之中，会有7个心理学效应，分别为登门槛效应、共生效应、刻板效应、贝尔效应、责任分散效应、"酸葡萄"心理和"甜柠檬"心理、巴纳姆效应（图4－2－1）。

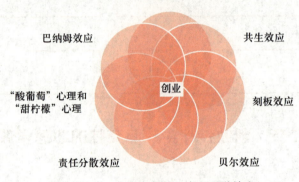

图4－2－1　人际交往的7个心理学效应

一、登门槛效应

在我们平时登门槛的时候，为了能够更加顺利地登上高处，则需要逐级台阶地登。同样，一个人一旦接受了一个小的要求后，往往会愿意接受一个更大的要求，以避免认知上的不协调。在平时的人际交往过程中，当我们想要某人做某件事情而又担心他不想做的时候，我们可以给他提出一件类似的、较小的事情。

例如，登门槛效应在推销方面有应用。成功的推销员不会直接向顾客推销自己的商品，他们会先提出一个人们通常愿意接受的小小要求，然后再一步步达成自己的营销目的。

二、共生效应

"共生效应"指的是植物界中的这种相互影响、相互促进的现象。在自然界当中，当一株植物单独生长的时候会显得矮小且单调，当它们与众多同类植物一起生长的时候则会枝繁叶茂。其实，在人类群体中也存在"共生效应"。

例如，在连锁经营当中，共生效应是连锁经营的本质特征之一。在连锁经营过程中，可以通过使连锁经营的生存能力和扩张能力不断提高，从而使经济效益得以提高和经营规模得以扩大，取得"1＋1＞2"的效果。

三、刻板效应

"刻板效应"是指喜欢用老眼光来看人所产生的影响，它容易导致对人形成一种固定而笼统的看法。它的表现形式是多种多样的,比如领导者认为性格内向的人会老实听话,活泼好动的人办事比较毛躁,沉默寡言的人城府很深,老年人经验丰富且稳重等。

刻板效应有好处也有弊端,它的好处在于能够帮助人们依据个人经验做出相应的决策,坏处在于容易导致人们对某些人或者事情产生偏见。那么,我们该如何来克服刻板效应呢?第一,有意识地寻求与刻板印象不相符的信息;第二,融入群体中去,通过与大家的广泛接触来加深了解,不断克服刻板印象所带来的负面影响。

四、贝尔效应

依据贝尔效应可知,一个人要想获得成功,首先需要有取得成功的信心。这要求领导者需要具备伯乐精神,以单位和集体为先,能够做到慧眼识才。依据团队成员的优势和能力进行人才提拔,积极为有才干的人创造条件机会。

五、责任分散效应

在现实世界中,如果个体被要求单独完成某项任务,其责任感就会很强并做出积极反应。但如果要求大家共同完成的时候,大家就会共同承担相应责任,共同分担过程中出现的风险。此时,大家就会互相指望对方能够多承担一点责任。每个个体所承担的事务就会减少,所具有的责任感也会相应降低。一旦遇见困难或者责任,则大家往往会退缩。

那么,我们该如何克服责任分散效应呢?

(1)明确下达指令:上司的指令需要明确化,能够做到具体到人、具体到事,以减少由于指令不明确或者责任分散所带来的影响。

(2)落实奖惩制度:奖惩制度能够对人们的行为起到一定的约束和指导作用,有利于提高员工的工作效率和工作积极性,有助于促进积极进取的企业氛围。

(3)明确职责权利:将具体的职务和权力相对应,做到责权明晰。

六、"酸葡萄"心理和"甜柠檬"心理

"酸葡萄"心理是指个体通过自己的努力,但还是得不到自己想要的结果,就会说这个东西不好。此心理有助于缓解人们的工作压力,克服个人内心的不合理需求。"甜柠檬"心理是指个体认为自己所有摆脱不掉的东西都是好的,其实这是一种学会接纳自己的心理暗示。创业团队成员都是独立的个体,都有自己的优势和不足。在创业团队成员的相处过程中,我们不要轻易说自己不好,也不要轻易指责别人。学会包容别人的缺点,学会接纳自己的缺点,不断增强自信。

七、巴纳姆效应

依据巴纳姆效应,人们通常会认为一般性的人格描述能够十分准确地体现自己的性格特点。在现实生活之中,我们无时无刻不受到别人的影响,巴纳姆效应在生活中是非常普遍的。例如,你会发现当身边的某个人打了哈欠,他周围的几个人也会打哈欠。

创业者为了能够客观真实地认识自己,则需要避免巴纳姆效应。

第一,学会勇敢面对自己。正所谓,人无完人。每个人都有自己的缺陷和不足,有些人会通过各种方法将其隐藏起来,不愿意正视它们。然而,在创业过程中,创业者对自己有一

个明晰的认识是非常重要的。因而,创业者需要学会勇敢面对自己,能够正确对待自己所存在的缺陷,不断认识自己,了解自己。

第二,培养敏锐的判断力。创业的过程充满了未知性,对创业者的判断力提出极高的要求。但是,并非每个人天生就有敏锐的判断力,需要后天去培养。判断力是指个体基于广泛的信息收集,通过对所收集到的信息的精确分析,从而做出精准的决策。若是缺少充分的信息收集,则很难做出明智的决策。因此,创业者的判断力的培养需要基于信息的搜集、处理和分析的能力的培养。

第三,与身边人进行对比。为了加深个体对自己的认识,可以通过与身边人进行比较,发现个人的优劣势和特征。但是,需要注意比较对象的选择。找不如自己的人进行比较,或者拿自己的缺点去同别人的长处进行比较,都是非常不合适的。创业者需要根据自己的实际情况,选择条件相当的人来进行比较,找准自己在群体中的位置,便于个体能够客观地认识自己。

第四,密切关注关键事件。在创业的过程中,会发生很多的事情,每件事情的影响力及其作用程度是存在差异的。依据"时间优先管理矩阵",创业者需要关注正确的事情,关注重要的事情。通过对重要事情的分析,可以从中获取一些经验或者教训,来不断弥足自己所存在的不足。

拓展阅读

霍 桑 效 应

霍桑效应是心理学上的一种试验者效应。在20世纪20年代到30年代,美国研究人员在芝加哥西方电力公司霍桑工厂进行的工作条件、社会因素和生产效益关系实验中发现了试验者效应,又称之为霍桑效应。

试验的第一阶段是从1924年11月开始的工作条件和生产效益的关系,设为试验组和控制组。结果不管增加或控制照明度,试验组产量都增加,而且照明度不变的控制组产量也增加。另外,又试验了工资报酬、工间休息时间、每日工作长度和每周工作天数等因素,也看不出这些工作条件对生产效益有何直接影响。

第二阶段的试验是由美国哈佛大学教授梅奥领导的,着重研究社会因素与生产效率的关系,结果发现生产效率的提高主要是由于被试验者在精神方面发生了巨大的变化。参加试验的工人被置于专门的实验室并由研究人员领导,其社会状况发生了变化,受到各方面的关注,从而形成了参与试验的感觉,觉得自己是公司中重要的一部分,从而使工人从社会角度方面被激励,来促进产量增加。

这个效应告诉我们,当同学或自己受到公众的关注或注视时,学习和交往的效率就会大大增加。因此,我们在日常生活中要学会与他人友好相处,明白什么样的行为才是同学和老师所接受和赞赏的,我们只有在生活和学习中不断地增加自己的良好行为,才可能受到更多人的关注和赞赏,也才可能让我们的学习不断进步,充满自信!

(资料来源:ipcfun网。)

一个团队 leader 的自述

某个团队现有 30 人左右,这些人主要是销售人员、技术人员和客服人员。总体来说,整个团队的氛围比较融洽,团队中的成员也还算比较遵守纪律。尽管如此,但整个团队的工作效率依旧是非常低下。而且,很多任务被布置下去之后没有任何回应。有的时候,项目负责人会去追问一下,但是得到的回复也只是"我们已经在办了,您别着急。"这还算好的情况,有的时候团队中的成员脾气来了,会直接怼该项目负责人。团队中还有部分成员只关注事情有没有做,却从不关心为何会这样去做,以及去做这件事情的目的何在。

案例分析:

从整体来看,这个团队员工素质还是不错的,员工不仅能够遵循工作计划,而且整个团队的工作氛围融洽。尽管如此,但该团队员工只注重做事情,而不关注目标的达成,整个团队的工作效率低下。这归根结底在于团队管理者管理不当。

参照前面的责任分散效应原理,我们可以采取以下措施:

(1)将整个团队的目标告知团队成员,让他们在做事的时候能够知道需要努力的方向,能够以此为方向进行努力。而且,需要适当将目标进行精细化划分,让目标具体到人。

(2)对于团队的挑事者,需要加强沟通,避免影响整个团队的军心。

(3)需要做好定期检查工作,然后团队成员能够对任务的进程做到有效把控。与此同时,能够及时跟踪到所存在的问题,并反馈给相关负责人,在大家的共同努力下,及时有效地解决掉所存在的问题。

(4)要加强对团队成员责任心的培养,让他们能够对所做的事情负责到底。

1. 以下的案例是一个关于大一新生小明的人际交往的案例。通过此案例,我们可以知道人际交往对于每个人来说都是非常重要的,它不仅有利于缓解个人的压力,维持人们的身心健康,也有利于人们提高工作效率和加深自我认知。请认真研读以下案例,并结合前面我们所学的内容,对案例中的主人公想退学的原因展开分析。

就读于上海某重点高校的大一新生小明,已经就退学问题找了班级辅导员好几次。在该所学校,小明学习的是一个热门专业。并且,小明的文采很不错,还能够弹一手好吉他。在入学后不久,她就因为自己的种种优点,很快加入了学校的一个大型的社团,并在该社团中担任一个重要的职务。

然而,很快小明就跟辅导员说自己想退学。该辅导员在听到小明想退学的想法后非常吃惊,询问她为何想退学。小明告诉辅导员,她总感觉背后有同学在议论她,这让她心里很难受,而且时常会感到胸口发闷,甚至于有时会产生"活着没有意思"的消极想法。辅导员也描述说,当小明在讲到这一点的时候,就会变得非常烦躁不安,甚至于会泪流满面。

那么,小明为何想退学呢?若是你遇到此情况,你会怎么应对呢?

_____

_____

2. 对于任何创业团队来说,依靠某个人的力量是很难取得成功的,需要依靠整个团队的共同努力,新创企业才能得以不断发展壮大。请你结合社会交换理论,来分析在创业团队成员合作过程中的重要影响因素。

_____

_____

_____

实践与拓展

抢 椅 子

先用多把椅子围成一个圆圈,然后班级同学围着椅子来转圈。当游戏组织者说出"坐"的时候,所有的人都需要去抢椅子,没有抢到椅子坐的人需要另外表演节目。需要注意:椅子的数量要低于人数。待整个游戏结束之后,请写下你的感受。

我 的 感 受

第三节 情 绪 管 理

 案例导入

卡斯丁手表事件

美国社会心理学家费斯汀格在书中举了这样一个例子:

卡斯丁早上起床后洗漱时,随手将自己的高档手表放在洗漱台边,妻子怕被水淋湿了,就随手拿过去放在餐桌上。 儿子起床后到餐桌上拿面包时,不小心将手表碰到地上摔坏了。

卡斯丁心疼手表,就照儿子的屁股揍了一顿。 然后黑着脸骂了妻子一通。 妻子不服气,说是怕水把手表打湿才放在餐桌上的。 卡斯丁说他的手表是防水的。 于是二人猛烈地争吵起来。 一气之下卡斯丁早餐也没有吃,直接开车去了公司,快到公司时突然记起忘了拿公文包,又立刻转回家。 可是家中没人,妻子上班去了,儿子上学去了,卡斯丁钥匙留在公文包里,他进不了门,只好打电话向妻子要钥匙。

妻子慌慌张张地往家赶时，撞翻了路边水果摊，摊主拉住她不让她走，要她赔偿，她不得不赔了一笔钱才摆脱。待拿到公文包后，卡斯丁已迟到了 15 分钟，挨上司一顿严厉批评，卡斯丁的心情坏到了极点。下班前又因一件小事，跟同事吵了一架。

妻子也因早退被扣除当月全勤奖，儿子这天参加棒球赛，原本夺冠有望，却因心情不好发挥不佳，第一局就被淘汰了。

理论梳理

在成功的路上，最大的敌人并不是缺少机会，或是资历浅薄，成功的最大敌人是缺乏对自己情绪的控制。愤怒时，不能制怒，使周围的合作者望而却步，消沉时，放纵自己的萎靡，把许多稍纵即逝的机会白白浪费。一个人如果能控制自己的激情、欲望和恐惧，那他就胜过国王。

——约翰·米尔顿

一、情绪概述

情绪

情绪是一种人们在日常生活中经常有的心理体验，具有双面性。它不仅能给人们带来欢乐，比如顺利考入自己满意大学时的激动、实现个人小目标时的兴奋等。但与此同时，情绪也能会使人们遭受到苦恼和折磨，比如害怕失败时的恐惧。

（一）情绪的定义

关于情绪的定义，一直存在众多争论。牛津英语词典将"情绪"解释为"心灵、感觉或感情的激动"，泛指任何激动或兴奋的心理状态。情绪是个体各种感觉、思想和行为的综合心理和生理状态，也是个体对外界刺激的心理和生理反应，主要包括喜怒哀乐。它不仅能够促使个体采取某种行动，也能够遏制个体做出某些行为。

情绪是不同于认识的，它是与个体的切身需要和主观态度都密切相关的。因此，情绪是人对客观事物是否符合个体需要所产生的态度体验，也是个体对客观事物与人类需要之间关系的真实反映。

（二）情绪的分类

情绪是非常复杂的，对其进行分类是非常困难的，许多专家学者都对其进行了研究。其中两种具有代表性的分类方法，分别为依据情绪性质的分类和依据情绪状态的分类（图 4 - 3 - 1）。

1. 依据情绪性质的分类

依据情绪性质，我们可以将情绪分为快乐、愤怒、恐惧以及悲哀等四种。基于这四种情绪，人们会派生出更多复杂的情绪，比如厌恶、嫉妒、羡慕等。

情绪 1：快乐。当人们完成所期盼的目的之后，就会产生快乐的情绪体验。它是具有正向的情绪，能够使人产生超越感、自由感。依据人们愿望满足的意外程度，可以将快乐分为狂喜、愉快和满意。

情绪 2：愤怒。当人们由于外在干扰而无法达成目标的时候，就会产生愤怒的情绪体

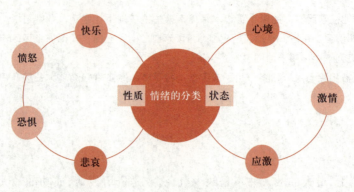

图 4 - 3 - 1　情绪的分类

验。尤其是当人们所遇见的挫折是非常不合理,或者是被人恶意为之的时候,个体最容易会产生愤怒的情绪。依据人们愿望没有得到满足的程度,可以将愤怒分为暴怒、大怒、愤怒、生气以及不满等。

情绪 3:恐惧。当人们想摆脱某一情境时,就会产生恐惧的情绪体验。它往往是由于无法摆脱令人害怕的情境而产生的。

情绪 4:悲哀。当人们失去所追求的东西时,或者失去心爱之物的时候,就会产生悲哀的情绪体验。依据此情绪的体验程度,可以将其分为哀痛、悲伤、难过、失望等。

2. 依据情绪的状态分类

依据情绪的状态,我们可以将其分为心境、激情以及应激三种情绪。

情绪 1:心境。当个体的其他体验和活动有情绪色彩时,就产生了心境的情绪状态。它的特点是微弱且具有弥漫性。心境的影响因素非常广泛,比如个体事业的进展、与周围人的关系等,都会影响个体的心境。但是,这些影响都是如此微弱,以至于人们难以感受到它们。而且,心境也具有感染性和稳定性。当个体处于某种心境时,他就会以同样的情绪来看待周围事物。平稳的心境可以持续几小时、几周,甚至于一年以上。

情绪 2:激情。激情是一种强烈且短暂的情绪体验。例如,当人们突然听到自己中了500 万元彩票的时候,就会产生欣喜若狂的情绪。在激情状态下,人们的行为表现会非常明显,有时甚至会失去理智,做出一些鲁莽冲动的行为。因此,人们需要适当地控制住自己的情绪,以避免做出冲动的行为。

情绪 3:应激。它是由于出乎意料的紧张状态所产生的情绪状态。当人们处于极其危险的以及必须要非常迅速地做出决定的时候,容易出现应激状态。此时,可能会产生一系列的生理反应,如心率加快、呼吸急促、血压升高等。由于应激状态需要消耗人们太多体力和心理能力,使此种状态无法持续很长时间。

(三)情绪的功能

人有七情六欲,其中七情通常指喜、怒、忧、思、悲、恐、惊。在我们每天的生活中,我们总是会因为外界的各种影响而产生各种情绪。然而,正是人类情绪的复杂性,才使得我们的生活复杂多变、五彩缤纷,充满着各种酸甜苦辣。情绪的功能如图 4 - 3 - 2 所示。

1. 适应与生存

婴儿在刚出生的时候,由于还未发育完全,还不具有独立行动等基本生存能力。他们一

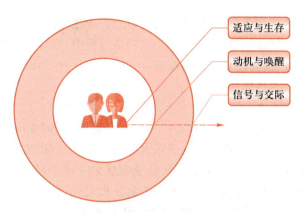

图 4 - 3 - 2　情绪的功能

般会通过情绪来传递信息,从而得到父母以及家人的关爱。成人也正是通过观察婴儿的情绪反应来了解他们的需要,据此采取相应的措施或者表现出相应的行动。情绪具有正负向之分,正向代表情况良好,负向代表情况不好。人们正是通过情绪的正负向性,来反映自身的情感体验,据此来获得相应的关注。因而,情绪有助于了解个体和他人的处境即状态,为了获得良好的发展而不断做出调整,以适应整个社会或者生存环境的变化。

2. 动机和唤醒

情绪可以通过唤醒个体对于所经历的事情或者想象中的事情的行动,来实现它的动机功能。据此引导你维持此行为,直至最终实现特定的目标。例如,某人在下大雪的时候开车,路上白茫茫的一片,什么都看不见。此时他会感到非常焦虑,并且心脏也会扑通扑通地跳。于是,他便会将车速调慢。随着时间的推移,他的焦虑也会逐渐演变成恐惧。由于雪下得非常大且地面很滑,行路上发生了汽车追尾事件。此时,他可能在心里暗自庆幸,幸好当时由于自己的谨慎而开慢了点。

3. 信号与交际

在平时的生活和工作之中,人们除了用语言来进行交流以外,也可以通过情绪来进行交流。如果一个人无法理解别人试图向他传递的负面情绪,那么他的生活将会是怎样的呢?如果无法从别人那里知道事情的危急,那么这件事情将会演变成什么样呢?表情属于一种非语言交际工具,可以用来表示人们的情绪。在很多社会交际的场合,人们之间的思想、态度、想法很多是无法仅通过语言就能得到充分表达的。此时,人们可以通过表情以及体态等来表达。

情绪是与我们每个人的生活息息相关的,它不仅有助于我们的身心健康,也能有利于我们日常的正常交流。

二、创业团队中常见的情绪特点及其困扰

(一)创业团队中常见的情绪特点

在创业团队中,常见的情绪特征包括整体性、过程性以及个体差异性。

1. 整体性

在这里,整体性强调创业团队情绪的一致性。创业团队的组建是基于一致性的原则,即

团队成员需要具有一致的创业目标、创业价值观以及创业愿景。大家充分发挥各自所长、集思广益，共同为了最终目标的实现努力奋斗。在创业过程中，尽管创业团队成员会存在个体差异性，但是整个团队所面临的事情以及需要处理的任务具有一致性，则整个团队所产生的压力总体上具有一致性和整体性。

2. 阶段性

创业是一个不断发展和前进的过程。在不同的发展阶段，创业团队所面临的发展境遇和所需要处理的事情，以及所需要承担的责任会存在差异。比如，在创业初期，很多企业会面临资金匮乏以及优秀人才招揽等问题。待企业发展到一定阶段后，整个企业所主要关注的问题会发生改变，此时如何来进一步扩大企业的发展规模成为主要关注的问题。随着企业业务量的不断增加，业务类型的多元化，以及运作模式的越发成熟，企业则要考虑如何实现进一步创新来占领市场发展的制高点等问题。毋庸置疑，企业的发展是具有阶段性的，其在不同阶段的主要任务也会存在差异，这会影响团队成员的情绪体验。然而，人们的情绪是伴随着人们的心理过程及发展阶段而产生的。由此可知，创业团队的情绪具有阶段性的特征。

3. 差异性

创业团队是由一群具有共同的信念价值观和创业愿景的人所组成的。每个人都是独立的个体，具有其主观能动性。而且，每个人的想法以及所具有的特征也是不一样的，其所具有的经历和处理问题的方式也会存在差异。因而，不同的人所面对的困难和烦恼会存在差异，其所产生的情绪反应也会不同。

（二）创业团队中常见的情绪困扰

创业团队中常见的情绪特点及其困扰

创业过程的复杂性，导致创业团队需要考虑的问题和事情非常多，需要面临的压力也非常大，这些会伴随着各种各样的情绪。在创业团队中，常见的情绪困扰主要有自卑感、孤独感、抑郁感、焦虑感、悔恨感以及嫉妒（图4-3-3）。

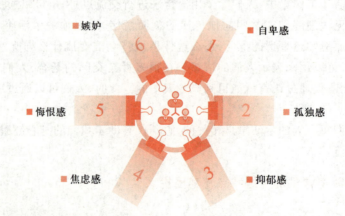

图4-3-3 创业过程的情绪困扰

1. 自卑感

自卑感是由于个体对自己的评价过低而产生的一种压抑或羞愧情绪。在心理学上又称为"自我否定"，引起创业者自卑的原因主要有：①家人的期待；②创业路径的曲折性；③内心能量的缺失。产生自卑感的创业者往往会过于放大自己的缺陷与不足，而看不到自己的优点和长处。此外，自我期望值过高又达不到自己预定的目标也易导致自卑感的产生。自卑者大都情绪低落，干任何事情都提不起精神，不敢参与各项团体工作和活动，造成了心理上、能力上、学习上的恶性循环。

2. 孤独感

其实，公司的早期创始人是非常艰难的。在创业初期资金是非常匮乏的，而且资金的来源相对较少。当创始人面对员工们的时候，很难向他们解释公司目前的资金运用情况，以及接下来的资金来源。但为了不打击他们的积极性，还需要向他们介绍目前所做之事的意义和重要性。而且，创始人无法和投资人去描述此事，这主要是因为并非所有的投资人都想听到真实现状。他更无法站在媒体的聚光灯下向大众诉说此事，因为这是与他自己密切相关的事情。基于以上种种，创始人无法向其他人诉说自己的创业困惑以及困难之处，这势必会给创业者带来极大的孤独感。这种孤独感是创业者与生俱来的，而且越成功的创业者其工作上的孤独感体验也会越强烈。

3. 抑郁感

抑郁是一种综合性的消极情绪。它常常会表现为悲伤、沮丧、孤独、绝望、自卑、自责等不良心境。处于抑郁状态的人会对学习以及工作失去兴趣和动力，在平时表现出反应迟钝、拒绝交际、回避朋友等现象，并会伴有食欲减退、失眠等不良反应。

创业本就是非常艰辛的一段路程。创业者不仅压力大、充满焦虑感，而且可能会随时面临倒闭的风险。相关研究表明，创业者患抑郁症的概率为65%，尤其是初次创业者，这主要是因为他们更可能由于工作繁忙而忘记关注个人的身心健康。随着整个创业活动的不断进行，创业者的个人压力在不断加大，患上抑郁症的可能性也在不断加大。

4. 焦虑感

焦虑是个体因当前或预感到的挫折而产生的一种紧张、忧虑、不安而兼有恐惧性的消极情绪状态，包括自尊心与自信心的丧失、失败感与内疚感的增加等。焦虑的核心成分是恐惧，当此种状态很严重且持续时间较长，则有可能会导致神经性焦虑的病理状态，患者会在性格上表现为脆弱。

创业是一段非常漫长且充满挑战性的工作，对人的耐力、智力以及管理能力等综合素质提出极高的要求，导致创业者容易产生焦虑或者急躁的心情。适当焦虑有利于督促人们前进，但是过度焦虑则会影响、干扰人们的工作和生活。焦虑过度也会影响人们的判断力和理性决策能力，使得人们无法将注意力集中于重要的事情上，从而导致工作效率低下。长期的过度焦虑会损害创业者的身心健康，容易导致创业者产生压力感，从而会变得暴躁易怒。严重的时候，会导致创业者产生失眠等生理问题。

5. 悔恨感

悔恨感是由于沉湎于过去的某种言行而引起的一种情绪体验，表现为沮丧或者不快，这种情绪体验与吸取过去的教训并决意改正是不同的。吸取教训是健康心态的反映，是个人发展过程中的必要环节，而悔恨则是一种不健康的心理反应。因为悔恨是在白白浪费自己目前的时间和精力，这既没好处又有损健康。依据相关研究可知，高职生悔恨感的产生主要来自父母和老师的指责抱怨。因为家长和老师在高职生的心目中具有一定的权威地位，因此他们的指责和抱怨有可能会引起学生们的深深自责和悔恨。

6. 嫉妒

嫉妒是对在某些方面比自己强的人产生的一种嫉恨情绪和扭曲心理,它企图削弱别人的优势以显自己强大,不仅会浪费个体的精力,也会干扰他人的工作和生活。当人们在某些方面被别人超过时,就会产生忌妒的情绪体验。人们之所以会产生此种情绪体验,主要是因为害怕自己的名誉和地位会被别人危及,而导致自己得不到心中所想要的东西。

在创业过程中,创业者总是处于一种与人竞争的状态。但是,每个人的时间精力和知识能力是有限的,因而不同的个体所取得的成绩会存在差异。此时,部分创业者会据此而产生妒忌的心理。然而,妒忌的危害是非常大的,不仅会影响自身的身心健康,也会降低自己的工作效率,甚至于会影响自身同别人的正常交往,难以获得健康持久的人际关系。

(三)产生情绪困扰的原因

综合考虑整个创业过程,本书将创业团队产生情绪的原因主要归结于创业压力大、创业任务重以及团队成员沟通不顺畅三个方面。创业过程情绪困扰的形成过程如图4-3-4所示。

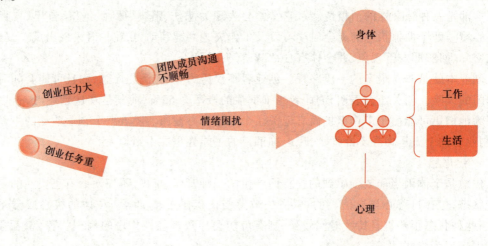

图4-3-4 创业过程情绪困扰的形成过程

1. 创业压力大

在创业过程中,会存在很多的风险。这些风险主要表现为资金风险、管理风险、信任风险、信息风险等,种种风险的存在会对创业团队成员的心理产生巨大的压力。创业压力大容易导致团队成员产生各种负面情绪,比如焦虑、抑郁、愤怒等。而且,创业的未知性很大,其失败的概率也非常大。为了使得创业能够最终取得成功,团队成员则要充分发挥聪明才智,不断解决创业过程中所产生的问题,这样势必会给他们造成巨大的压力。随着创业压力的与日俱增,团队成员的心理问题也会相应出现,许多的负面情绪也会随之产生,影响团队成员的工作和生活,阻碍整个创业团队的工作效率。

2. 创业任务重

创业其实是一件很复杂且具有很高挑战性的事情,创业团队所需要面临的任务也非常艰巨和众多。例如,创业前期团队的组建、创业资金的筹集、创业中期企业的管理和领导等。随着整个企业业务的不断开展,所面临的事情会越来越多。但是,整个市场是变化莫测的,而且企业所面临的竞争对手也非常多,创业团队所面临的任务挑战是非常大的。

3. 团队成员沟通不顺畅

除了创业任务重和创业压力大等原因会导致团队成员产生情绪,还有一个很重要的原因就是团队成员之间的沟通问题。整个创业团队是由各种各样的人员所组成的,每个人的性格存在差异。而且,成员之间会存在一定的利益关系,导致团队的信任也并非如大家所想的那样。这些都会导致团队沟通的不顺畅,继而会影响团队成员之间的相处,会影响团队成员的情绪。

三、优秀创业团队情绪管理能力的培养

优秀创业团队情绪管理能力的培养

在创业过程中人们会产生各种情绪,它们会影响创业的进行。因此,创业团队需要学会掌控情绪。亚里士多德曾经说过:"任何人都可能会发火,这不难。但要做到有正当的目的,以适宜的方式,对适当的对象,适时适度地发火,这可不易。"只有积极主动地调整情绪,才能真正掌握自己的命运;也只有能控制管理自己的情绪,才能达到和谐生活的境界。优秀创业团队的情绪管理能力培养模型如图4-3-5所示。

图4-3-5 优秀创业团队的情绪管理能力培养模型

(一)善于识别不同情绪

实际上每个人的情绪是存在差异的,有的人形容自己的情绪就像是火山,平时是悄然无声的,但当压力到了一定程度时就会剧烈地喷发;也有的人把自己的情绪形容为大海的浪潮,潮落时就会渗到沙子里,看不见、摸不着,而涨潮时会一下将自己淹没。

心理分析大师弗洛伊德用"水库"的比喻来说明人类情绪的处理过程,认为每个人的身体里仿佛都有一座情绪水库,当负面情绪出现时就会存放在情绪水库之中,如果情绪水位累积到所谓的警戒线,个体就会出现脾气暴躁,无法适当控制情绪的情形,而导致容易发脾气。如果再一直恶化下去,情绪水库崩溃的结果就是出现心理方面的问题。因此,维持心理健康的重要观念,就是不要让自己的情绪水库累积太多的水量,要想办法将情绪水位缓解。

为了能够有效地处理情绪,创业团队首先需要能够识别出各种情绪,以及各种情绪的特征、产生的原因、存在时间等,以有针对性地去解决。

(二)学会有效管理情绪

1. 掌握自身的情绪特点

第一,了解自己的个性特征。在实际生活中,每个人的情绪表现不尽相同。有的人脾气

急,表现在情绪反应上就是常常过于暴躁、鲁莽;有的人则是慢性子,遇事不急不慌的;有的人风风火火,情绪变化无常;还有些人情绪反应格外敏感,属于多愁善感型。一个人情绪上的特点,往往与其气质和性格特征是密切相关的。因此,了解自己的个性特征,对于认识和把握自己的情绪特征有着重要的意义。

第二,了解自己的情绪年龄。情绪年龄是人的情绪发展水平的一种衡量标志。心理学研究表明,不同年龄的人在其情绪各方面具有不同的发展水平和特点。当一个人的情绪与其应有的情绪表现相符合时,即具有相应的情绪年龄。例如,一个孩子受了委屈,尽管是在大庭广众之下也会哇哇大哭。但是,一个成年人对委屈的表达可能就要隐讳得多了。人的情绪表现与其情绪年龄相关,决定人的情绪年龄水平的因素主要有两点:一是看其情绪反应符合什么年龄段的认知和逻辑水平;二是看其用什么方式来表现和调节自身的情绪状态。

第三,自身早期经验。人的情绪特点往往与他们的成长经历和早期经验有关。心理学研究表明,在人的婴儿期乃至幼年期,失去家庭的关爱和父母照顾会给儿童带来情绪上的伤害,并对其以后的成长产生不良的影响。

2. 接纳自身的情绪

接纳是健康情感生活的先决条件。当接纳自身的情绪时,人们才能给自己空间来让自己感受情感。当人们为了将痛苦情绪拒之门外而关上情绪的阀门时,就会不可避免地限制了积极情绪的自由流动。所有的情绪都是从同一管道流过的,无论是积极的情绪还是消极的情绪,所以当人们阻挡其中一种情绪流过的时候,也将会影响人们感受另一种情绪的能力的发展。当人们拒绝接受失败后的内心难过的时候,与此同时也阻碍了美好降临时享受喜悦的能力;当人们不承认自己对伴侣的愤怒时,这也限制了自己去爱对方的能力;在人们拒绝内心的恐惧时,便遏制了自己的勇气;当人们不允许自己感受嫉妒时,便削弱了自己的慷慨之心。心理学家亚伯拉罕·马斯洛曾经说过:“当一个人出于自我保护而抗拒内心的地狱时,他就一并切断了通往内在天堂的道路。”

某些感受是无法逃避的,没有人可以完全不经历嫉妒、害怕、焦虑和愤怒。重点并不在于人们是否会经历这些情绪(我们绝对会经历),重点在于人们在情绪来临时能够做什么。人们要做的首要选择是拒绝还是接纳自己情绪上的反应,压抑还是去认可情绪的存在;要做的第二个选择是按照自己的原始冲动做出反应,还是超越这种冲动(尽可能与更多有才能的人建立联系)。

3. 及时表达情绪

第一,及早处理不良情绪,切勿积聚不良情绪。很多人当有情绪的时候,通常第一选择是压抑和忽略它们,而不直接处理不良情绪,其实这样不但不利于解决事情,反而会导致负性情绪的累加。如果超过一定限度,就会打破心理平衡,引起心理疾病。人们应当学习当不良情绪来临时该如何去觉察它们,清晰地分享情绪,善用“我”的信息表达来让对方明白,也让自己减轻这种情绪带来的紧张感。

第二,适时地采用合理的方式进行表达。一般来说,情绪的表达可分为四个层面。第一个层面是向自己表达,所谓向自己表达就是向自己的意识表达,让自己的意识能够很清楚地认识到情绪状态及其来源。这种表达说起来很容易,但是也常常被人们所忽略,而它对人们的健康又是最重要的。如果人们自己很清楚自己的情绪状态,也知道它的来源,那么该情绪就已经发泄至少一半了。情绪表达的第二个层面是向他人表达。可以找人聊天,找亲人或朋友,向他们去倾诉。第三个层面是向环境表达。当自己不高兴的时候去旅游,站在高山之巅看苍穹,或者站在大海之边看大浪,顿时就会觉得那些不高兴的事情没有什么大不了的。第四个层面是最提倡的也是最健康的方式,就是把自己的情绪和情感,升华为一种对自己、对他人、对社会都具有建设性意义的动力。

(三)调节认知,改变情绪

美国临床心理学家阿尔伯特·艾利斯(Albert Ellis)在 20 世纪 50 年代创立了理性情绪疗法(Rational - Emotive Therapy),该理论简称为 RET。其核心是去掉非理性的、不合理的信念,从而建立起正确的信念。非理性信念的特点是绝对化、过分概括化、糟糕透顶。合理情绪疗法的基本理论主要是 ABC 理论。在 ABC 理论模式中,A 是指诱发性事件;B 是指个体在遇到诱发事件之后相应而生的信念,即他对这一事件的看法、解释和评价;C 是指特定情景下,个体的情绪及行为的结果。

通常人们会认为,人的情绪的行为反应是直接由诱发性事件 A 引起的,即 A 引起了 C。ABC 理论则指出,诱发性事件 A 只是引起情绪及行为反应 C 的间接原因,而人们对诱发性事件所持的信念、看法、解释 B 才是引起人的情绪及行为反应的更直接的原因。

人的情绪及行为反应,与人们对事物的想法、看法有直接关系。在这些想法和看法背后有着人们对一类事物的共同看法,这就是所谓的信念,人的信念包括合理信念和不合理信念。通常来说,合理的信念会引起人们对事物适当、适度的情绪和行为反应。而不合理的信念则恰恰相反,往往会导致不适当的情绪和行为反应。当人们坚持某些不合理的信念,并长期处于不良的情绪状态之中时,将会导致情绪障碍的产生。

任何人都不可避免地或多或少会具有不合理的思维和信念,不合理的思维和信念往往会造成情绪上和心理上的痛苦和困扰,甚至会影响个体的心理健康。那么,对于一名大学生来说,怎样才能尽量避免自己的特定信念——B 中的不合理成分所造成的情绪困扰,避免它们影响自己的学习、生活和工作呢?

第一步,找出目前的情绪困扰与我们的哪些思维方式和信念有关,找出其中的不合理之处。

第二步,明确我们的情绪困扰之所以延续至今,是我们自身所存在的不合理信念所导致的,我们自己要负其中的责任。

第三步,通过与不合理信念的辩论,认清这些信念的不合理之处,进而放弃这些不合理的信念,从而产生某种认知层次的改变。

第四步,认清并放弃某些特定的不合理信念,学会以合理的思维方式代替不合理的思维方式。

拓展阅读

抓狂的创业者该如何处理自己的负面情绪呢?

想要成为一名成功的创业者,必须得抗打抗压,不能被客户的反馈和建设性批评击垮。而且,创业者要杜绝团队内部的消极氛围和负能量。但是,该如何来区分建设性批评和负能量呢?又该如何有效应对建设性批评和负能量呢?当面对团队、搭档或者客户的时候,即使能够保持积极的心态去倾听,创业者依然会受到他们的影响。此外,团队的其他成员也会受到相同的负面情绪的影响,这会对团队的积极性和创造力产生影响,而这恰巧正是团队竞争生存必不可少的构成因素。

马丁·兹威灵根据多年的经验认为,好的创业者应该通过如下方式主动地使负面影响最小化:

1. 决不在团队内表现出负面情绪

当企业的经济不景气或者缺乏投资者之时,创业者难免会感到情绪沮丧。此时,创业者不应该在团队成员面前表现出丝毫的气馁,即使一丁点也不行,因为这样消极的情绪会在团队内部进行扩散。创业者所需要做的应该是依靠自己的聪明和才智,去分析其中的原因并努力找到问题的解决办法,为自己的团队树立榜样,以保证整个团队能够积极有效地运行。

2. 要在逆境中找寻潜在积极影响

创业之路难免会碰见困难,创业者难免会处于逆境之中。此时,需要以积极的心态来面对这些事情,并能够将这种积极的心态告知整个团队,使得整个团队内部被正向的情绪氛围所围绕。否则,团队包括创业者都会产生极大的挫败感,这不利于整个团队的发展。

3. 聆听抱怨并积极探寻解决办法

有的时候,团队成员的情绪难免会非常低落,需要及时发泄。此时,需要主动去聆听这些人的抱怨,帮助他们分析产生这种情绪的原因,并主动询问他们的解决办法。这样有利于营造积极的工作氛围,并能够有效避免未来负能量的爆发。对于那些难以点化的员工,可以对他们适当进行工作岗位调整,并对他们进行绩效考核。

4. 千万不要总是为失败找借口

在通常情况之下,人们会为自己的失败找各种借口,以减少自身的责任。其实,失败并不可怕,可怕的是不知道醒悟。因而,需要采取一定的措施,来让抱怨者明白借口在失败面前是没有什么用的,积极地去面对它们才是正确的做法。

5. 千万不要被抱怨者左右

当团队中充满了各种抱怨的时候,千万要站住自己的阵脚,千万不要被抱怨者左右。可以通过上述的方法,来化解团队中的消极情绪氛围。若是以上的方法都不奏效,此时若继续强迫对方来改变这种负面情绪的时候,自己将会成为众矢之的。此时,需要在大家都没有负面情绪的时候,与大家召开一个讨论会,来安静地倾听对方的想法或者建议。

6. 学会远离消极情绪环境

消极是会蔓延的。当一个人处在一个消极的情绪环境之中时,如果不采取任何应对措施,也将会被这些负面的情绪影响。此时,需要找一个安静且没有负面情绪的环境,让自己静下心来,不断远离这些负面情绪,避免自己被这些负面情绪左右。

7. 不要执着于某次偶尔的过失

人的天性决定了人难免会产生消极的情绪,即使是优秀的领导者也一样。当人们感到身心疲惫的时候,或者感到工作任务艰巨的时候,难免会产生各种压力或者负面情绪。在此种情形之下,需要学会减少过失的次数。

8. 加强自信和激情并远离消极

对于商业领导和创新者来说,需要学会避开负面、消极的情绪。即使是在面对大众的负面反馈的情况之下,依然需要能够自信地去面对它们,昂首前行。如果团队中的成员出现消极情绪的时候,一定要去积极主动地去询问他们,并从中获得有建设性的改正建议。

其实,在商场上是不需要无建设性的抱怨者,抱怨者只会影响大家的心情,影响整个团队的进展。只有那些具有积极的心态的人才能激活团队,才能够给整个团队的发展带来正能量。

(资料来源:搜狐网。)

相关链接

伦敦奥运会的情绪盛宴

2012 年的伦敦奥运会,堪比一场情绪盛宴。张继科赢得冠军后大吼了一声,以表示自己激动的情绪。场上加油的中国人也在不断地呐喊,来显示出自己的自豪。而王浩则放下了手中的球拍,默默地走向了一旁,显得有些失落。孙杨在抢跳后显得有点不知所措,在最终游完 1 500 米后开始激动得大哭。人们的情绪表达手段很多,包括语言、肢体动作、表情、手势等。除了在现场的各种情绪,在电视机前的观众以及借此来宣扬民族自豪的媒体,无一不向外传递出了各种情绪。

颜色与情绪之间的关系

颜色可以通过人的视觉器官,来影响个体的内分泌系统。当人的内分泌系统发生改变的时候,个体的荷尔蒙分泌也会相应地增多或者减少,这会影响个体的情绪体验。相关的实验研究表明,黄色可以让人变得很振奋,红色可以让人的心理活动变得很活跃,绿色有助于缓解人们的心理压力,白色有助于使得个体变得明快,咖啡色有助于降低个体的落寞感,淡蓝色能够给人一种凉爽的感觉。但是,并不是所有的颜色都对个体有利,其中有些颜色会使个体产生负面的情绪。例如,紫色容易让人产生压抑的感觉,灰色会让人变得消沉,黑色会让人变得非常抑郁。在英国伦敦本来有一座桥是黑色的,每年都有很多人在那里自杀。于是,人们便依据颜色与情绪的原理,开始改变了桥的颜色,将桥由黑色变为了黄色。从此以后,在这里自杀的人数减少了。

常见的不合理信念(表 4-3-1)

表 4-3-1 常见的不合理信念

序号	不合理的信念	点评
1	自己一定要获得身边人的赞许,尤其是那些重要的人物	花太多的心思去取悦别人,容易让人迷失自我,你需要做好自己
2	一个有价值的人应该在各方面都比别人厉害	人生的价值在于不断地超越自我,不断地实现自己人生的理想,而非与别人攀比
3	如果发生了不如意的事情,那将会非常可怕	不如意事情的发生是很常见的,我们应该要学会去正常应对,而不是选择逃避
4	人是无法控制住自己的痛苦和困惑的	其实,真正伤害到自己的是个人的信念和态度。只要我们能够尝试改变自己的非理性的信念,就可以轻松面对这些困惑

序号	不合理的信念	点评
5	人必须要依赖别人,尤其是那些比自己强大的人	每个人都是独立的个体,都有自己所存在的价值。我们可以适当接受别人的帮助,但绝对不能依赖别人,应该要学会独立
6	个人以往的经历会影响自己的目前行为,但这种影响是永远不可以改变的	尽管以往的经历是没法改变的,但只要我们能够客观地对待过去所存在的不足,善用自己的能力,就能够不断地实现自我突破

拓展活动

活动1:情绪四兄弟

以下有四张情绪图片,请你依据个人理解对情绪进行命名。

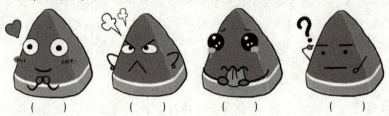

(　　)　　　　(　　)　　　　(　　)　　　　(　　)

活动2:一位初创业者的心情笔录

一位23岁的初创业者,在自己的日记本里写道:

每个人都会经历23岁,但并非所有人的23岁都是一样的。有的人一出生就家境优渥、衣食无忧,但是并非所有的人都是这样的。

几年过去了,我的创业激情也被消磨得差不多了,但是我却什么都没做成。假若你是我,你会怎么想呢? 我做了两年的手机,一年的鞋子加工厂,一年半的五金生意。别人做淘宝创业样样都做得很好,可我怎么就难以取得成功呢? 有的时候,我真的觉得是自己的能力有限。对于创业,我觉得这纯粹是属于个人的态度。

成功=勤劳+机遇。没有任何事情是水到渠成的,它们都是要靠自己努力得来的。虽然我现在没取得什么成绩,但还是要劝告那些刚走出校园的人,一定要坚持自己。

请你结合以上案例,分析案例中的主人公出现了哪些情绪体验。

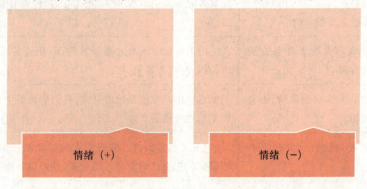

情绪(+)　　　　　　　　　情绪(—)

实践:梅花桩

团队成员排成一列,从高低不一、距离不等的梅花桩上通过,并且所有队员都必须过1~6号桩点后才视为成功完成。

活动目的:

1. 对现实环境,做行动计划;

2. 共同目标的澄清与协作;

3. 培养团结一致,密切合作克服困难的团队精神。

人数与时间:

项目人数:15 人左右。

完成总时间:布课时间 5 分钟,挑战时间 25 分钟。

安全监控:

1. 行进过程中,不能推挤。

2. 身上不带尖锐物体。

布课过程:

1. 所有队员站成一列,双手搭着前面同学的双手。

2. 第一个同学带队,依次走过1~6号6个桩,没有序号的桩可以不走。过桩过程中,双脚不得落桩,双手不得脱离前面同学的双肩。

拓展:情绪回顾

1. 现在请你回想个人的先前经历,分析一下情绪在你的学习和生活之中,扮演了哪些重要的作用。你是否有情绪失控的时候? 此时你是如何来控制个人情绪的(表 4-3-2)?

表 4-3-2　我的情绪回顾单

在我的成长中情绪的作用	
情绪失控的时候	所采取的措施

2. 在每个人的成长过程中,会经历许多的事情,随着事情的不断发展会产生各种各样的情绪。请你结合自己的亲身经历,将自己不同成长阶段的情绪困扰总结在表 4-3-3 中。

表 4 – 3 – 3　我的情绪困扰单

成长阶段	主要情绪困扰	所产生的影响	克服的措施
儿童时期			
小学时期			
中学时期			
现阶段			

第四节　创业团队的压力和挫折应对

 案例导入

"猪肉大王"陈生的创业故事

陈生毕业于北京大学,在放弃了自己在政府中让人羡慕的公务员职务后就毅然下海,倒腾过白酒,做过房地产行业,也打造了"天地壹号"苹果醋。在悄悄进入养猪行业后,利用不到两年的时间在广州开设了近100家猪肉连锁店,营业额达到2个亿,被人称为广州千万富翁级的"猪肉大王"。

据不完全统计数字显示,目前我国大学生创业成功率为2%~3%,有97%~98%的大学生创业失败。专业人士认为,缺乏相关的创业教育和实战经验、缺乏资金等都是大学生创业失败的重要原因。然而,对于成功创业的大学生来说极为重要的实战经验及资金都是"天上掉下来的"吗? 为什么陈生利用不到两年的时间进入养猪行业,就能在广州开设近100家猪肉连锁店,营业额达到上亿元呢?

实际上,陈生之所以能在很短时间里就在养猪行业里取得惊人成绩,成为拥有数千名员工的集团董事长,其中很重要的原因就在于他先前的几次创业实战经验。陈生卖过菜,卖过白酒,卖过房子,也卖过饮料。这些经验使得陈生对于创业有着独到的见解,即很多事情不是具备条件、做好了调查才去做就能做好,而是在条件不充分的时候就要开始做,这样才能抓住机会。

然而,当条件不充分的时候,到底该怎么做才能抓住机会呢? 我们一起来看一下陈生的做法。他在卖白酒的时候,根本没有能力投资数千万元来设立厂房,可是他直接从农户那里收购散装米酒,不需要在固定设施上投入一分钱便可以通过广大的农民来帮他生产,产能可以达到工厂投资额的数倍。此后,他才有资金来开始租用厂房和设施,去打造属于自己的品牌。迅速地进入和占领市场,让他在白酒市场上打了个漂亮仗。多年前,一位到南方视察的国家领导人用雪碧勾兑陈醋,善于抓住机会的陈生想到了如何将这种饮料生产出来。在经过多次尝试后,著名的天地壹号苹果醋饮料就此诞生。

当然,当资金积累到一定程度时,陈生的成功秘诀更让人难忘。在经济飞速发展的年代,无数企业抓破脑袋去寻求发展良机,在此种情况下只有技高一筹者才能取得成功。其中一些企业使用精细化营销,这就是技高一筹者的一种手段。于是,陈生从中国传统的猪肉行业里,分析到了其中所存在的巨大商机,因为中国每年猪肉的消耗量达到500亿公斤。按照每公斤20元计算,每年的销售额则能够达到上千亿元。而与其他行业相比,猪肉这个行业一直都没有得到很好的整合,基本上没有形成产业化。由此可见,猪肉行业是一个竞争不强、档次不高、机会很多的行业。进入此行业的陈生很机智地打造绿色环保猪肉"壹号猪肉"这个品牌,开始经营自己的猪肉生意。

虽然陈生走的还是"公司 + 农户合作"的道路,但是针对不同的农户,他提出不同的饲养要求。在

这样精细化的营销战略下，陈生终于能够在很短时间内成为"猪肉大王"。

（资料来源：百度文库。）

 ## 理论梳理

随着我国"双创"政策的不断提出，越来越多的人开始加入创业队伍之中。学校也开始鼓励大学生进行自主创业，这不仅成为化解高校就业压力的重要途径，也是深化高校人才培养机制的重要方向。

一、压力和挫折概述

（一）压力的定义

压力来源于拉丁文"stringere"，原意是指"痛苦"。它是心理压力源和心理压力反应所共同构成的认知和行为体验过程，是人们在追求人生目标过程中所受到的阻力。压力就像是一把双刃剑，不仅对人有正向促进作用，也会对人有负向影响。

压力及
其特征

1. 压力的正向作用

压力无处不在、难以避免，有的人会因为难以承受压力而一蹶不振，而有的人却因为压力而过得非常精彩。其实，适当的压力对人是非常有利的。当人们没有压力的时候，极容易会产生极大的惰性，导致自己不愿意去努力，不愿意去奋斗与拼搏。相反，处于适当压力下的人则能够时刻保持一颗进取的心，不断鞭策自己朝着目标理想去奋斗。

2. 压力的负向作用

适当的压力对于人们的发展是有利的。但是，过度的压力则会对个体产生不利的影响，会影响人们的身心发展。在心理上，它可能会使得个体变得非常消极和沮丧，甚至会一蹶不振。个体也会因为压力过度而产生失眠、焦虑、沮丧等反应，这极大地影响了个体的健康。

（二）压力的特点

1. 普遍性

压力是无处不在的，广泛存在于人们的身边。它无时间、地点以及类别之分，存在于万事万物之中。而且，压力是不以人的意志为转移的，它就像是地球的引力一样，是普遍存在于人们的生活工作之中的。在平时的生活或工作学习之中，当遇见压力的时候千万不要躲避，应该要学会正确处理，及时面对，及时解决。

2. 多样性

正是压力的普遍性，导致了压力的多样性。依据压力的状态，可以将压力分为内部压力和外部压力。内部压力是不容易观测和测量的，外部压力则是容易观测和测量的。依据压力的作用方式，可以将压力分为身体压力和心理压力。依据压力的来源不同，可以将压力分为工作压力、生活压力和学习压力等。

3. 差异性

压力是因人而异的。不同的个体所接触到的人以及所面临的状况会存在差异，其所产生的压力来源、压力的作用方式以及压力的影响存在差异。对于同一种压力，所发生的时间地点不同,所作用的个体不同,其所产生的影响也会存在差异。对于同一个压力,不同个体的对待态度也不一样,其处理的方式也会存在差异。

4. 双面性

正如前面所言,压力就像是一把"双刃剑"。不仅能够督促个体不断前进,也会对人的身体和心理产生负面影响。因而,压力具有双面性。

二、创业团队中的压力源及其特点

(一)创业过程中的压力来源

创业过程中的压力来源可用图4-4-1来表示。

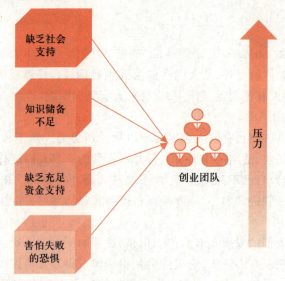

图4-4-1　创业过程中的压力来源

1. 缺乏社会支持

相关研究显示,得到社会支持越多的人,其身心健康就会越好,对于生活和工作的满意度就会越高。当一个人的社会需求无法得到满足的时候,则有可能会对其身心产生不良影响。创业者的社会支持主要来源于家人、亲戚和朋友。其实,很多父母都不赞同自己的孩子去创业,主要担心他们会面临极大的创业风险和创业失败后遭受打击。一些亲戚和朋友对于个体的创业行为表示无法理解,则也会不支持他们的创业行为。

2. 知识储备不足

创业本身就是一个极其复杂的过程,它是一门综合学科,会涉及管理、财务以及专业技术知识等内容。因而,会对创业者的知识储备提出极高的要求。据相关报道,美国高科技创业人员平均年龄为35~37岁。在创新创业受到国家高度重视的情况之下,许多年轻人开始参与其中。他们年龄偏小,缺乏相关工作经验和丰富的管理经验,这无形地使他们产生巨大的压力,也间接影响了企业的正常发展与运行。

3. 缺乏充足资金支持

资金的充足准备,对于企业的开创及其后续发展是非常有必要的。但是,对于大多数创业者来说,充足资金的筹集则不是那么容易。相关研究表明,目前创业者的资金来源主要是家人、亲戚朋友、个人积蓄以及银行贷款等。但是,这些来源的资金是非常有限的,难以充分满足企业的发展需求,这势必会给创业团队造成极大的创业压力。

4. 害怕失败的恐惧

创业过程本来就是非常艰辛的,其中充满着挑战和风险。因而,创业失败是创业团队所必须要面对的。对于害怕失败的恐惧,会在当中给创业团队造成无形的创业压力。

(二)创业过程中压力的特点

创业团队在创业过程中常常会面临高风险、高负荷工作、高度责任等,使得创业团队需要面对极大的创业压力。创业压力必然会对整个团队的创业行为和绩效产生影响。在创业过程中,压力具有持续时间长、作用程度大以及正向性等特征(图4-4-2)。

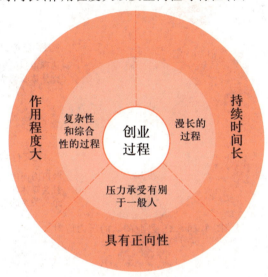

图4-4-2 创业过程中压力的特点

1. 持续时间长

创业本就是一个漫长的过程,需要经历创立、发展、扩大、成熟、转折、形成品牌等不同的阶段。在每一个发展阶段,创业团队都需要面对团队信任、团队发展和创业风险等诸多问题。这些问题都与创业最终的成功与否具有极大的关联性,会关乎整个企业的兴亡。这些都势必会给创业团队造成极大的压力,包括心理和生理等方面。

2. 作用程度大

创业是一个复杂性和综合性的过程,团队成员要在过程中面对一系列复杂的事情。因而,他们所面对的压力具有综合性和复杂性,他们在一定时期可能会面对很多压力,譬如资金压力、管理压力以及竞争对手的压力等。而且,创业所持续的时间是非常长的,创业团队成员要有居安思危的意识,需要时刻都非常关心整个企业的发展与存亡,因而创业压力会不间断地产生。

3. 具有正向性

创业团队在压力承受方面有别于一般人,因而创业压力对团队成员的影响也有别于其他人。创业对于创业团队来说是大家一致的目标和共同的使命,在创业中的压力会迫使他们不断去努力和创新,从而不断去突破自己,获得市场竞争力和拓宽行业影响力。尽管压力过大会对创业者的身心产生负面的影响,但是创业者们的心理综合素质通常都很强。当他们决定开始创业之后,就知道需要面对这一切,因此早就做好了面对一切的准备。他们只会将这些压力转化为动力,不断督促和鞭策自己向前奋进。

三、创业团队的压力应对

创业团队的压力应对步骤主要包括认知现实、体验情绪、制订计划以及寻找社会支持系统等四个步骤。如图 4-4-3 所示。

创业团队的
压力应对

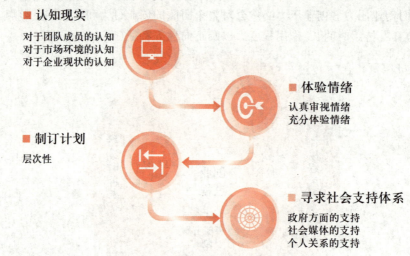

■ **认知现实**
对于团队成员的认知
对于市场环境的认知
对于企业现状的认知

■ **体验情绪**
认真审视情绪
充分体验情绪

■ **制订计划**
层次性

■ **寻求社会支持体系**
政府方面的支持
社会媒体的支持
个人关系的支持

图 4-4-3 创业团队的压力应对

(一) 认知现实

"凡事预则立,不预则废!""机会总是留给有准备的头脑!"由此可见,充分的创业准备对于创业团队来说是非常重要的。但是,一个充分的准备需要基于对现实的充分认知。在综合对创业要素和创业过程的基础上,我们认为认知现实主要包括对于团队成员的认知、对于市场环境的认知以及对于企业现状的认知等三个方面。

1. 对于团队成员的认知

每个人都是独立个体,具有各自的性格特征和能力特征。可以通过相关测试,比如DISC 行为测试、兴趣测试、职业能力测试等,来了解团队中每位成员的特征。对于团队成员的认知,要求对创业团队中的每位成员展开深入分析,了解团队中每位成员的优劣势,将合适的人安排在合适的岗位上,从而,能够在创业过程中充分发挥大家的优势,来实现整个团队的有效运行,不断提高创业团队的整体竞争力。

2. 对于市场环境的认知

创业是一种置身于市场大环境中的行为。对于市场环境的认知,要求本企业通过充分的市场调研去了解整个市场环境,来有效把握整个市场的发展动态。这有助于企业的长远发展,也有助于创业团队清楚自己在市场群体中的相对位置,还有助于创业团队把握整个市场的发展趋势和发展方向,从而能够对本企业做出相应的调整,据此找到企业的发展着力点,形成企业的发展战略和市场应对策略。

3. 对于企业现状的认知

每个企业都有自己的发展现状,它是对企业现在的发展情况以及所面临的困难和挑战的总称。其中,企业现状主要包括企业管理、资金运用、营销策略、市场拓展等方面。创业团队可以通过走访调研、问卷调查、座谈会等多种形式,来了解本企业的发展现状。对于企业现状的了解,有助于创业团队及时预见风险,做好充分的应对措施。

(二)体验情绪

在创业过程中,情绪感受是难以避免的。当人们产生情绪的时候,不应该去逃避它、躲避它,正确的做法应该是及时面对它,并淡然处之。其实,体验情绪也是对自己情绪的一种宣泄,人们能够据此感受到自己的真实内心,开始带着全新的观点和目光去继续面对创业的艰难之路。

1. 认真审视情绪

认真审视情绪是指创业团队需要对过去的情绪体验进行回顾。在回顾的过程中,来分析创业团队的主要情绪困扰,以及这些情绪所产生的原因和形成的过程。从而有针对性地采取措施,以帮助团队成员能够有效把控个人情绪。

2. 充分体验情绪

在认真审视了团队情绪之后,团队成员就可以充分体验情绪。可以通过采取素质拓展活动的形式,来帮助团队成员释放压力,以及增加他们之间的了解。这旨在于让团队成员能够深入把控住个人情绪,让团队成员的内心能够安静。其实,情绪具有反复性和阶段性。体验情绪有助于团队成员在再次遇见同类情绪的时候,能够做到正确应对并泰然处之。

(三)制订计划

在认知现实和体验情绪之后,创业团队就了解了本团队成员的特征、企业所面对的风险和存在的不足,以及团队成员的压力来源及其所产生的原因。此时,创业团队就可以制订创业压力应对计划。创业压力应对计划不仅包括总计划,也要有具体的行动方针。

(四)寻找社会支持系统

很多创业团队之所以会对创业压力感到恐惧,除了团队成员自身的心理素质低以外,还在于社会对他们的支持力度不够。任何一个创业团队都希望能够在可靠的、可预测的和有支持保障的环境中进行创业。如果缺乏一定的社会支持,那么创业团队就容易产生恐惧心理。因此,创业团队需要寻求一定的社会支持系统,且该支持系统是以政府支持为主导的。社会支持系统是指社会环境中促进团队发展的力量,主要包括来自家人朋友的支持,来自国家政府的支持,以及来自社会媒体等的支持。

1. 政府方面的支持

政府部门需要继续完善支持创业的政策和法律法规,为创业者及其团队提供一个良好的法治环境,使得创业团队在实践中能够做到有法可依和有法必依。创业团队可以通过有效利用政府所提供的鼓励性政策和优惠补助类政策,来减轻创业过程中的负担和压力。

2. 社会媒体的支持

社会媒体可以借助网络的力量,将一些优秀的创业资源和信息公布在平台上,有助于创业团队加深对创业过程的了解。创业团队可以充分利用网络资源,寻找到合适的投资人和创业方面的成功案例等信息,来提高企业成功的可能性。

3. 个人关系的支持

个人关系的支持,主要包括家人、亲戚、朋友等方面的支持。创业团队是由一群人所组成的,每个人都带有各自的个人关系网络。个人关系网络能够直接作用于创业者,这也是目前多数创业者的支持系统。

拓展阅读

你采取哪种方式应对压力

如今,压力是一个流行的话题,大家都在以各种方式应对压力,比如运动、与身边朋友的交谈、看心理医生等。了解自己的压力应对方式是很重要的,因为已有研究表明,个体日常压力的应对方式能够对自己的身心健康产生长远的影响。

下面是人们应对压力的五种常见方式:

1. 冻结反应。你可能会变得麻痹、不知所措,或者会保持高度警惕。

2. 战斗反应。你会有一种处于竞争和被攻击的感觉,你的身体正准备在这种情况下进行战斗。

3. 逃跑反应。有的时候,你不想去面对这些压力,或者不敢去面对这些压力,你就会试图逃跑、躲避或者撤退。

4. 挑战应对。你是如何来看待压力的,决定了你的压力处理方式。有些人会认为压力是一种威胁,而另一些人则会认为它是一种挑战。当面对挑战的时候,你会获得额外的能量,有时会心跳加速,伴随着肾上腺素上升。但这区别于战斗或逃跑:a. 你感到专注,而不是害怕;b. 你释放了不同比例的压力荷尔蒙;c. 你更容易获得你的精神和物质资源。其结果是提高了注意力,提高了性能,增强了信心。事实上,那些认为压力更像是挑战而不是威胁的人所面对的抑郁和焦虑会更少,精力也会更加充沛,工作表现和生活的满意度也会更高。

以下这些问题可以帮助你应对挑战:

A. 在这种情况下,我在哪里会有控制权/影响力?

B. 我能采取的具体行动步骤是什么?

C. 我的优点是什么?

D. 我有什么资源?

5. 亲密反应。这种反应能增加勇气,激励他人和照顾他人,有助于加强社会关系。在有压力的情况下,你可能会认为自己可以处理这些事情,但其实是你的压力反应促使你去寻求帮助,变得更加亲近社会。

例如,今年正在读高一的小高有一次需要在班级同学面前进行演讲。但由于当时太紧张了,于是她就与身边另一位也准备演讲的同学进行交谈,来缓解自己的压力。当时,那位同学告诉她"我也是"。聊着聊着,她们就发现自己好像不是那么紧张了。这样一种交友的方式,能够使得自己接触到亲密的关系,有助于缓解个体的孤独和紧张感。这样一种交友压力反应方式,最初被认为是女性压力反应方式的特征。但后来有研究表明,男性也会表现出这种反应方式。在一项实验研究中,研究人员假设压力过大的男性在面对压力的时候,会更有可能表现出"战或逃"的反应,然而结果却恰恰相反。他们发现,压力有助于增加男性之间的亲近感。而且,刚经历过压力的男性更有可能会信任陌生人。

知道有很多方法来应对压力,能够帮助个体思考自己的压力应对方式,能够将逆境看作是挑战,而不是将逆境看作是威胁,这有助于你与他人之间的沟通,从而让你在处理压力的过程中表现得不同。那么,你在平时生活学习之中,是如何来应对压力的呢?你可以在阅读完以上内容后时,结合自己的人生经历,来圈出一个或几个符合你应对压力的方式。

相关链接

创业压力产生的原因与缓解方法

请认真研读以下案例,并与班级同学谈谈你的想法。

小 A 最近自我感觉压力比较大,在寻找适合自己和团队的项目过程中会产生压力,在创业项目执行中会产生压力,对项目最终的效果通常还有一种焦虑……

创业压力产生的四个原因:

(1) 孤独:现在的创业项目越来越奇特,当你开始某一行业创业后,往往不能完全得到家人和朋友的理解和支持,你想要努力工作来证明自己选择的正确性,尽量把大部分的时间用在工作上,很少去参加一些其他活动,从而产生一定的孤独感。

(2) 沉迷:和第一点差不多,自己在创业前期,对于大多数与项目无关、与己无益的活动通通不参加,想要通过长时间工作来快速缩短与其他企业之间的差距,所以一味沉迷于工作,不会享受生活。

(3) 糟糕的人际关系:成功的创业者在一定程度上肯定是一个完美主义者,对工作有自己的独特要求。在和自己的团队成员相处过程中会有各种各样的问题出现。自己总不放心他人去做很多事情,总认为他人做不好,不信任……

(4) 过度的成就需求:想要更多、想要更好是一个创业者的本质想法,在到达一定高度时候还想要更高的高度,对自己和他人的工作没有办法满意。他们也许意识到无法控制的欲望会带来危险,但他们也无法控制这种对成功的渴望。

我们该如何缓解这些问题所带来的创业压力呢?

(1) 沟通——与自己同层次的人沟通,交流经验、经历和想法,倾听他人的故事,获得经验教训,调整自己心态;与自己的合作伙伴、团队成员沟通,了解他们的想法,从精神层面提升所有人的工作效率。

(2) 完全放松——即使几天或几周的假期受到限制,短暂的休息总是可以实现的,这段放松的时间可以使你从压力中恢复过来。

(3) 寻找公司之外的满足——需要偶尔置身于工作之外,增加对生活本身的热情;需要注入一些新的观念。

(4) 学会授权——实施减压机制是需要投入时间的。为了抽出这些时间,创业者就不得不把工作分派给其他人做。即使觉得很难,也必须这样做,为了有时间来缓解压力。

（5）学习——寻找更好的方式方法、寻求更高级的思维理念，突破自我的同时，也能帮助整个团队快速成长。

有压力是一件好事，证明你想要用心做好一件事情，能在压力之下产生动力是一个可喜的成果，如果你时常被压力左右，那便是一种不好的行为。

（资料来源：一点资讯。）

拓展活动

小　测　试

1. 压力测试：请看图4-4-4。你看到的是黑点多还是白点多？

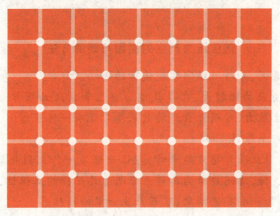

图4-4-4　心理压力测试

若看见黑色小点越多且闪动的速度越快，代表你近期的压力越大，需要进行适当的压力缓解。反之，你近期的压力不大。

2. 心理承受能力测试：请看图4-4-5，你看到的图片是否转动？转动的速度又是如何呢？

图4-4-5　心理承受能力测试

若图片转动得越慢，表示你的心理承受能力越强。如果你看到高速旋转，请试着让自己的内心平静下来。

乘风破浪

这是一个团队合作的项目，正如其名字一样，整个活动有种在茫茫大海上上下颠簸的感觉，刺激感比较强烈。

活动目的：

1. 培养同学们挑战自我、不断进取的精神。

2. 学会协调，及时发现问题。

3. 以积极的态度去面对生活和工作。

安全监控：

教师把所有连接处螺丝拧紧，移动过程中，同学脚不能踩在两块链接铁板的铰链上。要求同学们一个一个站到铁板上去，严禁一哄而上和跳下。

人数与时间：

项目人数：18 人。

完成总时间：布课时间 5 分钟，挑战时间 25 分钟。

布课过程：

1. 每块铁板上站 3 个人，所有的人手拉手。

2. 要求大家在规定时间内，从队长站立的位置开始沿顺时针走动一圈。

3. 转动过程中，人不能着地。

第五节　实战分析：如何成为创业赢家

 案例导入

黎文祥：微博上的"创业赢家"

黎文祥是一位 1988 年出生的大男孩，是广州幕可生物科技有限公司的法定代表人。提到这些可能很少有人熟悉，但要是说起微博上的化妆品品牌 WIS，相信很多微博网友都不会感到陌生。虽然市场在瞬息万变，但是 WIS 却始终坚持将微博当成主战场。通过微博与粉丝建立直接联系，继而来获取用户的广泛关注，收集用户的产品反馈和实际需求，最终将粉丝变成销售渠道，实现年销量突破 1 亿元。

创业者最后能取得成功的结果都是相似的，但他们的创业过程却各有各的不同。还记得在大学刚入学的一次班会上，黎文祥在竞选班长的演说词中说道："我将组建一个技术团队，毕业时要用大学里赚的钱买一辆小汽车，载着毕业证回家，然后成立第一家公司。"当然，他所提到的目标在日后也都一一实现了。

WIS 仅仅利用两年时间，就借助微博成了草根明星，粉丝量也很快达到了百万级别。黎文祥团队所推出的这个品牌只做祛痘消印，凭借不到 20 个种类的商品，一路杀入淘宝化妆品前列，年销售额突破上亿元。

那么，一个默默无闻的品牌如何在短时间内快速崛起呢？ 在这个互联网思维盛行的年代，谁又能从万千创业者中脱颖而出呢？ 黎文祥在此方面的做法就值得很多人学习。

秘籍一：关注趋势、找准定位

　　一个产品的精准定位，可以把对的产品带到对的人群中，产品的定位也会影响企业的营销战略和发展理念。WIS 精准定位于解决年轻人的肌肤受损问题，正因为有了精准的定位，才做到了精准投放与营销。

　　在 2011 年毕业后，黎文祥就嗅到了微博上的商机，便开始在微博上做起了中介平台"微启创"，为各种团购网站和导购网站做中介，将微博与商家连接起来。然而，这样的一个中介平台却始终无法让黎文祥踏实，他总觉得在微博上没有根基。可就在这时，他却借助微博和小米手机成功了，他很快意识到微博是一个适合品牌曝光、品牌得到认知和适合品牌成长的平台。那么，为何不做一个属于自己的品牌呢？黎文祥萌生出了一个新的创业构想。

　　做品牌是没有问题的，那要做哪一类品牌呢？由于第一个问号的出现，黎文祥心里又接连出现了一连串的问号。后来，他开始注意到聚美优品在微博上推广得很好，同时微启创服务的客户中也不乏化妆品品牌，其微博推广效果也都比较显著。通过对社交平台的用户进行大数据分析，发现较其他的社交平台而言，90 后年轻用户在新浪微博中占据相当大的比例，而且具备很强的互联网消费能力，这些都是化妆品的深度用户。通过理论与实践的双重研究判断，黎文祥心中的问号就变成了叹号。

　　化妆品作为功能性产品，有保湿、美白和防晒等功能。对于微博上的品牌运作已经相对熟悉的黎文祥来说，他必须先得给自己找到一个突破口。对于这个问题，他结合自己青春期时的经历，将焦点定位为祛痘消印。对于这个选择，黎文祥还有着自己更长远的打算，即微博对应的是年轻群体，虽然年轻人暂时只是更在意如何祛痘消印，当这些年轻群体长大后就会有各种护肤需求的延伸，WIS 也是据此来确定了自己的商业模式。当一个品牌以这样的方式介入化妆品行业时，其后续的发展空间就非常可观了。2012 年，WIS 品牌在微博上开始正式出现。

　　秘籍二：互联网思维用到极致

　　由于该公司的做法和运行模式更加偏向于互联网，黎文祥认为自己的公司是互联网公司，而不是化妆品公司。所以无论是运营还是营销，都要将互联网思维做到极致。

　　1. 大数据挖掘，精准揽客

　　早在 WIS 创立之初，黎文祥的微博创业之路就已经开启。当时，他看到微博平台上有很多草根成功创业的案例。于是，一个叫"微启创"的微博营销中介平台便诞生了，这也吹响了黎文祥团队微博创业的号角。"微启创"主要是为网站团购客户和垂直电商网站的营销合作提供服务。这段微博营销的经验，在带来相对稳定营收的同时，也为黎文祥团队积累了丰富的数据资源和数据分析经验。由于这些数据资源非常贴近用户的消费行为，有效地为 WIS 后续的产品投放打下了扎实基础。也正是基于前期数据的积累和对团队数据分析能力的打磨，WIS 才得以通过数据分析和跟踪用户的意见反馈来完善产品，完善自身的营销运营体系。

　　前期大数据的积累，让黎文祥更加确信互联网数据对于企业的价值，WIS 对微博商业产品的使用也变得更加大胆。2013 年微博推出了粉丝通，这是一款基于数据精准投放的商业产品，WIS 也成为粉丝通推出后的第一批用户。当时 WIS 每天在粉丝通上投入 1 万 ~3 万元，可它的粉丝关注量却日增超过 2000 人次，平均不到 15 元的粉丝成本获得了成本更适合成长期的 WIS。

　　黎文祥认为，微博商业产品可以基于数据分析来实施精准投放。而且，也可以基于微博信息流来设计，这具有强大的社交属性和移动属性，更利于与粉丝的实时互动。尤其粉丝通带来的不是强制关注的用户，绝大多数是感兴趣才会关注的用户，这些用户具备强烈的购买意向。通过粉丝通引流而来的粉丝，将成为 WIS 的优质社交资产。

　　2. 免费吸睛，以进为退

　　在微博上运作品牌，粉丝是关键。但是，在互联网上争取粉丝却是一件既困难又简单的事情。这一次，黎文祥借用的是互联网的免费模式，而免费恰恰是互联网的重要精神。

　　每年 3 月 15 日是消费者权益日，很多品牌都盼着无事一身轻。然而，WIS 却在这一天在微博上高调出击，打出"好产品，让用户说话"的口号，发起转发赠送产品的活动，免邮送出 10 万支 WIS 祛印净化凝胶。在当时 WIS 祛印净化凝胶售价为每支 98 元，送出 10 万份加上免邮已经是过千万的数目。尽管如此，但黎文祥还是坚持做下来了，并且取得了不错的活动反响。这次活动发起时间不到 12 小时，微博就被转发超过 10 万次。原本定在持续半个月的活动，不到一天产品就被抢光了。在本次活动结束后，WIS 官微粉丝更是一路飙涨到 300 万。这种反其道而行的营销战法，不仅调动了粉丝的积极性，也为品牌积累了宝贵的粉丝资源。

5 月 20 日的谐音是我爱你，这一天也是 WIS 五月份最重要的营销节点。WIS 将这一天定义为"520 希粉节"，会提前发出了 5 折起、1 元购、新品发布、转发有礼、现金券等 5 个活动预告。在微博平台上，在活动预告期间，1 万支 WIS 抗痘洁面凝胶送给那些转发相关话题的小粉丝。在整个活动期间，引来了 5.4 万次转发、1.4 万次评论和 2000 次点赞。到 5 月 20 日当天，WIS "希粉节"的话题更是直接引发了 2.1 亿话题阅读数，位居那段时期新浪微博话题之首。其实，整个"希粉节"活动的形式并没有那么奇特，但一旦嫁接在 WIS 先期积累的庞大粉丝群体和其擅长的推广手段上，就瞬间爆发出了强有力的传播效应。当用户参与度、产品受欢迎、品牌传播几个因素同时具备时，微博的营销价值才会有效体现。

不少中小品牌由于成本的原因，不敢轻易尝试免费模式，但是 WIS 还是咬牙坚持下来了。通过几次大型的免费送活动，WIS 实现了用户的有效积累，为后续的粉丝服务打下了良好的基础。现如今，WIS 的官方微博坐拥几百万粉丝，这在整个化妆品行业内都是数一数二的。基于这庞大的粉丝群体，WIS 任何一个小小的策划活动都能引发数十万级的日销售额增长。

3. 名人效应，以点带面

以前由于受到信息传播渠道的限制，明星所发出的讯息很难直接触达粉丝，必须要经过电视台、杂志、报纸等传统媒体。然而，现在却完全不一样了。黎文祥认为，现在的明星掌握了自己的粉丝通道，明星也拥有了话语权，随着新媒体的发展，明星对于粉丝资源的调动一定更具灵活性。换句话说，代表互联网最新发展趋势的社交平台可以有效放大名人效应，也将让企业与明星的合作产生更有效的化学效应。

在 5 月 20 日的"希粉节"上，"5 折起"活动主要针对 WIS 祛印净化凝胶，折后 68 元的价格也是历史最低价格，这是他们主推的一款明星单品。这样一款明星产品的推广，黎文祥同样选择了微博上的"明星效应"，让明星为其在微博上代言，很多明星比如李湘、韩庚、快乐家族等都曾在微博上对此产品进行了推荐。

秘籍三：玩转粉丝经济沉淀社交资产

在互联网思维的驱动下，WIS 完成了原始的品牌积累，而在黎文祥的心中却还有比这更难的问题，那就是如何运营品牌。

通过与明星的合作，黎文祥不仅看到了明星在社交媒体中的营销价值，同时也洞察到了一种新的经济形态。明星可以抛弃传统渠道，通过社交媒体跟自己的粉丝联结在一起，那么品牌为什么不可以呢？顺着这样的思路，黎文祥似乎找到了维系品牌运营的钥匙，运营品牌其实也就是运营粉丝，因为粉丝就是品牌通道。在粉丝经济的启发之下，黎文祥决定将"粉丝经济"落地为"粉丝服务"。

黎文祥表示，若是自己在年轻的时候，能够有一个人来帮助自己了解护肤知识，与此同时又给提供专业意见和指导办法，那么他在青春痘方面的困惑就会大大减少。于是，WIS 选择了当时年轻人使用最多的微博平台，运用粉丝通、品牌速递等微博工具作为交流通路，推出 WIS 粉丝团、拟人化的小希形象等，在微博与粉丝之间保持高互动。可以说，WIS 在微博运营团队上下足了功夫，对团队进行了专业的培训，不仅包括对粉丝的服务培训，也包括对护肤专业知识的培训。在公司内部有个硬性规定，就是必须在 10 分钟内回复粉丝。除了在官微上和粉丝进行高互动外，还设有 WIS 护肤大讲堂和微医生等话题，主要是为了讲授一些护肤知识，帮助粉丝来解答肌肤问题。

不难发现，不论是私信回复，还是话题讨论，WIS 与粉丝的互动很大程度上是建立在微博平台之上，社交性使得点对点直接对接，开放性使得品牌与粉丝、粉丝与粉丝之间的讨论成为可能。在黎文祥看来,这可能就是微博的优势,其他社交平台则很难做到。

若要帮助用户去解决更深入的问题,就需要多方位来了解用户的情况,然后告诉他们产品的使用方法,以找到更适合他们的方法。基于此,WIS 开始确立了年度的重点战略,即如何深度服务好每个粉丝,如何通过微博粉丝服务产品的私信功能来满足粉丝的不同需求。然而在具体实操中,WIS 通过微博与粉丝来建立的直接关系,进而促进销售。同时,也通过微博信息流来帮助 WIS 进行资产沉淀,因为这能引发讨论、聚合粉丝,最终引发消费行为的真实行动。

通过微博来保持与粉丝之间的高互动,WIS 力求尽可能地每天能够回复每条评论,强大的互动形成强大的粉丝团,据此也产生了不少"铁粉"。同时,借助微博信息流广告产品,WIS 针对特定用户群体进行投放,有针对性地曝光效果,与传统广告投放效果相比起来就截然不同了。

(资料来源:杂志汇。)

 理论梳理

托尔斯泰曾经说过,"幸福的家庭都是相同的,不幸的家庭则各有各的不幸。"创业也一样,成功的创业者都是相同的,失败的创业者则各有各类的理由。对于成功创业者共性的总结与归纳,有利于给他人提供学习的榜样或者是自我反思的参照。

创业领域专家通过对众多成功案例的研究,发现创业赢家具有很多的共性。他们不仅创业激情饱满而且为人非常理性,在创业的过程中能够做到全力以赴,不断创造和改进产品和服务。在创业赢家的这些共性当中,最为明显的为以下十种特质。接下来,我们将分别进行学习。创业赢家模型如图 4-5-1 所示。

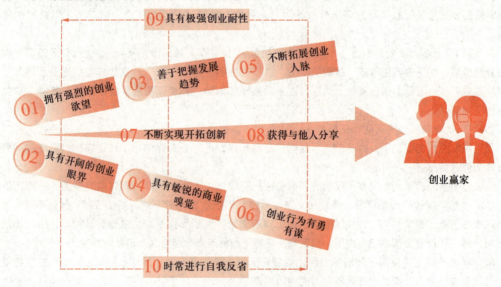

图 4-5-1 创业赢家模型

一、拥有强烈的创业欲望

曾经有人说过,"欲望是创业的最大推动力"。创业欲望实际代表了创业者的目标和理想。但是,创业者的欲望不同于普通人的欲望。这主要是因为创业者的欲望往往超出现实,需要不断突破目前的立足点,不断挑战自己才能实现。因此创业欲望通常会伴随着一定的执行力，但这不是一般人所能够做到的，而创业者就能做到。他们希望通过创业这一行为来改变身份、提高地位以及积攒财富，这也构成了许多创业者的人生"三部曲"。

二、具有开阔的创业眼界

对于创业者来说，需要具备广博的见识和开阔的眼界，才能有效拉近自己与成功之间的距离。"机遇只垂青有准备的头脑"，让自己眼界大开就是最好的准备。

成功创业者的创业思路来源主要有：

来源1：对于职业的充分了解。对行业发展的洞悉以及对行业运行规律、管理的熟悉，能够提高创业者的成功概率。

来源2：阅读量的不断增加。创业者若想增加个人的见识，可以通过大量地阅读书籍、报纸以及杂志等来实现。通过不断增加个人的阅读量，来扩大自己的知识面，提升个人的理论素养。正所谓，书中自有黄金屋，书中自有颜如玉。

来源3：实践经历的增加。正所谓，读万卷书，行千里路。创业者可以通过多去实践，增加个人的阅历，不断开阔个人的眼界。随着个人眼界的不断提高，他对问题的认识和见解也会比其他人更加深刻。

来源4：广泛结交朋友。很多创业者的最初创业想法，是在朋友的指点下产生的。一般而言，成功的创业者都会积极与朋友保持联系，并且通过广交朋友来不断开拓自己的社交圈子。

三、善于把握发展趋势

能够把握住发展趋势，才能够不断占据优势，顺利推行整个创业项目。依据发展趋势的性质范围，可以将其分为大势、中势和小势。

第一，大势。大势是指国家或者地方政府的政策法规。通过对政策的研究，有利于创业者充分利用政策方面的优势，为自己的创业项目的发展提供有力基础。

第二，中势。中势是指企业所在市场的机会。很多企业在创业之前，都会进行充分的市场调研，来了解整个市场的行情，从而做出正确的发展对策。通过对市场的充分了解，有利于创业发掘市场机会。

第三，小势。小势是指个体的特长和能力。创业者在选择创业项目的时候，一定要依据自己的创业能力和创业兴趣，综合分析个人的性格和能力，找到可以充分发挥个人特长的项目，这样有利于创业者全身心地投入其中。

创业其实是在夹缝里求生存，则创业者一定要能够把握发展趋势。不仅要了解政势和商势，也需要能够把握住人事，这也是一个创业者的基本素质。

四、具有敏锐的商业嗅觉

创业者的商业嗅觉，是指创业者对外界变化的敏感性，也就是他们对于商业机会的快速反应。有些人的商业嗅觉天生就很灵敏，但有些人则需要依靠后天的培养或者训练才能获得。具有良好的商业嗅觉，其实是创业者的成功的最好保证。

机遇可遇不可求，需要人们通过自己的聪明才智去发掘。具有敏锐的商业嗅觉，能够使得创业者及时发现市场上所存在的发展机遇，从而能够做好充分的准备，占据市场发展的制高点。

五、不断拓展创业人脉

成功创业的三大要素之一是创业资源,而在创业资源当中最重要的要素则是人脉关系。人脉是指创业者构建的人际网络或者社会网络的能力。若是创业者无法在最短的时间内建立起广泛的人际网络,那么他的创业之旅会非常艰辛。因而,创业者需要不断拓展人脉,为以后整个企业的发展与繁荣奠定基础。依据创业者的人际资源的重要程度,可以将其划分为同学资源、职业资源以及朋友资源。

第一,同学资源。其实,在很多成功创业者的背后,都能看到其同学的身影,有从小学同学到大学以及更高学习阶段的同学。在同学之间本来就应当相互帮助,而且通过多年的相处,彼此之间已经建立了深厚的友谊。同学之间的交往比较单纯,彼此之间的利害冲突也非常少,因此很多人会非常珍惜同学之间的情谊。

第二,职业资源。对于创业者来说,职业资源的效用最为明显。职业资源是指创业者在创业之前,在工作当中所结交的各种资源,可以分为项目资源和人际资源。从职业资源入手进行创业,已经成为很多创业者成功的捷径。

第三,朋友资源。每个人的朋友会有很多,包括同学、老乡、工作中所认识的人等。对于创业者来说,一定需要不断认识人,来扩大自己的交际圈,不断拓展个人的人脉关系。朋友好比是资本金,对于创业者来说也是多多益善。

六、创业行为有勇有谋

商场如战场,这要求创业者要有勇有谋。否则容易成为别人的猎物。与其说创业是一项体力的活动,还不如说创业是一项心力的活动。创业者的智谋在很大的程度上决定其成败,尤其是在市场竞争越来越激烈的情况下。谋略是创业者的思维方式,也是创业者的问题解决思路和方法,需要贯穿于创业者的整个创业过程,体现在创业者的每一个创业行动之中。

七、不断实现开拓创新

创业本身就是一项具有风险性的活动,会存在很多的挑战和未知性。这要求创业者具有强大的心理承受能力,且能够不断挑战自我,不断实现开拓创新。而且,冒险精神是企业家精神的关键组成模块。但是,创业者的冒险不等同于冒进。冒险是指通过自己的努力能够取得相应的成果,而冒进则非如此。因此,创业者需要分清楚冒险和冒进。无知的冒进只会使事情变得更糟,所采取的行为将变得毫无意义。

八、获得与他人分享

一个不懂得与人分享的创业者,不可能将事业做大。因此,创业者需要具有分享的精神。"你有一个思想,我有一个思想,相互交流,我们每个人就会有两个思想。"在企业的经营管理当中,只有领导者懂得分享,员工才能够形成主人公的意识,也才心甘情愿地去付出。从而,企业才能够不断得以壮大。对于创业者来说,分享不是一种慷慨的行为,而是一种非常明智的选择。

九、具有极强创业耐性

在创业这条崎岖的道路上，所需要付出的代价和耐力只有创业者自己最清楚。对于一般人来说，忍耐和坚持是一种美德。但是对于创业者来说，它们是取得创业成功的必备素养。

正所谓，吃得苦中苦，方为人上人。其实说的就是此道理。创业者之所以能够坚持到底，这主要在于他们真正将创业当作自己的使命。不管在这条艰难的道路上会遇见何种困难和挫折，他们都能够咬紧牙关、坚持到底。对于想去创业的有志之士来说，一定要坚定自己的心性，不断培养自己的"定力"和"精神力"。

十、时常进行自我反省

在《论语》当中有这样一句，"吾日三省吾身"，这其实指进行自我反省的重要性。反省是一种学习的能力。创业本就是一个不断摸索的过程，创业者在其中难免会犯错。时常进行反省，有利于创业者不断认识错误和改正错误。通过自我反省，创业者能够从中学习到很多的经验。成功的创业者存在共同的特点，在于他们都非常善于学习，喜欢进行自我反思。通过反省学习，来提醒自己避免同类错误。

拓展阅读

尹琳该如何解决压力

尹琳在一家民营企业担任销售总监这一职务，多年来她的销售业绩一直都很不错。但是，近些年来她越来越感觉到外部的竞争的激烈，自己公司的家族式管理体制显得越来越落后，这种管理体制的弊端也越来越明显。于是，她觉得在这里工作很辛苦，很累心。尽管目前尹琳的工作量没有增加，但还是依旧感觉工作压力在不断增加。一种说不清道不明的职业恐惧感也在长期困扰着她，使她原本轻车熟路的工作倍感压力。当时，她所采用的减压办法就是到处去出差，但是所取得的效果却并不是很好。

通过认真分析以上案例，我们不难发现，尹琳的职业压力主要来源于自己的内心恐惧。她担心公司会失去原有的竞争能力，担心企业会失去多年努力才换来的行业地位，担心自己也会因此而失去奋斗的方向和动力。

那么，尹琳该如何来克服内心的恐惧呢？她又该如何来缓解自己的职业压力呢？

其实，要想真正减压，第一步就是要能够勇敢面对自己的内心世界，即需要看一看自己会担心失去什么。担心会失去现有工作和职位？还是担心会失去领导的器重和个人发展的机会？除了看看自己会失去什么，还需要想一想这些东西的失去会对你产生什么样的影响。是长期的影响还是暂时的影响？是身体的影响还是心理的影响？是可以承受的影响还是难以承受的影响？

随着社会竞争的不断增加，人们所面临的压力也在不断增多。目前有关职业压力的咨询量在增多，特别是职业经理人。然而，在大部分企业中，舒缓职业压力的心理服务还是一片空白。

结合相关理论，我们认为尹琳可以采取以下措施来舒缓自己的职业压力：

一、通过分析自己的职业生涯，明确个人的职业压力来自哪里，这些职业压力产生的原因是什么，它们的形成会对个体的工作和生活产生怎样的影响。

二、重新评估自己的职业生涯规划，看看现有的职业生涯规划是否存在风险。若是存在风险，这些风险主要表现在哪些方面，以及该采取哪些措施去规避这些风险。

三、敢于直面心中的不安全感，减少职业损耗。现如今，职业压力是人们不得不面临的一大难题。当个体在面临职业压力的时候，可以试着去分析一下可能面对的局面，以及可能会碰见的最坏的情况。其实，安全感来自个体的内在实力，而实力是逐步积累的。

相关链接

王磊需要面对哪些创业压力？

相信大家对于创业，都或多或少地会有自己独到的见解。尤其是在近些年来，随着"双创"政策的不断推出，很多人都开始跃跃欲试，不断加入创业队伍之中。但是，并非所有的人都是那么幸运，最终能够取得创业成功。尤其是在市场有限的情况之下，若是大家所采取的创业模式和创业途径都一样的话，那么必然会导致创业失败。

对于创业者来说，启动资金、人脉关系、创业平台都是根本。说到底，创业成功的根本原因在于门路，选好行业就意味着已经成功了一大半。通过对众多的创业成功案例进行分析，王磊发现凡是能够满足社会大众广泛需要的服务行业，都是容易取得创业成功的，例如餐饮行业。

王磊就是凭借着自己精湛的厨艺，而最终取得创业成功的。他在毕业后就在一家全球连锁餐厅工作。由于自己在烹饪学校求学期间就已经掌握了扎实的烹饪技能，再加上在工作当中的实际训练，他的烹饪技术取得了很大的进步，对餐饮行业的了解也在逐步加深。后来，他自己开了一家快餐店。快餐店在王磊的悉心管理之下被经营得很好，尤其是每天午饭的时间，客人特别多。

在快餐店运作的过程中，王磊每天需要操劳公司的业务推广、员工管理等方面的事宜，这些事情都与快餐店的发展紧密相关。每当王磊遇见问题的时候，他就会请教烹饪学校的老师和身边的朋友。王磊所遇见的这些问题，一般都是其他的创业者所能够遇见的。公司的收益是令创业者头疼的事情之一，当公司有一个不错的收益的时候，就解决了创业者的一大难题。

通过以上的案例我们可以知道，王磊的创业压力主要是来自工作，包括公司的业务推广、公司的人才管理等，这些都与企业的发展密切相关。稍有不慎，就会阻碍企业的发展。

拓展活动

请大家根据前面所学的内容，针对自己在创业过程中可能会遭遇的困境，分析自己的优劣势，以及如何来克服这些困境，如何来塑造和训练自己的创业素质，最终成为真正的创业赢家（表 4-5-1）。

表 4 - 5 - 1　我的创业素质提升计划单

创业中的困境	自我分析 （优势 + 劣势）	改进办法

实践与拓展

走访身边的创业团队

现如今,参与创业活动的人数在不断增加,其中衍生出一批成功的创业团队。请和班级同学组成学习小组,以小组形式去对身边比较有名的一个创业团队进行访谈,并完成以下表格。

小组名称：_____

人员名单：_____

访谈日期：_____

访谈地点：_____

团队姓名	人员简介	所面临的压力	我的启发

第五章

团队决策——引领创业之路

 学习目标

1. 了解决策的类型及其风格；
2. 了解团队决策的特征及影响因素；
3. 掌握创业团队决策过程模式及其特征；
4. 学会使用六项帽子思维模式。

现如今，由于经济发展和生活方式的多样化，作为经济主体的企业也在发生巨大的变化，新生企业也层出不穷，创业已成为人类经济生活和社会生活的一种重要的方式。但是，创业的民主自由，并不意味着就是单个人或者单向的活动，因为创业需要整合多方资源。

越来越多的证据表明，创业活动是基于一个创业团队而非一个单独的创业个体。团队创业的绩效要优于个体创业，成功率较高、成长较快、发展规模较大的创业企业都是基于团队创业的。在这种以团队形式构建组织结构的趋势下，原本由个体完成的任务，会相应地基于团队形式来完成，团队决策成为组织中普遍采用的决策方式。团队决策可充分发挥集体的智慧，由多人共同参与分析并决策，是团队民主化的充分体现，是发挥群策群力作用的一种方式。团队决策使得决策信息更丰富，效度更高。

第一节　决　策　概　述

 案例导入

一家大型保险公司信息服务部门的重组

1992 年，一家大型保险公司需要对其信息服务部门进行整编。首先，就是需要对原有的团队进行重组，以及根据部门业务的需要来招聘一些新的成员。在该部门的新团队形成之后，他们开始检查和合并已有的服务软件，这些服务软件一共包含了 700 多种不同的应用程序。为了提高软件的整合效率，他们依据软件的不同类型来将团队的小组成员分成若干小组，每个小组分别来整合某种类型的软件。

在工作了一段时间以后，该部门召开了一次团体会议，主要就这几天的工作发表一下自己团队的看法。可没想到，结果却不堪设想。由于每个小组对软件进行评估和分析的顺序是存在差异的，这导致他们所得出的结论存在差异。那么，相较其他小组来说，在这其中到底哪个小组的报告是比较具有价值性或者建设性呢？关于此问题，每个小组分别发表了看法。但是，大家的观点存在差异，这主要是因为大家的评论会带有主观的看法，或者是因为大家会依据自己的喜好来发表评论。甚至于到最后，出现了人

身攻击现象。这是一次失败的决策会议。团队成员不仅没有彼此产生积极的影响，甚至一直在伤害自己的同事。

对于团队管理者来说，最重要的是需要利用团队资源来群策群力，进行创造性的构思并提出决策方案。因此，创业者了解自己的团队，为自己的团队选择一个合适的决策模式是非常有必要的。

 ## 理论梳理

在创业团队的发展过程中，会面临很多的选择，要求团队管理者能够做出选择，这对他们的决策能力提出要求。那么，到底何为决策呢？它具有何种重要性呢？它具有哪些类型和风格呢？

一、决策的概念

关于决策的定义，国内外很多专家学者都进行了界定。著名管理学大师德鲁克认为决策就是判断，是在各种可行方案之间进行选择。一般来说，人们普遍认为决策是一个行为过程，包括提出问题、分析问题、确立目标以及提出解决方案等环节。西蒙指出"管理就是决策"，决策包括决策的制定、实施和反馈调节，它贯穿于管理活动过程的始终，解决好了决策问题就解决好了管理问题。我国学者岳超源认为，决策是进行选择的行动或行动的结果，并有做决策（decision making）即进行决策的过程的含义。

基于以上观点，本教材认为决策本质上是选择和判断，它是基于一定的问题来形成解决方案的过程。在创业过程中，决策同样会贯穿于该过程的始终。而且，由于创业过程的未执行和不确定性，创业者需要经常性地进行决策，以便能够及时应对和解决所出现的问题。

二、决策的重要性

任何事情的发展都必然会带来一定的结果，其结果的好坏存在未知性，但是结果是可以通过预测来判断的。对于所带来的结果，我们可以通过运用相应的技术手段以及个人经验来进行预判。也正是因为结果的不确定性，使得决策的重要性得以凸显。

依据美国著名管理学家西蒙（Simon）的观点，企业管理其实就是决策，它是企业经营的核心，会贯穿于整个企业发展过程的始终。创业是极其复杂和具有挑战性的过程，在这其中创业者会面临很多的困难和挫折。对于这些所存在的困难和挫折，需要采取何种方法去解决是一个关乎企业生存与发展的关键性的问题。然而，决策是依据所存在的问题来构思解决方案的过程。由此可见，决策关系到一个组织未来的发展，无论是个人还是一个国家甚至于是整个世界。

其实，决策也是企业管理中的一个重要环节，企业的日常经营管理其实就是由大大小小、不同层次的决策所构成的，决策的速度、准确性、执行力会直接影响决策的质量，而这些决策的质量或高或低，会直接或间接地影响企业管理的效果和整个组织的绩效。

通过以上分析可知，决策在企业的生存发展与管理的过程中具有重要作用。创业本来就是一个从无到有的过程，其中不乏各种挑战和突破，这些都离不开决策。对于创业者来说，需要不断培养个人的决策能力，避免因决策的失误导致企业陷入困境，甚至导致创业失败。

三、决策的类型

依据不同的标准划分,决策具有不同的类型。接下来,我们将分别依据决策的重要程度、决策的主体、决策的反复性以及决策问题所处的条件等四个标准,分别来分析决策的类型。

1. 依据决策的重要程度划分,分为战术决策和战略决策(表 5 - 1 - 1)。

表 5 - 1 - 1　依据决策的重要程度划分的决策类型

划分标准	决策类型	特征介绍
决策的重要程度	战术决策	• 对企业局部的经营管理工作的决策 • 影响企业战略决策的实现 • 由企业中层管理人员所做出的 • 影响局部
	战略决策	• 对企业发展方向、发展目标和发展愿景的决策 • 关乎企业的兴荣和未来发展 • 由企业最高领导层制定的 • 影响范围广、作用时间久

2. 依据决策主体的差异,分为集体决策和个人决策(表 5 - 1 - 2)。

表 5 - 1 - 2　依据决策主体的差异划分的决策类型

划分标准	决策类型	特征介绍
决策主体差异	集体决策	• 企业会议机构(董事会、经理、职工等)的决策 • 适用于长远规划和全局性的问题 • 实现领导与群众相结合,能够充分发挥群体智能 • 决策有效性,但时间长、过程复杂
	个体决策	• 个体依据自己的才智和经验所做的决策 • 适用于常规性问题和紧迫性问题 • 具有主观性和片面性 • 决策效率高

3. 依据决策的反复性,分为程序化决策和非程序化决策(表 5 - 1 - 3)。

表 5 - 1 - 3　依据决策的反复性划分的决策类型

划分标准	决策类型	特征介绍
决策的重复性	程序化决策	• 针对经常出现的问题所做出的决策 • 具有一套常规的解决办法
	非程序化决策	• 针对不经常出现的问题所做出的决策 • 没有规定的模式和解决对策

4. 依据决策问题所处的条件,分为确定型决策、风险型决策和不确定决策(表5-1-4)。

表 5-1-4 依据决策问题所处的条件划分的决策类型

划分标准	决策类型	特征介绍
决策问题所处的条件	确定型决策	• 在确知的客观条件(问题的性质、存在的条件、后果等)下做出的决策 • 每种方案只有一种结果 • 需要选择肯定状态下的最佳方案
	风险型决策	• 在不完全确知的客观条件(问题的性质、存在的条件、后果等)下做出的决策 • 每种方案具有多种结果,但每种结果出现的概率可以测算 • 每种方案都具有一定的风险性和随机性
	不确定决策	• 在不确知的客观条件(问题的性质、存在的条件、后果等)下做出的决策 • 每种方案具有多种结果,但每种结果出现的概率是无法测算的 • 决策的不确定性程度很高

四、决策的风格

所谓的决策风格,是指人们在进行决策时所表现出来的习惯途径和方式,对决策效果具有重要的影响。不同的人在对同一件事情进行决策时,会有不同的行为习惯和偏好,所采取的决策方式和实现的决策目标也会存在差异。随着决策风格对决策效果的作用日益凸显,人们对它的关注度也在不断加深。综合各方学者的观点,本教材将决策的风格归纳为"三类风格""四类风格"和"五类风格"。

1. 三类风格:冒险型、谨慎型以及防御型

三类决策风格如图 5-1-1 所示。

具有冒险型决策风格的人,对个人的能力以及所处的状况持乐观的态度。在平时的工作和生活中,他们对自己所做之事很少感到后悔。即使自己犯了错误也不后悔,他们会将其当作一种宝贵的经验财富。一般而言,这类人多数情况下是企业家,他们喜欢冒险和尝试。他们的优点在于对于行动方案成功的可能性非常敏感,能够非常果断地在多个方案中选出最优的方案。但是,他们常常会在事业上大起大落。

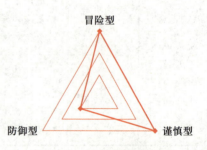

图 5-1-1 三类决策风格

具有谨慎型决策风格的人,会时刻关注事情发生变化的可能性,力求能够使损失的风险降到最低限度。他们一般适合于从事具有重大损失风险性的工作,比如股票行业等。他们的优点在于不愿意冒险且不受小利诱惑,可以为公司带来稳定的收入。但是,他们也会由于太过于谨慎而有可能错失一些良机。

具有防御型决策风格的人是前面两种人的完美结合,既力求将损失降到最低限度,也不想错失良机。当没有绝对正确的决策信息时,他们往往能够做出最佳选择。当对所存在的问题疑惑不解时,他们往往会采取一种折中的方法。

2. 四类风格:人际型、分析型、理念型以及实践型

四类决策风格如图 5-1-2 所示。

人际型的人重视人际互动，为人很亲切、友好，喜欢听取别人的意见，也能够依据别人的需求及时提供支持和帮助。他们喜欢通过开会的方式来进行决策，有时候会由于太在意别人的看法而难以决策。

分析型的人的分析能力很强，喜欢通过对所获取的数据资料展开分析来做出决策，能够很好地把握新情况或者不明确的情况。但是，他们会存在变成独裁统治者的可能性。

理念型的人具有冒险精神，会花较多的时间来收集资料，在问题解决方面能够具有自己的创意心法，还会考虑各种问题解决方案与未来发展的可能性，在实际工作中也会注重人际交往。但是，他们容易在做出决定时偏理想化。

实践型的人的工作技能强，注重问题解决的效率。他们比较务实，属于典型的行动派或者实践家。尽管他们很尊重事实，但是也非常注重效率和质量，喜欢走捷径。

3. 五类风格：开创型、思考型、怀疑型、继承型以及权力型

五类决策风格如图 5-1-3 所示。

开创型的决策人喜欢追求新的想法，做事不拘一格。当在做出重大决策时，只要决策的各项内容事先均受到严格评估，就能非常果断地做出决定。他们非常具有责任感，说话喜欢开门见山。他们的思想也很活跃、奔放，能够很好地推进问题的深入讨论。

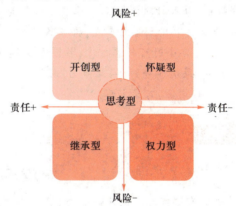

图 5-1-2　四类决策风格　　　　　图 5-1-3　五类决策风格

思考型的决策人擅长剖析问题，喜欢搜集信息，对于那些有相关数据支持的论点是信服的，喜欢在对解决方案进行全面剖析后才采取行动。处理问题时也会非常小心谨慎，也容易受到情绪的控制。他们非常愿意接受各种新想法和新观点，相对来说思想开明。

怀疑型的决策人对现实世界总是充满好奇和疑问，说话喜欢直言不讳。他们不害怕犯错误，也不害怕被别人嘲讽。而且，他们的个性非常鲜明，注重行事效率，做事也非常专注，洞察力非常敏锐。

继承型的决策人只相信过去的成功经验，不喜欢大胆创新。他们的责任感非常强，情商也极其高，是处理人际关系的高手。他们能够站在别人的角度来思考问题和解决问题。

权力型的决策人非常警觉，喜欢未雨绸缪，提前做好一切准备。他们不相信别人，只相信自己，喜欢走极端。而且，他们非常注重细节，能够不断督促自己及身边人向前奋进。

卡片式头脑风暴法

卡片式智力激励法，又称 CBS 法，特点是对每个人提出的设想可以进行质询和评价。操作方法：召开由 3 人至 8 人参加的会议，会前宣布发明课题，会议时间为一小时。会上发给每人 50 张卡片，桌上放 200 张卡片备用。在前 10 分钟内，与会者独自在卡片上填写设想，每张卡片填写一个设想。接着用 30 分钟的时间，每位与会者按座次轮流宣读自己的设想，一次只能介绍一张卡片。然后其他与会者即可质询，也可将受启发所得的新设想填入备用卡片。最后 20 分钟，大家可以相互评价和探讨各自的设想。

默写式头脑风暴法

默写式智力激励法，又称"635"法。它是根据德意志民族善于沉思的性格，它以及由于多数人争着发言易使点子遗漏的缺点而创立的用书面畅述的方法。具体操作方法：

召开由 6 人参加的会议，主持人在会上阐明议题，发给与会者每人 3 张卡片。在第一个 5 分钟内，每人针对议题在 3 张卡片上各写上一个点子，然后传给右邻；第二个 5 分钟内，每人从传来的卡片上得到启发，再在 3 张卡片上各写出一个点子，之后再传给右邻。这样继续下去，经过半小时可传递 6 次，共得 $6 \times 3 \times 6 = 108$ 个点子。由于这种方法是 6 人参加，每人 3 张卡片，每次 5 分钟，因此得名"635"法。

（资料来源：百度文库。）

如何发挥员工的创造力？

法国有一家生产电器的私企，这家企业的规模为 300 人左右。尽管如此，但它在市场上却有很多的竞争对手。

有一次，该公司委派销售总监外出参加一个会议，该会议议题是关于如何来发挥企业员工的创造力。在参加完此次会议之后，该销售总监深受启发。于是，在回来后他便提议为公司成立一个创意小组。起初，公司领导层对此持反对的态度。该销售总监却没有因此而气馁，而是通过自己的坚持和努力，最终成功突破公司的层层阻碍，顺利成立了一个由十人所组成的创意小组。该创意小组被安排到一家农村的小旅馆中，开展为期三天的创造活动。在这三天中，该销售总监要求大家能够屏蔽外界的干扰，比如电话的干扰。

在第一天，大家共同参加了各种训练活动。通过这些活动，大家不仅加深了彼此之间的认识，之间的关系也逐渐变得融洽，彼此之间不再是那么生疏，都能够很快进入新的角色和状态。在第二天，他们开始进行创造力训练，通过一些智力激励法来对大家进行培训。在这一天中，他们主要解决的问题有两个，分别为发明一种全新功能的电器，以及给该新电器命名。但是，在给新产品命名的过程中，由于大家的观点各异，考虑问题的出发点不同，在经过激烈的讨论后，大家一共给出了 300 多个名字。当时，该销售总监什么都没说和做，只是默默地将这些名字存起来。到第三天的时候，销售总监便让大家凭借自己的记忆，默写出昨天大家所提出的名字。在大家默写结束之后，销售总监进行统计却发现大家只记住了 20 多个。在这 20 多个名字中，大家从中筛选出比较认可的三个。并结合顾客的意见，最终只确定了一个名字。

该新产品一上市，就因它新颖的功能和让人回味的名字，而受到了顾客的认可。该产品也据此快速占领市场，击败了自己的竞争对手。

拓展活动

请你结合前面的学习内容和自己的亲身经历，思考在做决策的时候需要注意的问题，以及所需要遵循的原则。当然，你也可以通过上网来查阅相关资料或者通过阅读相关书籍，来辅助自己的思考。在你思考完后，请将自己的想法或者结论撰写成推文，并将它分享给班级同学。

实践与拓展

相信通过前面的学习，你也很想知道自己的决策风格和决策能力。接下来，请你结合个人的实际情况，完成以下两个测试。

测试1:决策风格测试

1. 我的主要工作目标是(　　　)。
A. 获得一个岗位　　　　　B. 成为领域标杆
C. 获得职业认同　　　　　D. 获得职业安全感

2. 我所喜欢的工作岗位是(　　　)。
A. 能清晰定义且是偏技术型的 B. 充满变化的
C. 能够允许单独行动　　　D. 需要与人进行协作

3. 我希望自己的下属(　　　)。
A. 工作效率高　　　　　　B. 能力很强
C. 忠诚且有责任　　　　　D. 能接纳别人的建议

4. 对于工作我比较关注(　　　)。
A. 切实的工作结果　　　　B. 最优的解决办法
C. 新的解决方法　　　　　D. 良好的工作环境

5. 何时我能够很好地同别人沟通?(　　　)。
A. 书面沟通的过程中　　　B. 在一个面对面的场合
C. 小组讨论的过程中　　　D. 正式会议中

6. 在工作计划中我会强调(　　　)。
A. 目前所面临的问题　　　B. 所实现的目标
C. 未来的计划安排　　　　D. 员工的职业发展

7. 一般我会如何来处理问题?(　　　)。

A. 凭个人的直觉　　　　　　　B. 通过详细的分析

C. 寻求创新的方法　　　　　　D. 运用经过证实的可行方法

8. 我倾向于何种信息？（　　　）。

A. 事实陈述　　　　　　　　　B. 精确完整的数据

C. 涵盖多种选择　　　　　　　D. 有限且容易理解的信息

9. 当自己犹豫不决时一般会（　　　）。

A. 凭感觉选择　　　　　　　　B. 寻找一种折中的办法

C. 尽量搜集证据　　　　　　　D. 不到最后一刻决不做决策

10. 我总是会避免（　　　）。

A. 没有完成的工作　　　　　　B. 无休止的争辩

C. 数字和公式的使用　　　　　D. 与他人产生冲突

11. 我特别擅长（　　　）。

A. 记忆数据和事实　　　　　　B. 解决难题

C. 与他人进行协作　　　　　　D. 发现新的机遇

12. 当时间很紧急时我会（　　　）。

A. 快速决定和做出决策　　　　B. 依旧按部就班

C. 避免产生压力　　　　　　　D. 寻求外部支持

13. 通常在社交场合我会（　　　）。

A. 主动和他人攀谈　　　　　　B. 对别人所说的话展开思考

C. 观察将要发生的事情　　　　D. 不发表观点，仅仅聆听别人的谈话

14. 我擅长记住（　　　）。

A. 所到过的地方　　　　　　　B. 人的姓名

C. 人的外貌　　　　　　　　　D. 人的性格

15. 我的工作有助于我（　　　）。

A. 对别人的权力产生影响　　　B. 能单独面对挑战性的工作任务

C. 实现个人的目标　　　　　　D. 获得集体的接纳和认同

16. 我能和哪些人很好地一起工作？（　　　）

A. 思路开阔的人　　　　　　　B. 充满自信的人

C. 充满野心和活力的人　　　　D. 有礼貌且值得信赖的人

17. 在压力下我通常会（　　　）。

A. 产生焦虑　　　　　　　　　B. 能够专注于所遇到的问题

C. 灰心丧气　　　　　　　　　D. 变得健忘

18. 在其他人看来，我是一个什么样的人？（　　　）

A. 好勇斗狠　　　　　　　　　B. 循规蹈矩

C. 充满想象　　　　　　　　　D. 乐于助人

19. 我的决策风格（　　　）。

A. 现实且直接　　　　　　　　B. 系统且抽象

C. 广泛且富有弹性　　　　　　D. 能深切体会到别人的需要

20. 在工作中我不喜欢（　　　）。

A. 失去控制 B. 循规蹈矩

C. 工作沉闷 D. 被他人拒绝

每个选项按照一分统计进入评分表(表5-1-5),得分最高的那种类型,可能就是你所属的决策风格。

表5-1-5 评 分 表

选项	类型	得分
A	实践型	
B	分析型	
C	理念型	
D	人际型	

我的类型:＿＿＿＿＿＿＿＿＿＿＿＿

各型分析:

A. 实践型:你的办事效率很高,执行力也很强,做事一丝不苟,属于典型的实干者。

B. 分析型:你的办事效率较实践型来说偏低,为人办事稳健,办事沉着冷静,属于典型的砌墙者,能够做到按时上下班,具有一定的管理能力,但与此同时也具有一定的官僚主义。

C. 理念型:你的视野很开阔,创新意识也很强,做事不拘小节,但你的管理能力相对较差,且无法做到遵守时间规则。

D. 人际型:你的人缘很好,但缺乏主见,是个典型的跟随者,你适合做一些综合方面管理和基层管理工作。

测试2:决策能力小测试

决策能力是企业家维持其公司生存的必备素质。那么,你的决策能力如何呢? 请你结合个人的实际情况,完成以下测试,来看看自己是不是决策高手吧! 请你在符合的选项上打"√"。

1. 你会在决策前找出需要做出决策的问题吗?

A. 是的 B. 有时会 C. 不会

2. 在决策前你会尽可能获取多且真实的信息吗?

A. 是的 B. 是的,但无法获取到足够的真实信息

C. 从不

3. 你一般会草拟出备选方案,以便能够找到更多的问题解决方式吗?

A. 是的 B. 不一定 C. 你认为这样做太费时间

4. 你会召集熟悉相关业务的人参与决策中来吗?

A. 会的 B. 有时会 C. 从不

5. 你已经设置了决策机制来尽量使决策变得程序化吗?

A. 是的 B. 正在努力当中 C. 目前还未行动

6. 对于重大决策,你会让它在不同部门得到论证以降低风险吗?

A. 会的 B. 偶尔会 C. 还没有这样做

7. 当决策完全没有反对的时候,你会立刻去实施吗?

A. 大家一致赞同的意见肯定没问题

B. 多数情况下会马上实施

C. 不会马上做,担心其中会存在风险。

8. 当决策只有一种解决方案时,你会去执行吗?

A. 会的　　　　　　B. 有时会　　　　　　C. 不会

9. 你在做决策时,总是会表现得意志很坚定,却忽视了实际情况的复杂性吗?

A. 是的且也为此犯过错误　　　　　　B. 有时会这样

C. 不会,会综合考虑

10. 你会依据决策的难易程度来安排参与决策的人吗?

A. 很少会如此　　B. 有时会这样安排　　C. 会的

11. 你会设置一定的制约机制,来使管理者慎重对待个人决策吗?

A. 目前还没有想过这方面的问题

B. 已有这方面的想法,但还没有付诸实施

C. 已这样做了

12. 在群体决策的时候,你会奖励那些提出建设性意见的人吗?

A. 没有这样做　　B. 偶尔会口头表扬

C. 会同时进行精神和物质方面的奖励

结果统计:

1～6题:选 A 得 3 分;　　选 B 得 2 分;　　选 C 得 1 分。

7～12题:选 A 得 1 分;　　选 B 得 2 分;　　选 C 得 3 分。

我的得分:＿＿＿＿＿＿＿＿＿＿＿＿

结果说明:

A(12～20分):对于企业决策者来说,在他们最容易出现的问题的排序中,决策失误位列第一,由此可见决策很难。从测评结果来看,你的决策能力较差,需要采取更加合理的方式,来提高决策的正确性。

B(21～28分):测评结果表明,你的决策能力一般。有时,你能够自觉运用那些有利于提高决策准确性的程序,但由于目前还未建立起程序机制,你需要在此方面加强努力。

C(29～36分):测评结果表明,你是一位决策高手。一般而言,决策会伴随一些不可控的风险。因而,你在决策时需要慎重,以降低决策所带来的风险。

我的结果:＿＿＿＿＿＿＿＿＿＿＿＿

第二节　团队决策

 案例导入

一个食品厂的改造

在 A 城市的繁华地段,有一个食品厂。尽管该地段的客流量很多,但是该食品厂却还是出现亏损。通过分析发现,原来是这里的管理者经营不善所导致的。由于长期不盈利,该市政府领导想将它改造成

一个副食品批发市场。这样不仅能够给附近居民的生活带来便利，也能够产生一大批就业岗位，解决企业在破产后一大批下岗职工的安置问题。在集体开会通过方案后，领导就开始动员员工开始准备。他们为此做了一系列的准备工作，从前期项目的审批到建筑规划的设计等。

有一天一个员工到现场去勘察，发现那附近已经有了一个综合市场，该市场是由外地的一个开发商投资兴建的。它里面就有一个副食品批发市场，其规模也足够大，能够满足当地居民的生活需求。于是，该市政府的领导就陷入了两难抉择的境地。到底是否该继续前面的改建项目呢？如果继续进行副食品批发市场的改建，那么后期的盈利必然会有影响，甚至会出现亏损。如果现在就暂停此项目，那么前期所做的所有的准备工作就白做了，前期所做的投入就泡汤了。还没有完全想清楚的时候，该市政府又决定，将该食品厂的所在地修建为居民小区。但是，却没有对原食品厂的职工做出有效的补偿，导致该厂职工陷入了困境，这极大地影响了该城市的稳定性。

在以上案例中，尽管该市政府领导出于好心来解决问题，但由于做出决策比较仓促，没考虑清楚问题所涉及的因素，也没有调查现状，而做出了盲目的判断。通过此案例，我们可以知道：

（1）未充分进行市场调研。案例中的市领导在决定副食品批发市场项目前，缺乏全面细致的市场调查，做出盲目决策。

（2）未及时修订原决策方案。在外在条件发生重大变化时，该市领导没能对此进行认真分析，而是仓促做出新的决策，从而造成重大失误。

（3）没能把人放在首要地位。人的问题是领导决策得以实现的关键。如果仅从经济效益上考虑问题，而忽略了人的问题，那所引起的社会问题和社会矛盾，可能会付出更大的代价。

 理论梳理

通过前面的学习我们知道，决策对于创业者来说是非常重要的，它能够影响整个企业的发展。团队是人类活动普遍存在的形式，已经普遍被运用于人类的生活和工作之中。创业团队是企业发展的基础和核心，团队决策关系着企业的生死存亡。

那么，何为团队决策？团队决策具有哪些优缺点？当创业团队在进行决策的时候，一般会受到哪些因素影响呢？

一、团队决策的界定

（一）团队决策的概念

当今世界的大多数组织（比如政府机构、商业企业和研究机构等），在做出重大决策的时候常常需要依赖于团队决策。团队决策是指需要充分发挥集体智慧，通过群策群力来制定决策的过程。

正所谓，众人拾柴火焰高，团队的力量一般都优于个体的力量。针对大多数决策任务而言，团队决策的绩效常常都不逊于甚至要优于个体决策的绩效。目前，大部分组织机构在做大型决策时都会采用团队决策。例如，政府组织在做规划时，都需要采用团队决策来确保决策的可靠性和实用性。

（二）团队决策的重要性

一方面，团队决策是需要众人参与的，可以充分发挥团队成员的创造性，大家集思广益来形成群体智能。另一方面，团队决策综合了个人所长，能够有效提高团队的竞争力，也能够增加问题存在的可预见性,有利于整个创业团队防患于未然。

二、团队决策的优缺点

我们可以将团队决策的优缺点进行归纳如下,详情见图 5－2－1。

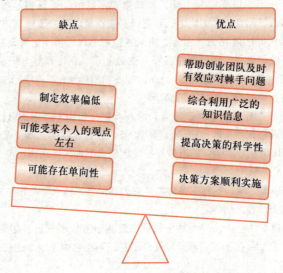

图 5－2－1　团队决策的优缺点

(一)团队决策的优点

第一,团队决策有利于充分发挥不同领域专家的聪明才智和相关经验,对决策问题提出建设性意见,这能够帮助创业团队及时有效应对棘手问题。通过领域专家的参与,及时发现决策方案中所存在的不足,从而有针对性地提出解决对策。

第二,团队决策有利于综合利用广泛知识信息。团队中的成员具有不同的背景,能够形成知识信息上的互补。他们可以通过信息共享,来获取到更多有用信息,形成更多的解决方案,不断丰富团队中的信息策略库。

第三,团队决策有利于提高决策的科学性。团队中的成员众多,大家可以采用集体研讨的形式,对某个问题及其解决方案展开深入讨论。通过充分发挥大家在思维方式上的差异性,来不断丰富问题解决方案,提高决策的科学性和合理性。

第四,团队决策有利于决策方案的顺利实施。由于团队中的成员具有多样性和代表性,他们会在综合考虑各方意见基础上形成某个策略方案,并得到团队中其他成员的一致认可。因而,在实际的实施过程中,团队决策能够容易得到各个部门的认可和支持,这有利于提高策略方案的实施效率。

(二)团队决策的缺点

团队决策虽然具有上述明显的优点,但也有一些不足。如果不加以妥善处理和规避,则会影响团队决策的质量。

第一,团队决策制定效率偏低。团队决策鼓励各方成员(领域专家、管理层、企业员工、客户等)积极参与其中并发表意见,力求能够得出令各方都满意的结果。但是,此过程有可能会因大家观点不一致,而导致讨论陷入无休止的争论之中,这会极大地降低团队决策的效率。

第二,团队决策可能受到某个人观点左右。在理想的状态之下,团队决策中每位成员都是处于同等地位的,大家积极发表意见并展开深入研讨。但是,在现实条件中,团队决策往往会因为某个人的观点(比如权威专家、公司老总、团队领导者等)而出现片面性。

第三,团队决策可能会存在单向性。在团队决策的过程中,管理者一般会对于自己部门相关的问题比较敏感,对于其他部门的问题则不是很关心,这样会导致其所制定的决策出现单一性。若是处理不当,则会发生决策偏离整个组织目标。

三、团队决策的影响因素

全面质量管理理论将影响产品质量的因素归纳为人、机、料、法、环等五个因素。其中,人是指制造产品的人员,机是指制造产品所用的设备,料是指制造产品所使用的原材料,法是指制造产品所使用的方法,环是指产品制造过程所处的环境。依据该理论,我们可以将团队决策质量的影响因素归纳为决策成员组成成分(人)、决策制定的方法(机)、交流共享的信息(料)、决策的制定过程(法)、制定决策的环境氛围(环)等五个方面。如图 5 - 2 - 2 所示。

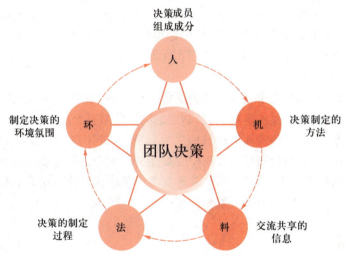

图 5 - 2 - 2 团队决策的影响因素

1. 决策成员组成成分

为了提高团队决策的科学性和合理性,团队成员需要具有多样化、多元化以及专业性等特征。多样性要求决策团队成员由多位成员组成,这旨在规避团队决策的片面性和主观性。多元化要求决策团队成员来自不同领域,可以包括领导层、管理层、员工层、外来专家等,具有不同领域背景的人能够从不同的角度来提出见解,这有助于团队决策的全面性,从而得出最佳的决策方案。专业性要求决策团队成员具有相关专业背景,而不是随便找些人就可以,这样旨在避免团队决策的随意性和不科学性。

2. 决策制定的方法

在团队决策的制定过程中,我们可以采用的方法有很多种,譬如头脑风暴法、专家研讨法、小组讨论法等。但是,每种方法都有其所适用的条件和使用流程,它们并不是通用的。例如,头脑风暴法要求参与者没有等级之分,大家能够无拘无束地提出观点。专家研讨法适用于问题明确的情况,大家能够针对某些问题展开深入讨论,而且对参加的人员具有一定的要求。因而,在团队决策的过程中,团队成员需要依据所提出的问题、决策的流程、团队成员组成成分等多方因素,来综合考虑用来制定决策的方法。

3. 交流共享的信息

决策的明确性以及效率需要基于所收集到的数据资料。若是所收集到的数据资料越多且越全面,则策略的制定过程就会越快,所制定的策略质量也会相应较高。而且,信息的差异化和专业化有利于促进认知冲突的形成。在解决认知冲突的过程中,团队成员会对所要完成的任务目标及方式达成共识。除了所收集到的信息多、信息具有差异化和专业性等要求外,信息的共享性也能够影响团队决策过程。一般而言,信息的共享度越高,基于此所制定的决策效果也会越好。

4. 决策的制定过程

决策制定过程的科学合理性是做出有效决策的保障。完整的决策过程,一般包括决策准备阶段、方案设计阶段、方案选择阶段、方案反馈阶段以及决策执行阶段。其中,在决策准备阶段,需要完成信息的搜集工作。在方案设计阶段,需要依据所收集到的信息展开需求的分析,据此得出问题解决方案及备选方案。在方案选择阶段,可以依据现实条件选择可能的几个方案,通过对这些方案的综合分析,从中选出最优问题解决方案。在方案反馈阶段,需要对解决方案展开反思,并据此修订其中所存在的不足。最后,需要执行决策方案。

5. 制定决策的环境氛围

在这里,环境氛围包括竞争对手所处的环境、企业面临的市场环境、团队的人际氛围等。一般而言,制定决策的环境氛围越复杂,所制定的决策效果就会越差。这些环境氛围因素会通过影响团队因素,来间接影响团队成员的决策。例如,若团队的人际氛围很紧张,大家彼此之间不相互信任,则在讨论问题的过程中有可能会因某个问题而陷入激烈的争论之中,这样就会影响决策的制定过程。因而,团队管理者需要尽量优化决策团队的环境氛围,以减少对团队成员的外在干预,提高团队决策的质量。

拓展阅读

团队决策的流程

团队决策的流程可以被归纳为全员参与、找出大家共同的希望、发现真正问题、列出可能方案、收集正确信息、把所有问题摆上桌面、撰写有助于实现共同希望的解决方案、选出解决方案、不断修订解决方案以及方案实施等步骤(图5-2-3)。

图 5 - 2 - 3 团队决策的流程

一个企业的内部会议：坦克 VS 汽车

A 公司在某次企业内部会议上，请了一位研究企业的专家来对员工进行培训，该专家在会议上做了一个实验。在该实验中，他拿出一个方块，该方块的一面是汽车，其背面是坦克。

突然，他将这个方块拿给参加培训的一位女员工看，并问她方块上面有什么。该女员工看了一眼该方块,并快速地回答上面是坦克。此时,这位专家摇了摇头,并说:"不对,你再看看。"该女员工又瞅了一眼方块,并回答道:"这不就是坦克嘛。"但专家依旧摇了摇头,并让她再仔细瞅瞅该方块。在再次观察了一番后,该女员工开始对自己产生怀疑,并小声说道:"怎么不是坦克吗?"该专家在听过她的回复后,说了句:"哎,你是怎么弄的?"

之后,该专家快速将此方块拿给其中的一位男员工看,并问他看见了什么。该男员工一脸疑惑地看着专家,并回答道:"我觉得就是坦克。"该专家在听到他的回答后,反问道:"我前面都说它不对,你觉得它还是坦克吗?"此时,这位男员工很郁闷地问他:"那您说是什么呀?"这位专家回答道:"我是在问你呀?"

在说完这句话后,专家又转向另一位员工,并问他的看法。当专家问完后,这位员工什么都不回答却一直在那笑。专家见状,就询问他发笑的原因。这位员工这才开口,并说:"我说一样"。专家在听完后,就好奇地问他什么一样。他刚开始还支支吾吾,最后在专家的再三逼问下说:"我说也一样,肯定是错的。"当专家转向第四位员工的时候,他干脆什么话都不说。

此时,大家都在底下窃窃私语:"这明明就是坦克,为啥他还一直在问?"

这时候专家将手中的方块举起来,并将它转了一个方向。大家顿时都安静下来了,方块上是一辆汽车。"这说明了什么呢?这说明了在不同的位置上,从不同的角度来看同一样东西,其结果可能会存在差异,所得出的结论也会不一样。"专家在说完这句话后,就分别去问刚刚的四位员工,他们在被批评之后的感受。第一位员工说:"我觉得老板非常不讲道理。"第二位员工说自己觉得很委屈。第三位员工说:"前面的两位员工说的明明是正确的,你却还批评他们,那我还说什么,我就不说了。"第四位员工回答道:"明哲保身,我就不说话了。"

等四位员工回答完了以后,专家说道:"很多领导都说平时开会底下的员工没有想法。其实,你是否想过在平时工作的过程中,他们也曾积极地提出自己的想法,但是你要么忽视了,要么就批评他们。所以他们索性就不开口了。"

在专家说完以后,参加培训的员工都陷入沉思。

通过以上案例,我们可以知道团队决策的重要性,团队决策的质量远远要比个人的决策风险要低。当在进行团队决策的时候,需要注意决策角度的重要性。当在进行团队决策的时候,要综合考虑多方的意见。比如,多听听团队中其他成员的意见,也可以去听听销售的意见,也可以去听听人力资源的意见。甚至于去跑跑市场,去了解客户的反馈意见。

尤其在企业的管理过程当中,更应如此。企业管理者需要照顾到企业中所有成员,不要总是打压他们,要善于给他们创造发表言论的机会。否则,团队中的成员变得不喜欢发表意见,这样企业就要出现大的问题了。甚至于有些员工会觉得这不是自己的企业,而选择离开了。

拓展活动

请你认真观察图5-2-4,并思考她是一个老年女性的头像还是一位年轻女孩的头像呢?在观察完了以后,请将你的观点与班级同学进行分享。并请说明通过此案例你获得了哪些启发。

我的看法:

_____

_____

_____

BEFORE 6 BEERS

AFTER 6 BEERS

图 5 - 2 - 4 双面头像

我的反思:

_____

_____

_____

实践与拓展

假如你现在想要通过互联网来创业,那么你想在哪个领域进行创业呢? 你想创业的企业的名称是什么呢? 以及你对该企业的未来发展规划是怎样的呢? 请你带着这些问题,上网查阅相关资料,并完成企业定位的表单。当然,一个企业成功创办,离不开团队成员的努力,而团队决策在创业过程中是至关重要的。请你依据自己的实际情况,选出你认为优秀且适合的人员,并对他们在团队决策中所扮演的角色展开分析(表 5 - 2 - 1、表 5 - 2 - 2)。

表 5 - 2 - 1 企 业 定 位

所在行业	企业名称	未来发展规划

表 5 - 2 - 2 决策团队的组成

决策团队成员名称	在团队中所扮演的主要角色	安排的理由

第三节　创业团队决策的过程模式分析

 案例导入

联想发展战略的制定

联想在收购曾经的 PC 巨头 IBM 后，就列入了 IT 豪门行列。但是，联想的最终结局会如何呢？

在联想收购了 IBM 后，惠普公司 2005 年在台湾地区打出了"连想，都不要想"的广告。很明显，惠普公司将它的竞争对手锁定为联想。尽管此举并非是惠普总部的本意，但是仍然可以从中感觉到世界 PC 市场对于联想收购案的关注，以及在 PC 市场上所存在的竞争。

长期以来，国内的 PC 市场一直都发展得非常艰辛。尽管自 2001 年前后，国内品牌 PC 的销量在开始逐年上升，但是相较于国外的市场需求来说，仍然显得微不足道，公众的需求依旧是非常有限的。然而，反观国际的 PC 市场，会发现品牌 PC 还是有比较宽裕的市场空间，品牌的密集度也远远低于国内。与此同时，国内的 PC 生产商需要考虑到，PC 更新换代的速度是非常快的，且当时软件的消费成本是非常低廉的。随着笔记本电脑的不断降价，严重阻碍了台式电脑的市场发展。而且，同国外的 PC 厂商相比，国内的笔记本电脑的生产能力和销售能力是偏低的。而 IBM 的笔记本的生产和研发技术一直都是位于行业之首，它的品牌知名度在市场上的接受度是比较高的。此时，联想收购 IBM 无疑对自己的发展是非常有利的，不仅有助于打开自己的国际市场，也有利于自身产品的生产和更新。

联想在自己发布的分析报告中也声称，在自己收购 IBM 的 PC 业务之前，它的大约 3% 的收入主要来自国外。如果自己想要凭借一己之力来打入欧美市场，那无疑是得不偿失的。但是，收购 IBM 对于它们打开欧美市场这一目标的实现是非常有利的。第一，联想可以基于 IBM 的产品研发技术的优势，来不断优化自己的产品。第二，联想可以借着 IBM 的品牌知名度，来提升自己的国际地位。第三，联想可以基于 IBM 已有的销售渠道和销售体系，来加快自己的国际化步伐。第四，联想可以学习国外先进的管理经验和市场经验。由此可见，这对于联想的发展无疑是非常有利的。

但是，我们再反过来看一下，会发现联想此举也会存在一定的风险。第一，就是关于企业的管理。在收购 IBM 之前，联想还是不擅长国际化管理的，那么它的现有管理模式和管理方法是否依旧适用呢？第二，就是关于资金的承受。在花费巨额收购 IBM 之后，联想需要投入大量的资金来维持现有企业规模的发展，它是否能够承担得起这么庞大的支出呢？第三，就是关于客户关系的维护。尽管 IBM 拥有自己庞大的客户关系和群体，但是联想品牌能否继续保住这些原有的顾客的忠诚度呢？第四，关于市场的竞争。联想在收购 IBM 之后，它所受到的关注无疑要比先前更大，其所需要面对的竞争压力无疑也会加大。那么，联想能否成功地应对这些压力呢？很明显，联想要想在收购 IBM 之后获得成功，就需要解决掉以上的诸多问题。

通过以上的案例，我们可以知道企业的正确有效决策是非常重要的。它在给企业带来好处的同时，会伴随着一定的风险。创业者需要结合当时所面临的实际情况，来做出最佳的决策。对于决策所带来的风险，我们需要具有很好的预见性，最好能够提前预见到，并能够制定出有效的应对措施。

 理论梳理

一般而言，创业团队决策的过程模型包括四种，分别为头脑风暴模式、基于专家参谋的模式、基于愿景驱动的模式以及基于情感支持的模式，它们所使用的阶段不完全一致。其中，在创业起初阶段主要使用基于专家参谋模式；在创业发展阶段，这四种决策模式都要使

用且无差异;在创业过渡阶段,主要使用基于情感支持和基于愿景驱动的模式。那么,这四种决策模式分别是怎样的呢? 接下来,我们将展开具体学习。

一、头脑风暴模式

(一)头脑风暴模式的界定

1. 头脑风暴的概念

头脑风暴(brainstorm)是亚历克斯·奥斯本于 1941 年所提出的一种群体决策方法,它以独特的规则来不断激发人们的创新思维和创造能力。它通过将一群人聚集在一起,共同就某个问题展开深入讨论,在讨论的过程中成员会自发地发表观点,据此找到解决该问题的方法。当某人在发表观点的时候,不允许他人对他的观点进行评论,只有当头脑风暴会议结束后才能进行点评。该方法的最大好处在于,它能够激发人们的创新想法。

头脑风暴的决策模式是指在团队决策时,在程序上先不由领导发表意见,而是由团队成员来充分发表观点和做出判断,并且整个团队成员会进行深入研讨,领导在整个决策过程中只起到一个召集人和协调人的作用。

2. 头脑风暴的几种方式

(1)先由团队成员对问题及情况进行深入探讨,在充分讨论后大家形成一致意见。据此团队成员会达成共识,从众多的方案中挑选出一个令大家都信服的方案。

(2)采用少数服从多数的原则,需要团队成员对问题及解决方案进行充分讨论,然后大家会采取投票的方式来决定最终的解决方案。

(3)首先会对团队成员的意见赋予一定的权重,然后由领导依据各成员的判断和选择对其进行平均值计算,据此来形成最终的团队决策。

(二)头脑风暴决策模式的特征分析

总体而言,基于头脑风暴的决策模式,全体团队成员对决策所产生的影响比较平均,即没有哪一类特征的团队成员会发挥支配性的影响作用。

1. 创业阶段与头脑风暴模式特征的关系

在创业初期,因为团队还处于较为平等的状态,层级特征还不明显,此时团队中领导的影响力还未形成。但是,创业团队成员的交换行为会较强,他们会采用头脑风暴决策模式,为思想的交换分享奠定基础。在各个创业阶段,创业团队都会使用此决策模式。通常来说,头脑风暴决策模式特征在每个创业阶段都没有明显的变化,它们会具有一定的稳定性。

2. 创业绩效与头脑风暴模式特征的关系

头脑风暴决策模式的主要优势在于,能够优化团队决策所形成的观点,并提高决策结果的质量。随着决策结果质量的不断提高,团队成员对于决策过程的满意度也会不断增加。这有利于增加团队成员对于决策结果的认同度,能够有效促进决策的落实。因而,头脑风暴模式有助于提高团队的创业绩效。

在创业过程中,相较于决策质量对于创业业绩的影响来说,决策的实施过程可能会比其更能影响创业绩效。头脑风暴决策模式能够增加团队成员的参与度,有助于提高团队成员对决策过程的满意度,以及增加团队成员对决策结果的认同感。头脑风暴模式能够提高团队成员的参与积极性,而创业绩效基本上是通过人们的主观能动性和努力来实现的,因而此模式能够提高创业绩效。

二、基于专家参谋模式

(一)基于专家参谋模式的界定

在基于专家参谋的决策模式中,决策程序为,团队领导先同新引入的各领域专家们进行接洽,主要就相关决策信息进行沟通。此程序的主要目的在于,让领域专家能够充分表述自己对于决策问题的看法。在此过程中,团队领导可以向领域专家学习与决策问题相关的专业知识,领域专家可以通过团队领导了解关于创业团队和企业经营等信息。通过团队领导和领域专家之间的深入沟通,会加深领域专家对于与决策问题相关的背景信息,有助于他们能够提出更加专业和客观的见解。

在此决策过程中,团队领导与领域专家往往能就决策问题有针对性地提出解决方案,并能对方案形成一致意见和达成共识。这能够在极大程度上提高决策结果的质量和推广性,有助于极大促进后续全体成员对于决策方案的研讨。

(二)基于专家参谋模式的特征分析

在创业初期以及发展阶段,创业团队更多采用基于专家参谋的决策模式。但在创业的过渡阶段,此模式的使用率要显著低于创业初期以及发展阶段。在创业之初,创业团队会面临市场细分、人员规模扩充等问题。此时,团队成员具有共同的价值观和创业理念。为了提高决策效率和质量,创始人需要根据团队人员在知识、技能、专业等因素方面的不足,及时去招募外来专家。但是,需要注意的是这些外聘人员的专业性和兼容性,要确保他们是整个创业团队目前所急需的,能够有效帮助解决业务和人员的选择等问题。

此外,创业团队在某些方面是有别于其他企业的管理团队或项目团队的。创业团队具有共同的创业理念和创业目标,是基于情感支持的一致性而组建起来的。在不缺乏情感一致性的情况下,认知差异性的重要作用就得到体现。当具有很高的情感一致性时,认知差异性和认知冲突容易被接受,难以引发决策绩效降低时的情感冲突。然而,认知冲突本身是有利于提高决策绩效的。所以,在创业初期和发展阶段,团队成员喜欢采用基于专家参谋模式,通过听取专家意见来获取更优的决策对策,以能够不断提高企业的创业绩效。

三、基于愿景驱动模式

愿景是由组织领导者和组织成员所共同形成的,它会受到组织领导者和组织成员的信念以及价值观的影响。它描述了组织及其成员实现未来目标的想法,能够领导和影响组织及其成员的行为。它是有别于目标的。目标总是会伴随着一系列的行动规划和实施方案,是可以通过努力来实现的。而愿景是使命的具象,是与价值观相联系的,能够指引组织及员工不断前进。目标的实现是为企业愿景服务的,企业愿景的设定有助于明确企业的发展目标。

在基于愿景驱动的决策模式中,一般先由团队领导阐述个人对于创业决策问题的看法。然后,他们再与创业团队成员进行研讨。该模式的特点在于,团队领导具有非常清晰明确的创业愿景,能够很好地为创业活动的未来发展规划蓝图。并且,团队领导能够将创业愿景在团队决策中清晰表达出来。通过说服团队成员来极力认同这些创业愿景,之后就能围绕此愿景来制定和执行相关创业活动决策。在此模式中,领导的创业愿景及其团队影响力是影响决策的关键因素。

基于愿景驱动的决策模式的使用,会随着创业过程的开展而不断增加。在创业的过渡阶段,该模式的使用率则要明显多于创业初始阶段和发展阶段。这主要是因为在创业的过渡阶段,企业会面临业务拓展和人员选择等问题。但是,此时创业团队的人员结构已具有一定的层级化,领导的影响力也已经确立了。在创业过渡的关键时期,领导的作用通常会更加明显,会较多体现出基于愿景决策模式的特征。

在创业活动中,基于愿景驱动模式是有利于决策策略的有效执行的。在决策过程中,领导所提出的具有普遍认可度的愿景,能增加团队成员对于决策过程的满意度,从而能够增加对决策结果的认可度,不断提高团队的创业绩效,这对于决策的有效实施是非常有利的。

四、基于情感支持模式

在基于情感支持模式中,团队决策程序为,领导先同创业团队中的老成员接洽,主要就决策信息进行沟通。与此同时,也需要进行决策问题的情绪体验、态度感知等。这些老成员由于对创业团队及其事业的忠诚,会不断提供自己的情感支持和智力支持,并积极参与决策过程来提出个人观点。领导和团队老成员之间进行有效沟通,能提出用来解决决策问题的方案,大家也会对此方案达成共识。这能够在极大程度上提高决策结果的质量和推广性,有助于极大促进后续全体成员对于决策方案的研讨。

基于情感支持的决策模式的采用,在创业阶段上的变化是直线上升的,且三个阶段两两之间的差异很显著。基于情感支持的模式与基于专家参谋的模式在创业阶段上的变化情况却正好相反,它们在界定上也是两种相对的决策模式。基于专家参谋的决策模式,是以新加入的领域专家所提出的意见作为决策的基础,并对具体观点赋予一定权重,其对决策的影响主要在认知方面。基于情感支持的决策模式则正好相反,它是以创业团队中的老成员的情感支持作为决策基础,其对决策的影响主要在情感价值观等非认知方面。

在创业过渡期,创业团队成员中会出现老成员,他们与领导之间存在着特殊的关系。团队领导交换行为相比其他成员的团队行为来说,会更加明显。在基于情感支持模式中,团队老成员在团队决策中发挥重要作用,会更表现出基于情感支持的决策特征。

拓展阅读

德 尔 菲 法

德尔菲法又称为专家调查法,是 1964 年由美国兰德公司创始实行的。之后,便快速地应用于其他国家。德尔菲法的应用领域是非常广泛的,可以应用于科技、军事、医疗保健、教育等诸多领域。它不仅可以用来进行领域预测,也可以用来评价、决策和规划工作。

一、基本特征

从本质上来说,德尔菲法是一种反馈匿名函询法。它的大致流程是,在对所要预测的问题征得专家意见后,就对专家的意见进行整理、归纳和统计,然后再匿名反馈给相应的专家去征求他们的意见,如此反馈循环直至获得稳定的意见。它具有三个明显区别于其他专家预测方法的特点,分别为匿名性、多次反馈和小组的统计回答,详情见图 5 - 3 - 1。

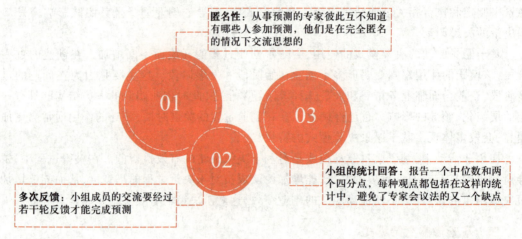

匿名性:从事预测的专家彼此互不知道有哪些人参加预测,他们是在完全匿名的情况下交流思想的

小组的统计回答:报告一个中位数和两个四分点,每种观点都包括在这样的统计中,避免了专家会议法的又一个缺点

多次反馈:小组成员的交流要经过若干轮反馈才能完成预测

图 5 - 3 - 1　德尔菲法的特征

二、工作程序

德尔菲法的调查过程会涉及预测活动的组织者和被挑选出来的专家,用来辅助这二者之间的沟通工具是调查表。但是,德尔菲法中所使用的调查表有别于普通的调查表。这主要是在于普通的调查表只是要求被调查者来回答问题,而德尔菲法的调查表除了要求被调查者进行作答,也会要求被调查者提供信息。

其中,德尔菲法的程序是以轮来进行说明的,在每一轮中组织者和专家都会有各自不同的任务:

第一轮:首先,由组织者将开放式的调查表发给专家,需要注意此时的调查表上只提出预测问题。然后,由专家围绕该预测主题提出预测的事件。待专家反馈了调查表后,预测组织者需要对这些调查表进行统计汇总,排除掉其中的次要事件,形成一份完成的预测事件表,并再次发给专家。

第二轮:首先,由专家对收到的调查表进行填答,对其中所列的每个事件进行评价。在专家填答完了之后,就分别发送给预测组织者。之后,由预测组织者对这些调查表上的信息进行统计汇编,整理出第三张调查表,并再次发给专家。此时,调查表需要包括事件、事件发生的中位数和上下四分点,以及事件发生时间在四分点外侧的理由。

第三轮:在专家收到调查表以后,需要重申争论,对上下四分点外的对立意见进行点评,结合前面的信息给出自己新的评价。此时,专家也可以修订自己的观点,但是在修订的同时需要陈述其中的缘由。在专家作答完成后,就可以将新的调查表反馈给预测组织者。预测组织者在收到专家反馈的调查表之后,就需要统计中位数和上下四分点。与此同时,也需要对专家的观点进行重新统计,形成第四张调查表,并再次反馈给专家。

第四轮:专家在收到第四张调查表后,需要再次进行评价和作出新的预测,并将其反馈给预测组织者。待组织者收到调查表后,所需要完成的任务同上。

在德尔菲法的实施过程中,我们需要注意并不是所有的预测事件都会经历四轮,具体需要视实际情况而定。在全部调查结束后,若专家对各事件的预测没有达到统一,组织者可以运用中位数和上下四分点得出结论。

三、预测结果的表示

关于德尔菲法的预测结果，我们可以采用表格、直观图或文字叙述等形式来表示。

相关链接

愿景驱动　灵活应变

现如今，任何一个企业的发展都离不开创业团队。在国际上已有相关研究表明，就新创企业的存活率来说，创业团队所支持的比个体所支持的存活率明显要高。由此可见，创业团队在整个创业活动中的作用是不可替代的。

创业团队的组建需要参照：第一，要具有共同的创业愿景和价值观；第二，创业团队成员的能力需要互补；第三，领导者要具备丰富的经验和才能；第四，需要具备一定的创业资源。

例如，小米科技创业团队 2018 年的数据显示，它的手机出货量达到 1.2 亿台以上，占据全球市场份额的 8.7%，排名全球第四、中国厂商第二。它的创业团队一共有七名成员，它的总裁是雷军，雷军很具有领导才华，他相当于是小米的灵魂人物。整个团队的七个人分别来自不同的领域，拥有着不同的工作经历和背景，在创业资源、创业能力和创业知识等方面形成互补。小米自开创以来就发展得非常快，这与大家具有共同的创业愿景是分不开的，即用手机来取代电脑。在小米创立之初，他们就形成了共同的创业目标，即要将企业做成世界500 强。在共同的创业愿景和创业目标的驱动之下，六个人跟随着雷军的强有力领导，同心协力，共同奋进。

再来说一说手机市场占有率位居世界第二的华为公司。1987 年，任正非带着自己的创业团队创办了华为，发展到现在已经 30 多年了。华为致力于实现未来信息社会、构建更美好的全联接世界，任正非率领几十万名员工，踏踏实实走了这么多年。可以说，华为的成功离不开创始人任正非，任正非和华为是相互成就、共同成长的。

任正非具有很强的领导力，该领导力的核心在于他自己非常清楚企业的发展目标。在实际操作中，任正非也确实身体力行，不断致力于为客户创造价值。他通过一个又一个实际行动，不断向企业员工传递这样一个奋斗理念，即华为的员工需要为公司使命的实现而努力。

在任正非看来，如果要想去吸引和留住顾客，需要提供优质的产品和服务。在华为创立之初，它的产品确实不如竞争对手所提供的产品。对于这一点任正非心知肚明，于是他便另辟蹊径来吸引客户。对于顾客所提出的需求，华为公司总是能够做到 24 小时随时响应，它的这种做法是有别于西方公司的。尽管西方公司的技术和产品很新进，但是他们却极大地忽视了服务这一项。华为公司也凭借自己的优质服务，为自己赢得了实实在在关心顾客的美誉。与此同时，也为自己赢得了极大的竞争优势。

与任正非接触过的人都知道，他是一位充满激情的人。他时刻都将公司使命放置于心，在实际中也确实身体力行，努力将公司的目标转化为公司的愿景。在努力实现公司愿景的过程中，他不断地通过实际行动来证明自己的战略规划能力，并根据公司的实际情况来调整公司的愿景。任正非的管理是灵活多变的，但是他从来不会偏离公司的发展目标和价值观。他总是关注未来，很少停留在过去。他善于用批判的眼光去审视过去，同时也能够在一定程度上预知未来。这也促使他形成了这样一个优点,总是能展望出十年后华为会变成的样子。

正所谓,江山代有才人出,各领风骚数百年。这在任正非身上得到了体现。任正非依据个人的经验,为华为制定了最为有效的战略,带领华为通过了三个阶段的发展,让华为成为一家具有全球影响力的企业。

第一阶段(1987年至1997年):华为处于创业初期。要想提供高质量服务,只能靠艰苦奋斗。

第二阶段(1997年至2007年):华为与IBM合作,建立了自己的管理架构。通过与IBM合作,华为学习西方公司的最佳实践方法,引入了更加全球化的视角。任正非对此有着清晰的认识,他要求华为全体员工在工作中采用从IBM引入的美式实践。但如果不合脚,就要"削足适履"。

第三阶段(2007年以后):与第一个阶段的混乱相比,在第二阶段决策周期更长。此时,它的战略是简化管理,吸引优秀人才,通过有效创新成就客户梦想。

案例分析:

华为在发展过程中,创始人非常注重公司愿景的设置。在具体的发展阶段,通过愿景驱动来制定发展决策。也正是因为如此,华为企业才研发出了让用户满意和乐于使用的产品,提供更优质的服务,不断缩短与发达国家的差距。随着华为的不断发展,它所处的地位以及面临的状况在不断变化。它在2017年重新确立了公司的愿景和使命:把数字世界带入每个人、每个家庭、每个组织,构建万物互联的智能世界。目前,华为已经通过自己的不断努力,成功进入世界500强。

拓展活动

1. 基于愿景驱动模式的利与弊

请你结合前面所学的内容,分析基于愿景驱动的决策模式的优点和缺点(表5-3-1)。当然,你也可以通过上网查阅相关资料,或者阅读相关书籍找到答案。

表5-3-1　基于愿景驱动模式的利与弊

优点	缺点

2. 专家参谋模式的利与弊

请结合前面所学的内容,分析基于专家参谋的决策模式的优点和缺点(图5-3-2)。当然,你也可以通过上网查阅相关资料,或者阅读相关书籍找到答案。

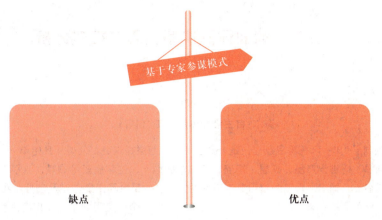

缺点　　　　　　　　　　　　　　　　　　优点

图 5 - 3 - 2　专家参谋模式的利与弊

3. 基于情感支持决策模式的利与弊

请结合前面所学的内容,分析基于情感支持决策模式的优点和缺点表 5 - 3 - 2。当然,你也可以通过上网查阅相关资料,或者阅读相关书籍找到答案。

表 5 - 3 - 2　基于情感支持决策模式的利与弊

优点	缺点

实践与拓展

辩论:头脑风暴模式的利与弊

请大家依据观点分成两组,要求每组人数相等。在分完组后,两组就"头脑风暴模式的利与弊"为主题展开辩论。要求辩论时长为 10 分钟。辩论完后,教师分别对两组刚才的表现进行点评。在整个辩论环节结束后,请你结合刚才的辩论过程,对创业团队组建的优点和缺点展开思考见表 5 - 3 - 3。

表 5 - 3 - 3　头脑风暴模式的利与弊

利	弊

第四节 创业团队决策的思考模式分析

 **案例导入**

海尔:自主经营体和员工"创客化"

海尔集团公司于 1984 年在青岛创立,是一家生活解决方案提供商。公司从开始单一生产冰箱起步,拓展到家电、通讯、IT 数码产品、家居、物流、金融、房地产、生物制药等领域,从制造产品逐渐转型为制造创客的平台。公司旗下青岛海尔和海尔电器两大平台,聚合了海量创客及创业小微。2017 年,海尔集团董事局主席张瑞敏强调,近年来海尔一直在研究作为一个传统工业企业如何实现转型。张瑞敏认为,要用互联网思维来升级传统制造行业。与此同时,他也结合新的时代发展,提出了一些全新的企业经营管理理念。

第一,分布式管理。张瑞敏认为,企业总体来看就相当于一个平台,用来进行资源的整合和运作,最终形成一个生态圈。

第二,自主经营体。该自主经营体是属于人单合一的双赢模式,是以用户为中心的。通过运用会计核算系统,去核算企业每位员工为公司所创造的价值。然后,依据所创造的价值来进行企业价值分享,从而形成"双赢"的局面,这有助于企业员工的自我驱动。目前,该自主经营体已经在海尔内部推行开来。

第三,员工"创客化"。随着国家双创扶持政策的不断推出,市场上出现了很多的创客。在互联网时代,员工的创造性需要得到极大的发挥,海尔集团也极大地鼓励员工的创造行为。它提供专门的创业基金和有合作的投资公司,用来支持员工的"创业行为"。只要你有好的想法或者创意,你就可以跟公司申请资金资助,以及成立专门的项目小组,去将你的想法给落实出来,形成一个个实实在在的产品。这样,海尔就变成了一个创业集合体,它的业务范围会不断地扩大,盈利的渠道也会得以拓宽,而不仅仅限于家电行业。需要注意的是,目前海尔的很多新型公司都是员工的创业成果。

第四,"去中心化"领导。该条理念旨在于提倡每个人都是企业中心,大家都应该有主人公的意识,参与企业的发展过程之中。它会让消费者成为信号弹,引导企业员工主动去提升自己,以主人公的姿态去做事情。这样有利于企业的"去中心化",不再以某某人为核心,每个人都变成企业的核心。

第五,利益共同体。让企业员工和自己形成利益共同体,能够极大地增加员工的责任感和归属感。利益共同体的建立,是基于员工为企业的价值创造。只要你为公司创造了极大的价值,你就可以来分享这超越的价值。

如今像海尔这种传统的企业,已经在用互联网思维来做自己的产品和服务,也运用互联网思维来实现企业管理。依据 2018 年 12 月世界品牌实验室编制的 2018 世界品牌 500 强名单,海尔集团在其中位列第 41 位。它的这种敢于突破自己,敢于创新的做法是值得现有企业去借鉴和学习的。

 理论梳理

一、创业团队决策思维模式

创业过程充满未知性和挑战性,需要创业团队做出一定的决策。有相关研究表明,处于初创期的创业公司的创业者的决策思维模式存在特殊性,它不同于传统的管理决策思维模式。那么,传统管理决策思维模式具有哪些局限性呢? 对于处于新时代的创业团队来说,又需要进行哪些方面的决策思维转变呢？

（一）传统管理决策思维的误区

传统的管理决策思维模式，强调要以目标为导向，基于产业竞争状况、行业发展现状以及企业的现状等因素，来进行决策问题分析并提出对应解决策略。依照此种决策思维模式，创业者不仅仅需要考察众多信息，也需要据此形成很多观点，还需要对他人的观点展开评判。在现实条件中，创业者往往没有太多的时间和资源去获取这些信息。

在传统的管理思维模式中，人们的思维模式主要存在三大误区：

第一，从自身角度出发进行考虑。在传统的团队决策过程中，缺乏网络信息技术的支持，人们喜欢从自身角度出发，结合个人的相关经验、知识能力和资源途径等因素，来对决策问题展开分析，并据此形成具体的解决对策。但随着网络技术的发展，人们可以获取的资源信息以及专业支持在增加，要求人们能够形成互联网思维，能够多从用户角度出发，围绕产品的定位、研发、销售以及服务等整个产品链，建立起"以用户为中心的"的企业文化，做到深度理解用户。

第二，问题分析缺乏全面性。随着大数据技术的快速发展，强调人们要运用量化的思维来分析问题。然而，在传统的思维模式中，由于信息共享的机制存在缺陷，人们所获取的信息往往偏向片面化，这导致其对问题的分析和思考不具有全面性。而且，大多数人缺乏逆向思维。思维的垂直化、直线化，容易形成具有单项性的结论。时代经济思维模式的不断更新，要求人们能够综合考虑各方因素，充分运用数据思维深入分析问题，得出具有客观性、精细化以及综合性的问题解决方案。

第三，决策思维受到习惯干预。当处于决策思维模式中时，部分人喜欢依据个人经验来展开思考，难以逃离个人的思维常态。还有部分人具有很强的"从众心理"，他们喜欢遵从权威人士、专家学者、领导等人的观点，而严重忽视了个人的真实想法。以上所述的两种情形，对于问题的解决是存在严重弊端的。现如今，创新创业的时代发展要求人们具备"颠覆性思维"，能够不断挑战现状，让自己能够逃离思维习惯。

（二）创业团队决策思维的转变

在日常的思维过程中，人们会有两种常见的思维模式，分别为垂直思维和平行思维。相应地，创业团队决策思维的转变也分为垂直思维的转变和平行思维的转变。

1. 垂直思维的转变

垂直思维又称为逻辑思维，它通过运用传统的、合乎逻辑的思维方法来解决问题。该思维方法讲求循序渐进，每个思维步骤及阶段都是规定的。具有此种思维模式的创业者，会倾向于向具有较高可能性的方向发展。

通过此种思维模式所得出的结论，往往具有较高的普适性和正确性。而且，此种思维方法有助于创业者规避逻辑推理过程中所存在的误区。然而，此种思维模式需要基于一定的前提，也需要提前进行问题假设，但整个现实世界是处于不断发展之中的。如果难以接受事物的变化，便会导致难以形成新的观念。具有此种思维模式的人，做事喜欢基于过去的成功经验，不喜欢外界所发生的新变化、新事物，这容易导致他们形成思维惰性。

但是，创业本就是一条需要不断挑战自我、不断突破自我的崎岖之路。此种思维模式难以满足创业者及其团队发展的真实需求,要求创业团队的思维决策模式发生转变,即由垂直思维转向混合式思维,即垂直思维和平行思维的混合。

2. 平行思维的转变

平行思维又称为设计式思维,是用来管理思维本身的一种方法,属于创造性的思维。它将人类的思维从不同侧面和视角进行分解,允许人们能够从不同角度来认知某个问题,能够对该问题进行分层考虑,而不用同时考虑多个因素。

当创业者运用平行思维时,要能够跳出原有的认知模式,打破个人的思维定式,进行创造性思考和建设性思考。从而,该思维模式有助于创业者看见更多的可能性,有效帮助他们避免创业团队进行无意义的争论。

关于平行思维和垂直思维之间的区别,详情见表5-4-1。

表5-4-1 平行思维和垂直思维的区别

项目	平行思维	垂直思维
关注点	是什么	可能会成为什么
思考模式	批判式思考	建设性思考
所形成的观点	非此即彼	相互兼容
结果/影响	质疑、争论	理解、创造

二、六顶帽子思考模式

在现实生活和工作之中,当某人提出一个新观点或者新想法的时候,大多数人会本能地来判断为"行"或者"不行"。并且,会据此来陈述个人的理由,双方可能会陷入长时间的争论之中。这样不仅会造成沟通的效率低下,还会影响整个团队的和谐氛围。为了避免此种情形发生,我们可以采用六顶帽子思考模式。

(一)六顶帽子思维模式的界定

1. 六顶帽子思维模式的概念

六顶帽子思维模式是一种平行思维工具,也是一种创新思维工具,他是由英国学者爱德华·德博诺(Edward de Bono)博士所开发的一种思维训练模式。它能够有效指导团队成员之间的沟通,增加团队成员之间的信任和协作。它分别用六种颜色代表六顶帽子,分别行使六种功能,用来指引人们的思维过程。

第一顶:白色帽子代表数据和信息,它追求客观、公正,强调分析处理信息的技巧。

第二顶:红色帽子代表人的感觉和情绪,它强调在选择时需要考虑感性因素,能够引导人们做出决策。

第三顶:黑色帽子针对困难和风险,它关注存在的问题或者不足,并要进行逻辑错误评估。它通过形成真实合理的可行方案,帮助人们解决问题和控制风险。

第四顶:黄色帽子象征着价值、乐观和希望,它通过深思熟虑得出结论,能够对黑色帽子思维形成补充。

第五顶:绿色帽子代表创新创造和可能性,该顶帽子是我们的创意帽,能够不断引导我们进行创新突破,获得创造性的解决方案。

六顶思考帽决策模式

第六顶：蓝色帽子代表管理思维的过程，它相当于一个主持人，能够指挥整个团队的思维过程，促进整个团队的决策过程。

六顶帽子思维模型如图 5－4－1 所示。

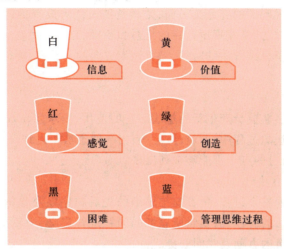

图 5－4－1　六顶帽子思维模型

2. 对于创业团队决策的作用

六顶思考帽是一种创新思维工具，为人们之间的沟通协作提供参考框架，可以用于企业的会议、沟通以及决策等各个环节，能够有效改善企业文化，提高企业的管理效率。它对于创业者的促进作用主要表现如下：

（1）提供一种动态积极的参与氛围，有助于创业团队成员提出富有建设性的观点。

（2）团队成员能够聆听别人的观点或者思路，减少团队成员之间的意见冲突。

（3）支持团队成员从不同的角度思考某个问题，有助于提高策略解决方案的科学性和有效性。

（4）有助于团队成员发现问题新视角，从而发现新的商机。

（5）有助于培养团队成员协同思维的能力，大家通过群力群策来形成群体智能。

（二）六顶帽子思维方法的注意事项

1. 白色帽子思维方法

它能够帮助创业团队成员充分搜集数据信息，据此来做出相应的决策。当创业团队在使用白色帽子思维方法的时候，需要保持中立、客观的态度，无须将个人的主观价值判断掺杂在其中。此方法的有效使用，需要有一个可用来衡量事实的工作。例如可以运用白色、浅白色以及灰白色等不同的颜色，来区分不同层级的事实情况。

2. 红色帽子思维方法

它有助于团队成员能够积极认识到感觉所存在的合理性，有助于每个人能够将个人感觉表达出来。当创业团队成员在使用红色帽子思维时，有助于他们释放情绪和增进彼此了解。但是，使用者需要在 30 秒内给出回答，不要证明或者解释个人的感觉。

3. 黑色帽子思维方法

它有助于人们发现所存在的不足。当创业团队在做决定之前，团队成员可以通过运用黑色思考帽,专注于寻找潜在的风险和不足,不断完善问题解决方案。使用黑色帽子思维方法时,要求人们具有一种强势思维。

4. 黄色帽子思维方法

它有助于人们发现问题的有意义一面,尤其是别人认为没有价值的事情上。创业团队可以通过使用此思维方法,来发现所存在的机遇和积极的东西,尤其是当遇见困难或者挫折的时候。使用黄色帽子思维方法的时候,需要注意方向的一致性,要能够理性且现实地看待问题。

5. 绿色帽子思维方法

它能够帮助创业团队成员产生新的想法。它的使用,要求团队成员能够专注于新想法的构思。在构思新想法的过程中,不对已经发表出来的想法予以评价,这旨在于能够促进人们的创造性思维,将所有的点子都能够被列出来。

6. 蓝色帽子思维方法

它负责调控思维的整个过程,负责安排思维的先后顺序以及具体的时间安排。当创业团队在使用该思维方法的时候,需要对所思考的问题进行定义,为整个思维过程确定方向,需要综合考虑需要思考的方面及时间安排。

(三)六顶帽子思维模式的应用

关于六顶帽子思维模式的理解误区在于,仅仅将思维区分为六种颜色,但其实关键在于每种帽子使用的先后顺序。这就好比是某个人需要写一篇文章一样,需要事先确定好文章的逻辑框架。

六顶思考帽不仅能够支持个人的思维模式,也能够支持团队决策。对于个体而言,六顶思考帽有助于个体来构建思维框架,厘清思路,支持思维过程。对于团队而言,能够激发团队成员观点,通过各种观点之间的碰撞和对接,引导彼此对某个问题展开深入讨论。六顶思考帽可以用在会议之中,其在会议中的应用逻辑为:

(1)阐述问题(白帽);

(2)提出问题解决方案(绿帽);

(3)列出所提出的方案的优点(黄帽);

(4)列出所提出的方案的缺点(黑帽);

(5)对该方案进行直觉判断(红帽);

(6)总结观点和做出决策(蓝帽)。

帽子的使用不是固定不变的。但是,黄帽通常要放在黑帽前面,红帽的使用时间要在30秒以内,其他帽子的使用时间为3~5分钟。

拓展阅读

阅读1:六顶思考帽的个人应用

某酒店集团正在开发一个新的项目,该项目从前期的准备到最终的落实都是由一名管理总监来负责的。由于项目的实际需要,该总监便要求人力资源部赶快聘请一位IT项目经理。但是,人力资源部却认为,该项目还未完全落成,现在聘请新成员势必会造成人力资源的浪费。双方基于不同的考虑各执一词,谁也说服不了谁,争论得很是激烈。最后,这位人力资源部主任通过运用六项思考帽决策模式,找出聘请 IT 项目经理这一问题的解决之道,成功化解了这一场争吵。

那么,这位人力资源部主任到底是如何使用此工具的呢?接下来,我们一起来看一下。

其实,该位主任从红帽思维(不要招人)转变为了蓝帽思维,来逐步引导该总监,让他以更多的视角来看待是否招聘新人员的问题。当看问题的视角转变的时候,总监的情绪也随之发生改变,能够从公司和人力资源部的角度来思考问题。

在很多时候,往往由于缺乏充分的信息,或者因为信息出现偏差,导致人们大多凭借个人的直觉来看待问题,此时容易变得情绪化。当人们没有意识到事情的积极的一面的时候,就会变得非常固执,也就是秉持黑帽思维。长此以往,人们的思维就会被束缚,难以产生思维的突破和创新。

六项思考帽决策模式,有助于我们从不同的视角来思考问题,不再是基于个人的喜好和情绪来判断。从而,能够将自己训练成为一名有思考深度和广度的人。

阅读 2:解决办公室个人电脑速度缓慢的问题

一家私企的某个项目组,因设备常年不更新,导致员工的工作效率严重低下,这也引起了团队成员的不满,极大地影响了整个团队的工作氛围。于是,该团队的项目负责人,就如何有效解决这一问题,召集大家集体开了一个研讨会,成功地解决了此问题。其实,此次研讨会之所以取得圆满成功,主要就在于六项思考帽决策方法的有效运用。

首先,由该项目负责人开场。

项目负责人(蓝帽):目前,办公室的个人电脑老旧,运行的速度非常慢,严重影响了大家的办公速度。今天,将大家召集在这里,大家一起来讨论该问题的解决方案。那么,先由员工 A 介绍一下情况。

员工 A(白帽):现实情况主要有以下两个方面。一方面,目前大家需要使用的软件和信息资源在不断增多,现有的设备难以满足实际需求了,无论是从运行速度还是存储内存来说都是一样。另一方面,一般使用三年以上的电脑才予以更换,这里只有 1/4 的设备符合此要求。

项目负责人(蓝帽):好的,相信大家也了解了实际的情况,那么大家一起来出出主意,看看我们该如何解决这一问题。

员工 B(绿帽):关于此问题,我有以下想法。我们是否可以每半年重装一下软件,来加快软件的运行速度。我们是否可以根据需要,重新调整电脑的折旧期限,以满足实际的办公需求?我们是否可以给每个电脑加装一个硬盘,来加大电脑的存储容量?我们是否还可以用笔记本来代替台式机,以方便员工的办公?

员工 C(黑帽):现在公司在节省开支,估计更换笔记本的预算没有。

项目负责人(蓝帽):这是员工 C 的观点,接下来请员工 D 来分析一下这些方案的可行性。

员工 D(黄帽):好的。首先,现在已经进入了互联网时代,笔记本是应该有的,而且笔记本使用起来也很便利。其次,我们需要将现在的电脑的配置进行升级,这样不仅能够保护现有的资产,也能提高现有的办公效率。最后,对于现有的软件,升级就好,这也是最常用和节约的方法。

项目负责人(蓝帽):接下来,大家一起来谈一下以上方案所存在的局限性。

员工 C(黑帽):我来谈一下吧。第一,目前所使用的软件都非正版,难以统一采购;第二,更换设备的资金不足,难以满足需求;第三,软件重装不仅耗时长,而且花销成本高。

项目负责人(蓝帽):是的。那么,目前的解决方案主要为调整配置的策略和升级配置。接下来,大家就举手表决一下吧,看看这两个方案哪个先实施,哪个后实施。

在一阵激烈的讨论之后,大家终于得出了一致的观点,并由员工 E 来说出最后的结果。

员工 E(红帽):通过刚才的讨论,最终的结果如下:首先,将仅有的设备更新换代的机会让给那些更加需要的员工;其次,剩下的大部分员工通过升级硬件,来延长设备的使用寿命;然后,定期重装应用软件,但是更新的周期可以适当延长;最后,梯次更新。

最后,由该项目负责人总结本次会议。

项目负责人(蓝帽):本次会议非常成功,不仅找出了最具有可行性的解决方案,也解决了大家的疑惑。谢谢大家!

案例点评:

此案例很好地运用了六项思考帽的方法。在此案例中,项目负责人(蓝帽)在其中担任的是主持人的角色,积极地引导大家参与其中。而且,其他几位成员也很好地对几个关键问题进行了深度思考和讨论。在项目成员中,白帽所给出的数据很细致,绿帽的回答很丰富,黄帽和黑帽也讨论得很充分。这些都是值得我们来借鉴的。

相关链接

三只松鼠的快速崛起

三只松鼠是中国第一家纯互联网运营的食品企业。它成立于 2012 年,并于当年 6 月份在天猫成功上线,仅上线 65 天就位列中国坚果网络销量的第一。2015 年,三只松鼠获得峰瑞资本的 3 亿元投资。那么,作为淘品牌的三只松鼠为何能获得如此快的发展呢?一个淘品牌,为何会如此煞费苦心地做这些呢?

首先,我们一起来看一下三只松鼠的包装。在它的包装里,除了装有各种食品,比如坚果、糕点、肉制品等,也还会提供一些其他的东西。这些东西包括,卡通包裹、快递大哥的寄语、坚果包装袋和垃圾袋、开箱器、封口夹以及湿巾等。这些东西虽小,但是却能够很恰当地体现出该企业周到的服务。也正是因为这些细微的举动,促成了三只松鼠的快速发展。

在移动互联网、大数据技术、云计算技术等快速发展的背景下,我们需要运用一种新的思维方式来审视市场、产品、用户等整个生态链的发展。传统企业的互联网化大致会经过四个发展阶段。第一个阶段是网络营销,就是借用网络工具来展示品牌和进行产品宣传。第二个阶段是电子商务,就是通过互联网来营销产品。第三个阶段是 C2B 模式,就是要让消费者参与到产品的设计和研发的环节。第四个阶段是互联网思维,就是要用互联网思维来重新架构企业。

目前,绝大多数企业还未形成一整套的互联网转型的思路,依旧是徘徊在第一阶段和第二阶段,这也严重阻碍了企业在互联网时代的发展。在新时代的背景下,需要通过互联网思维去重塑企业的整个价值链,这也是最高级的互联网转型。

1. 请举例说明情感因素在现实生活中所发挥的作用,并完成表5－4－2。

表5－4－2　情感因素在现实生活当中的作用

情感因素	发挥的作用	举例
直觉		
价值观		
审美观		
个性		

2. 请你针对自己现实生活中的某个具体问题,运用黄色帽子思考法对它展开思考,并完成表5－4－3。

表5－4－3　黄色帽子思考法的运用

问题	
前景	
现实条件	

自 我 检 查

生活是变幻莫测的,每个人每天需要经历很多事情,面对各种各样的人。但是,并不是每一个生活经历都是那么的愉快,难免会有些困惑和烦恼需要去解决。接下来,就请你回顾个人的近期生活,看看目前你最需要解决的问题是什么? 你觉得需要运用何种思考方法才能解决此问题呢? 完成表5－4－4。

表5－4－4　自 我 检 查

存在的问题	解决的对策

第六章

团队管理——打造高效团队

 学习目标

1. 了解创业团队管理的基本原则；
2. 了解创业团队管理的管理模式和方法；
3. 了解高效创业团队的 20 个特征；
4. 掌握创业团队提升的基本策略。

在成功创建了一个创业团队以后，需要对该创业团队进行有效管理。否则，整个创业团队就会像是一盘散沙，创业项目也很难得到有效落实。创业团队管理的重点是在维持整个团队稳定的前提下，最大化发挥团队成员的优势，实现"人尽其才，物尽其用"！

第一节　创业团队管理原则

创业团队
管理原则

 案例导入

在"玩"性中带着团队成长

只要有人说起昆明的茴香酒馆，但凡去过当地夜场的人几乎都知道。它的创始人是李鑫蔚，他是非常有想法、有干劲的一个人。他仅用几年的时间，就将茴香酒馆从酒吧娱乐领域延展到了餐饮美食行业。这家酒馆也在李鑫蔚的带领之下，经营得风生水起，变得闻名全国。

说起李鑫蔚的成功秘诀，我们可以将它归结于一个字"玩"。在他所经营的企业中，你很难会找到像其他企业一样的繁杂的规章制度，你也很难发现像其他企业一样的企业文化。在这里，你只会发现一种锋芒毕露的玩性文化，这是很让人大吃一惊的。这种文化透露着玩的本性，它是一种不可复制的心智文化。这种心智文化诠释的是"玩乐中生发创造"的精神，你很难会在其中找到华丽的辞藻和大而空的发展战略，有的只是岁月所留下的智慧和实战经验。

他总是时常会告诉员工，在他的企业里没有老板和员工之分，有的只是新员工和老员工之分。除此之外，他也经常告诉员工，只有玩得尽兴才能够工作得尽兴。你会发现，在他的企业文化里透露着随性和积极向上。其实，他自己也是一位比较随性的人。通过他的平时行为，我们都可以发现这一点。他平时喜欢穿着个性化的休闲服。无论是工作还是生活，他的手中都时刻会拿着一本国内外的时尚杂志。尽管他的生活习惯很是随意，但他的职业素养还是非常高的，他也会为了能够提升自己去修读工商管理的高级研修班。在他看来，玩是一种生活方式，它也是一种生活态度和生活境界。也正是他的这种玩性文化，让他能够带领着整个团队向前发展，不断将企业做大做强。

对于美食行业来说，菜肴就好比是餐厅里面盛开的花朵。在这味型严重同质化的今天，进行菜品创

新是非常关键的,而这离不开整个团队的努力,前提则是打造一支优秀的团队。

当然,任何人都可以开一家餐厅,它就好比是在菜市场进行摆摊一样。尽管进入餐饮行业是非常容易的,但是如何将它做得与众不同那就需要花些心思了,李鑫蔚的创业案例就给我们带来了很好的借鉴。通过分析他的案例,我们可以知道餐饮行业除了认真钻研菜品以外,也需要沉下心来好好研究一下如何构建和管理整个团队。其实,这也是众多餐饮企业无法长久发展的根本所在。

 理论梳理

创业团队是由一群具有共同创业愿景和创业目标的人所组成的。每个人都是一个独立的个体,具有不同的成长背景和生活经历,这会使得大家在思维模式、问题解决方法、人脉资源和行为举止等方面有所不同。在团队进行沟通的过程中,团队成员难免会因为这些差异而产生冲突。因而,创业者需要依据一定的原则来有效管理团队成员。在综合考虑创业团队发展过程的基础上,密切结合在管理中可能会存在的问题,我们将创业团队的管理原则主要归纳为以下四个方面,分别为目标一致原则、责权明确原则、互相信任原则以及民主规范原则,详情见图6-1-1。

一、目标一致原则

共同的创业目标或者愿景是指引团队不断前进的方向灯。为了增加目标实现的可能性,需要将整个创业目标进行划分,据此形成一套完整的目标体系。在该目标体系中,针对团队的具体成长阶段,会有相应的团队发展阶段目标。尽管每个阶段的发展目标会存在差异,但是它们的目的都是实现最终目标。尽管每个人对于目标的理解和认知会存在偏差,不利于创业团队管理。但是,通过企业文化培训或者素质拓展等活动,可以规范化企业员工的目标。

图6-1-1 创业团队管理原则

二、权责明确原则

创业团队在发展初期,一般是由创始者的亲朋好友所组成的。这尽管有利于团队成员之间的沟通,但也会容易导致企业责权不明晰,阻碍企业的健康发展。而且,在团队发展初期,由于人力资源的限制会出现一人身兼多职的情况,导致没有清晰的组织体系。明晰的组织体系的缺乏,容易导致团队管理混乱。权责明确有利于划清业务界限,使得大家能够各司其职。这样不仅能够加强团队成员的归属感,也能够提高团队的工作效能。

三、互相信任原则

互相信任的原则要求团队管理者能够创造一种友好的工作氛围,不断加强团队成员之间的沟通和相互了解,促进彼此之间的相互信任。这样有助于整个团队成员团结一致,通过相互配合来实现团队成员之间的高效合作。如果团队中的所有成员互相猜忌,则该团队就难以进行有效合作,这会直接削弱整个团队的凝聚力和战斗力。

四、民主规范原则

民主规范原则要求,在团队管理中能够创造一种民主、开明的氛围,并且做事情需要有相应的规章制度进行制约规范。民主、开明的企业文化,有助于鼓励团队成员展开讨论,活跃团队的工作氛围,寻求更优的问题解决方案。而且,民主、开明的文化氛围,能够鼓励团队成员主动为实现团队目标献计献策,使得大家对工作充满激情,齐心协力,共同奋进。规章制度要明确规定该做之事和不该做之事,这可以成为团队成员行动的底线,有利于规避不必要的团队冲突和管理上的问题。

拓展阅读

团队管理法则

下面是一些创业成功的团队总结出的团队管理法则,它包括 1 个理念、4 个原则和 7 个步骤,这些法则能够帮助你有效管理团队。接下来,就请你认真阅读这些法则。

1 个理念

为了保证团队的管理效率,需要注重培养一批善于解决问题的人,而非所有的问题都是亲自去解决。

4 个原则

高效的团队管理原则包括:

(1)只要员工所提出的方法能够解决问题,不管该方法看起来如何,我们也需要予以支持。

(2)当有问题产生的时候,不要急于去追究责任,而是应该积极鼓励员工去寻求问题的解决办法。

(3)对于问题的解决方法,应该积极地引导下级员工,去多准备几个方案。

(4)对于某个问题,只要发现有一个方法能够有效解决此问题,就放手让下级员工去完成。若是此问题的解决办法是由下级员工想出的,你也应该要积极学习一下。

7 个步骤

(1)积极营造一个轻松愉悦的工作环境和氛围,调动起企业员工的工作积极性和创造性。

(2)善于采取一定的措施,来帮助员工调节工作情绪,引导他们从积极的角度出发来看待问题,从而找到有效的问题解决办法。

(3)和员工一起来分析目标,制定有效可行的、可测量的行为标准。

(4)充分调用一切可以使用的资源,来帮助员工解决问题。

(5)要适当地赞美企业员工,但是这些赞美不是泛泛而谈,而是有针对性的赞美。

(6)引导员工对工作进度进行正确的自我评估,善于引导他们发现有效完成任务的工

217

作方法。

（7）积极引导企业员工朝前看，少问"为什么要这样"，要多问"你该怎么办"。

相关链接

Stormhoek 的营销案例

企业博客已经诞生好多年了，随着它在欧美国家的成功使用，国内的企业也开始使用它进行营销。Stormhoek 是英国一家小型的葡萄酒公司，该企业就是通过企业博客来打开销售的一个很好的典范。

由于 Stormhoek 的规模不大，所以其用来支持经营和运行的资金是非常有限的。资金的匮乏，导致企业领导人没有能力去投资广告来扩大自己的产品品牌。于是，他们准备另辟蹊径。恰巧在一个偶然的机会他们接触到了企业博客，便开始重用这一渠道工具来宣传自己的产品。他们先免费向 100 位博客免费提供葡萄酒，然后借助他们的博客向全世界来推销自己的品牌。但是，Stormhoek 公司并不硬性要求收到葡萄酒的客户必须要发表博客。他们给了客户很大的自由，允许这些客户可以不写，若是要写也可以不必写好话。

后来，公司的网站也变成了博客。通过博客与客户进行闲聊，Stormhoek 极大地促成了自己的产品销售量。该公司认为诚实是非常重要的，他们不对外声称自己的产品是整个南非最好的，仅仅是告诉人们这里的酒品质不错且价格合理。而且，公司也积极通过此博客来邀请客户发表自己的真实想法。对于那些提出反馈意见的人，Stormhoek 会免费发放葡萄酒给他们，这迅速吸引了公众的注意。最终，凭借着 100 瓶葡萄酒，企业在短期内迅速扩大了产品的知名度和销售市场。

此案例很好地诠释了博客营销的价值，它能帮助中小企业以极低的成本迅速扩大产品知名度，从而提升品牌的形象。随着信息技术的快速发展，可以用来支持企业营销的工具越来越多。创业者需要依据本企业的实际情况，来进行有针对性的选择。与此同时，需要顺应时代的发展，及时进行思维和战略的转变，以获取最大化的发展。

拓展活动

请你认真研读以下案例，并完成后面的思考题。

高校辅导员的发展需求分析

在高校内，辅导员是与学生接触最多和最直接的老师，他们是高校教育发展中的非常重要的一环。随着教育模式的不断转变，以及社会需求的增加，高校辅导员需要朝向职业化、专业化和专家化的方向发展。这不仅是高校改革与发展的关键点，也是学生成长与发展的迫切需求。

但是，当前辅导员队伍的建设还存在着严重的问题。通过一个科学的职业定位和发展目标，一个合理的科研平台，以及一套完整的人才培养体系，能够有效解决高校辅导员队伍建设中所存在的问题。然而，在实际的教育教学过程中，很少会有人将辅导员这一职位当作是终的事业，大家在工作当中的激情和主动性也不高，甚至于在工作当中对学生不闻不问。这些问题的存在不仅严重阻碍了高校师资队伍的建设，也严重影响了学生素质的培养。

当然,这些问题的产生可能和辅导员的自身素质有关。但更加实际的原因是,辅导员的正当需求没有得到满足。那么,这一现象到底是怎么产生的呢？我们又该如何来解决这些问题呢？接下来,请你结合马斯洛层级需求理论,对高校辅导员发展现状展开分析,分析高校辅导员在发展中所存在的问题及解决对策,完成表6-1-1。

表6-1-1　高校辅导员发展现状

所存在的问题	对应解决对策

实践与拓展

走访身边的创业团队

现如今,参与创业活动的人数在不断增加,我们身边也不乏成功的创业团队。请你和班级同学组成学习小组,以小组的形式去对身边比较有名的一个创业团队进行访谈,并完成表6-1-2。

小组名称：_____

人员名单：_____
_____

访谈日期：_____

访谈地点：_____

表6-1-2　创业团队访谈记录

团队姓名	人员简介	团队管理方式及存在问题	我的启发

第二节 创业团队管理模式和方法

案例导入

服务型网站 Airbnb

爱彼迎（Airbnb）成立于 2008 年，总部设在美国加州旧金山市，它的现任 CEO 为布莱恩·切斯基。它是一家服务型网站，可以为用户提供多种多样的住宿信息。依据 2018 年 12 月世界品牌实验室所发布的《2018 世界品牌 500 强》榜单，爱彼迎排名在第 425 位。

2007 年，在美国旧金山召开了一个属于设计界的大会。由于此次大会是面向全世界的，其规模之大和人数之多导致当地的酒店一夜爆棚。当时，正宅在家里的两个设计学院的毕业生注意到，酒店的需求供不应求。于是，他们突发奇想，是否可以向那些找不到酒店的设计师出租充气床垫，并同时帮助他们解决早餐的问题呢？通过一个星期的努力，他们一共招揽来了 3 个顾客，并赚取了几千美元的费用。"如果我们将普通人家都变成旅店将会怎么样呢？"两人在一拍即合之后，就开始实施起来，这也才有了今天的爱彼迎。

经过十余年的发展，目前爱彼迎的资产估值达到 310 亿美元，这是一家很不错的公司。可在当时看来，他们的想法确实那么的可笑和愚蠢。甚至于在公司起初的经营过程中，曾因为找不到融资，整个公司一度濒临破产。后来他们在一次美国总统大选的过程中，设计了两款印有总统候选人的卡通头像的品牌产品，才开始慢慢吸引到外界的广泛关注，并且也正是此举帮助企业渡过了难关。

2009 年，当时的爱彼迎每周的营业额只有 200 美元，这些营业额无法支撑整个公司的发展。于是，他们开始查找原因，发现问题出在放置在网上的图片上。当时该企业一共提供了 40 个房型，这些房型都大同小异，但是却没有很好的图片。这主要是由于房东当时没有意识到房子图片的重要性，他们对于自己的房子只是随便地拍照。但是，房客在找房子前主要是通过网上的照片来进行选择的，这些图片非常关键。他们开始尝试去将房子图片的重要性告诉房东，并专门给房东写了一个如何提高拍照水平的指导手册，但是发现这一方法还是不奏效。于是，他们索性决定自己去拍照。他们在租了一台昂贵的相机后，就开始挨家挨户去拍照了，并对拍摄下来的房子的图片进行了后期处理，最终将处理后的图片上传到网上替换掉旧的图片。后来，爱彼迎的营业收入实现了大幅度的上涨。

理论梳理

创业团队在发展中会出现一些管理问题，例如责权不明晰、团队成员缺乏沟通、领导管理不当等。为了能够有效解决这些问题，许多专业人士分别从各个角度提出了用来辅助创业团队进行管理的模式和方法。其中，比较典型的有时间管理优先矩阵和意愿能力分配矩阵。

创业团队管理模式和方法之时间管理

一、时间管理优先矩阵

首先，我们共同来了解时间管理优先矩阵。希望创业者可以通过切身体验，能够将该矩阵运用于创业团队的时间管理之中，来帮助创业团队有效地管理时间。

美国著名管理学家史蒂芬·柯维在其著作《高效能人士的七个习惯》中，提出时间管理优先矩阵。作为新一代的时间管理理论，时间管理优先矩阵依据时间的重要性（作为 y 轴）

和紧迫性(作为 x 轴)将其分为 ABCD 四类。其中,矩阵右上角(也就是矩阵的第一象限)为 B 类(不紧急但重要的事情),矩阵左上角(也就是矩阵的第二象限)为 A 类(紧急且重要的事情),矩阵左下角(也就是矩阵的第三象限)为 C 类(紧急但不重要的事情),矩阵右下角(也就是矩阵的第四象限)为 D 类(不紧急且不重要的事情),如图 6 – 2 – 1 所示。

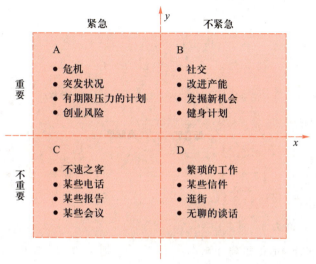

图 6 – 2 – 1　时间管理优先矩阵

（1）紧急和不紧急:紧急是指事情必须要立即处理掉,不能再拖延了。不紧急是指事情不是那么的紧迫,可以先放置。

（2）重要和不重要:有利于目标实现的事情都是重要的。否则,是不重要的。

在我们平常的工作和生活之中,有些事情是既重要又紧急的,比如风险处理。有些事情是重要的但不是很紧急的,比如锻炼身体。有些事情不是很重要但是却很紧急的,比如不速之客。还有些事情既不重要也不紧急,比如无聊的谈话。

创业过程是非常艰辛的,途中有许多的事情需要处理。因而,创业团队需要学会合理规划时间,能够依据事情的紧急性和重要程度来管理时间,实现实践的最优化运用。

二、意愿/能力矩阵

意愿/能力矩阵是一种用来对员工进行分类的结构化工具。它依据员工的工作意愿和工作能力来将企业员工分为四类,以实现团队的有效领导和管理,详情请见图 6 – 2 – 2。

（1）高能力和低能力:高能力是指团队成员不仅有能力去完成某个任务,而且能够按时保质保量完成。低能力是指团队成员解决问题的能力偏弱,甚至于缺乏此方面的能力。

（2）高意愿和低意愿:高意愿是指团队成员做某件事情或者完成某个任务的意愿很强烈,非常愿意去尝试,去体验。低意愿是指团队成员做某件事情的意愿不强,甚至不想去做这件事情。

在平时工作中,对于某个任务,有些成员是非常愿意去尝试且能够很好地完成的,此时需要"授权"给他,让他们全权进行负责。有些成员尽管也想去尝试,但是却缺乏能够有效完成该任务的能力,对于此类成员需要进行"指导",即需要引导他们如何去克服此障碍。有些成员尽管有能力去完成该任务,但是却不想去承担这件事情,此时需要"激励"这些员工去多尝试,多实践。还有些员工既不愿意去尝试,也没有此方面的能力。在这个时候,很多领导会放弃他们,这其实是一种不合适的团队管理方式,正确的做法是对他们采取"分析+鼓励+指导"的方式。如图6-2-3所示。一方面,这能够帮助他们分析完成此任务潜在的风险和危机等,另一方面需要鼓励他们大胆实践,以及指导他们如何克服这些风险或者危机。

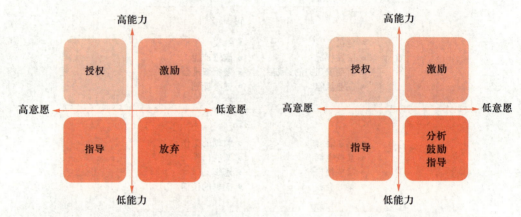

图6-2-2 不恰当的意愿/能力矩阵　　　　图6-2-3 恰当的意愿/能力矩阵

其实,在现实生活之中,人们会遇见很多难以决策的事情。有些事情尽管自己能做但自己就是不想去做,例如通过运动来减肥;有些事情是自己能做也想去完成的,比如刷微信朋友圈来了解朋友的最近动态;有些事情是自己无法去完成但是特别想去尝试一下的,譬如一夜暴富成为千万富翁;有些事情是自己不能做且也不想去实践的,例如自己亲自去建造房屋。那么,当我们遇到以上的情况之时候,我们该怎么办呢?

其实,我们也可以依据意愿/能力矩阵,来帮助自己做出恰当的选择。

第一象限(高意愿高能力):如果你具备高意愿、高能力,这是一种非常理想的情况,这也表明你适合接受更多的挑战,来不断地提高自己。

第二象限(高意愿低能力):如果你充满热情,但是自己却没有实现它的能力,该怎么办呢? 此时,也许大家会认为直接放弃。其实,可以通过咨询或者请教有经验的前辈,来试着挑战一下。

第三象限(低意愿低能力):这是一种最不理想的状况。此时,老师也不建议你们直接放弃。对于那些既不感兴趣也没有相关能力的事情,需要前辈们更加密集的指导。

第四象限(低意愿高能力):此时,你可以从中发现诸多有趣之事来不断地激励自己,并通过这些有趣的事情来提高自己的斗志。

拓展阅读

基于素质模型的360°反馈

360°反馈也叫多角度反馈、多渠道反馈或全方位反馈,是从多个渠道来获取员工工作表现的方法。360°是指围绕目标个体周围所有人员的看法,完整的360°反馈中参与评价的人员通常会包括直接上级、下属、同事、顾客以及员工自己。

一套比较完整的以素质模型为基础的360°反馈主要包括五个步骤。

1. 构建素质模型

素质模型是组织中某个或某类岗位的员工取得优秀绩效所必须具备的内在特点，包括知识技能、个性特点、价值观和动机等多个方面。通过素质模型，可以确认一系列对于企业中员工获得成功最需要的因素。

2. 编制调查问卷

根据素质模型，可以确认一系列对企业发展至关重要的素质项目，例如团队合作、战略思维、激励下属、沟通协调等。这些素质往往会比较抽象，而且每个人对它们也有不同的看法。因此，需要用一些容易被观察到的行为去说明这些素质，例如"激励下属"的行为表现之一是"当我非常成功地完成任务以后，经理会及时地给予积极的评价"。这样，填写问卷的员工会比较容易就这个项目对经理进行评价。

在编制问卷后，需要尝试找企业中的部分员工进行评价，看看问卷是否通顺、是否符合企业的实际情况，并根据员工的意见对问卷进行修改，以形成最终的调查问卷。为了避免回答问卷的人感到疲倦，问卷题目数量一般不超过60个。另外，问卷中除了有选择题目外，最好包括少量开放性问题，例如"为了更有效地做好工作，您认为×××还需要在哪方面进行改进？"

3. 问卷派发与回收

360°反馈模型如图6-2-4所示。对员工进行评价的人员除了员工本人，一般还需要有6到10名评价者。为了获得更坦率、准确的结果，通常采用匿名方式。调查结束后，一般由企业的人力资源部或外部的咨询公司进行问卷回收、数据处理和报告撰写。

4. 编写反馈报告

回收调查问卷之后，除了针对被评价的每位员工编写一份个人反馈报告之外，还需要将所有员工的评价报告进行整理，并形成一份整体报告。

5. 传达反馈结果

结果的反馈包括对员工个人和企业两方面。在个人反馈中，与每位员工进行座谈后指出其优点和不足，并帮助其制订个人发展计划，提供发展建议。

在企业反馈中，将参加反馈的企业人员整体情况进行一个详细的介绍，说明其中共同存在的优势和不足，并对企业下一步的人力资源政策提出建议，如下一步的培训重点。同时，也向企业说明每一位员工的情况（包括优点与不足），并帮助企业制订下一步的使用和培养计划。

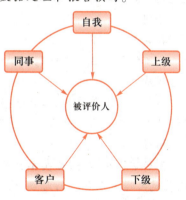

图6-2-4　360°反馈

（资料来源：李源．小工具，大用途——360°反馈及其实践[J]．中国人力资源开发，2007(4):32-36.）

俞敏洪的作息时间表

俞敏洪是新东方的董事长兼总裁,也是洪泰基金联合创始人。2018 年 10 月 24 日,他入选中央统战部、全国工商联《改革开放 40 年百名杰出民营企业家名单》。

说起俞敏洪的成功,这与他的勤奋是分不开的。他曾在一次谈话中这样评价自己,"我的智商一般,但我的勤奋是一般人所比不上的。"他平均每天的工作时间在 16 到 18 个小时之间,平均每顿饭加起来的时间不会超过半小时。那么,他的一天的时间是怎样安排的呢?俞敏洪这样说:

早上

我比较喜欢在家里工作。一般会在早上六点半起床,一直工作到晚上十二点。早前会工作到凌晨,早上相对就会起得较晚,但后来发现这种作息对身体不好,便调整了自己的作息习惯。每天早上,我都会去进行晨跑,以最快的速度跑完 1 到 2 千米,这样有利于自己保持身体健康。除了跑步,我也喜欢在早上冲个澡来唤醒自己。一般在晚上我都不洗澡,因为洗澡容易让人感到兴奋,这会影响自己的睡眠。

上午

一般,我会在早上 7 点半开始工作,一直工作到中午 12 点。工作的内容很多,包括邮件的处理、工作的布置以及思考新东方接下来的发展。除了这些事情之外,我还会对一些孩子进行创业辅导。

午间

我的午饭大多是盒饭。当有人来跟我聊天的时候,也是一人一份盒饭,有必要的时候我会加一瓶红酒。在每次吃完饭以后,我会去散步十分钟左右。

锻炼

尽管平时工作很忙,但我一般都很注意健康。到了晚上 11 点,我会直接把手机给关了,直到早上 7 点。除了每天早上晨跑,每周我也会去游泳 1 到 2 次,来加强身体健康。

旅行

我非常喜欢旅游,每年都会专门抽出一段时间去进行旅游。但是,出去旅游会有一个问题,就是当碰见很多人的时候,他们就会跑过来和我合影。所以,我现在一般旅游都会去那些几乎没有人去的地方。比如,去大草原上旅游,我会开辆自己的越野车,带上身边一至两个人就可以了。

阅读

我不敢说自己已经领悟到了生命的本质,但我至少比年轻人更加的勤奋,我的勤奋能够给我平时的思考和讲课增添能量。在工作闲暇之余,我喜欢去阅读一些书籍,我会边看书边做笔记,写下自己的新的观点和想法。我一年认真读的书大概有二三十本,算上那些不认真读的书大概有一百多本。

我一年会有 1/3 的时间都在出差,出差路上坐飞机、汽车的时间,就是我读书的时间。幸好我不晕车,我甚至于在特别颠簸的时候能够使用电脑进行办公。连用电脑十几个小时,完全没有晕车的感觉,完全就跟在办公室一样的。

上课

我曾在北大当过老师。当时感觉最有成就的一件事情就是,班级的学生喜欢来听我上的课。但是,这种成就感不是与生俱来的,它是需要经过时间的锤炼逐渐形成的。我依稀还记得,在起初上课的时候有的学生喜欢开小差,甚至有些学生会提前背着书包离开。在大约两三年以后,随着自己的教学技能和口才的提高,班级的学生开始越来越喜欢我上的课,后来发现有别的班级的同学都喜欢来听我讲课。

其实,当老师是一个需要对知识理解和融会贯通的过程。你不仅需要具有深厚的理论知识,也需要具备一流的口才和善于观察的能力,这其实是一种综合的能力。所以,我一直告诉那些在校园里的大学生,毕业后你若是能够当上两三年的老师,这将会对你是一个很好的锻炼。

在我看来,年轻人就应该敢于去闯,去努力,去奋斗。只要你能够保持良心,不做坏事。但与此同时,你也要学会去思考,去感悟。"心在退,身在进。""心退"是让天地更加广阔,"身进"是因为知道逆水行舟不进则退的道理。

拓展活动

目前,某个部门需要去研发一个支持学生创新创业学习的资源平台。假设你现在是部门经理,你手下存在能力－意愿矩阵途中所涉及的四类人,那么你将如何去分配任务,并进行有效工作指导?请与班级同学展开讨论。并填写在图6－2－5中。

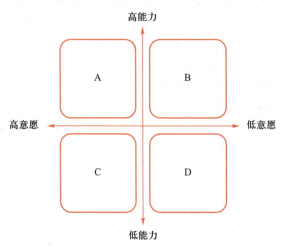

图6－2－5 能力－意愿任务分配

实践与拓展

小测试——时间都去哪了?

在你平时的学习和生活之中,你能很清楚地了解各类事情的轻重缓急吗?各类事情的重要程度吗?接下来,就请你结合个人的实际情况,依据图6－2－6,选择自己经常将大部分时间所花费的象限。

我的结果：_____

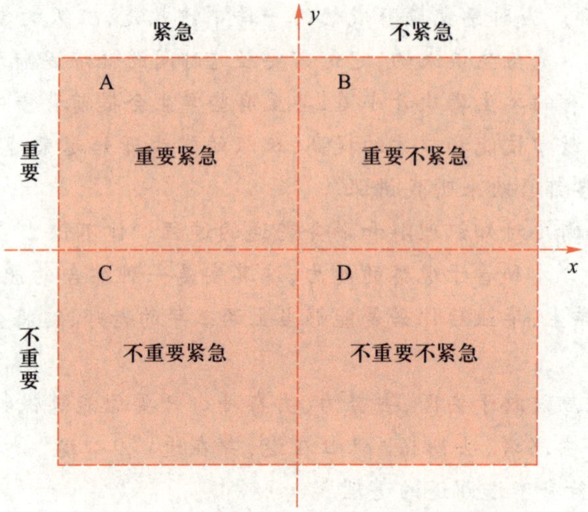

图 6 - 2 - 6　时间象限分布

测试结果说明

若你的选择是 A 选项，则表示：你总是忙于应付那些紧急事，你自己也被这些事弄得焦头烂额，狼狈不堪。看似自己一直都是忙忙碌碌的，但一直都是效率低下。

若你的选择是 B 选项，则表示：你有着"做要紧事而非紧急事"的良好习惯，这正是成功人士的思考方式和行为模式，即把时间用在重要的事情上。尽管目前这些事情不紧急，但它却能够决定你个人的未来发展。希望你能够继续保持此良好的状态。

若你的选择是 C 选项，则表示：你的工作积极性、自主性及效率都偏低。你盲目地追随繁杂的事务，而不考虑它对你的发展是否有益。你会发现自己的时间都被紧紧束缚在别人的议事日程上。如果你不努力去改变这一情况，那么你的生活和工作都将会陷入被动局面。

若你的选择是 D 选项，则表示：你将大量的时间花在毫无价值的事情上面，既没有工作效率，也没有工作绩效，长此以往你将难成大业。

经过以上的小测试，你认为自己是"时间管理小达人"吗？通常你是如何来管理时间的呢？其效果如何呢？在接下来的学习生活之中，你将如何来改进个人的时间管理方法呢？请完成表 6 - 2 - 1。

表 6 - 2 - 1　时间管理小达人测试

时间管理小达人	□ 是	□ 否
个人现状	时间管理做法	所取得的效果
改进措施		

第三节 创业团队管理中的激励

 案例导入

张旭豪："饿了么"创业理念源于打游戏

大约十多年前的一天，在上海交通大学一个寝室里，张旭豪和他的室友一起在打游戏，他们一直玩到深夜。在玩完游戏后他们都感到饿了，便开始打电话叫外卖。谁知道电话要么打不通，要么电话打过去没有人接。于是，大家就开始抱怨起来。"为什么外卖不能晚上送呢？""干脆我们自己去取外卖吧。"没想到聊着聊着，大家的创业兴趣被聊出来了。紧接着，他们开始讨论和设计外卖模式，越聊大家的创业兴致就越高，没想到这一聊就聊到了凌晨四五点。

当天，他们便正式开始采取行动。首先是进行市场调研，主要是调研店家一天能送多少份外卖。然后他们开始从校园周边饭店做起，承揽了那里的订餐送餐业务。由于业务的需要，他们便在宿舍里安装了一个热线电话，分配两个人分别来当接线员和调度员。除此之外，也外聘了十来个送餐员。只要有学生电话打进来，他们便通知该家饭店，之后送餐员去饭店取餐，再将其送到学生寝室收钱。

他们每天从午间干到午夜，要接 150~200 份的单子，但是每单抽成只有 15%。这样的工作模式特别辛苦，其中有两人选择了退出。于是，张旭豪不得不认真反思其中的缘由。并且，他也召集大家一起来商讨，团队中的成员都积极献言献策，以寻求更好的解决方案。在经过激烈的商讨之后，他们决定让顾客与店家在网上进行自助对接。

但网络并非他们的专长，他们对于网站设计也束手无策。于是他们决定在校园网上发帖招贤纳士，招来了软件学院的叶峰入伙。他们没有照搬其他网站的架构，而是按照团队商量的模式进行重新设计。2009 年，"饿了么"网上餐厅上线初始，加盟店就达到了 30 家左右，每天订单量达 500~600 单，而且每月以 60%~70% 的速度增加。在校方的推荐和鼓励之下，他们先后参加了创新创业大赛，也积极去申请了创业基金，团队先后获得了至少 45 万元的资助和奖励。

虽然可以通过线上线下广告来吸引学生的注意力，但是对于饭店的加盟就不能这样了，需要整个团队亲自去逐一攻克。当时，"饿了么"团队所采取的策略是不断跟商家谈，当时最忙的时候每天拜访上百家店铺。其中，有些难谈的店铺需要天天回访，大约五十个回合后才能拿下来。

之后，张旭豪又通过网络找到曾经拥有同样梦想的陈强。陈强曾经在学校开办了"QQ order"订餐网站，但是仅仅维持了三年的时间。张旭豪就聘请他为"饿了么"的首席运营官，就这样拥有 7 所高校的松江大学园区也成为他们的地盘。在开拓完上海的地盘后，张旭豪带领整个团队开始朝着杭州、北京、哈尔滨等地区发展。

目前，"饿了么"是中国最大的餐饮 O2O 平台之一。它的成功离不开团队成员极大的创业热情和努力。

通过上面案例，不难看出创业团队的特征主要有以下几点：

第 1 点：具有共同的创业目标

创业是艰辛的，要面临很多困难。创业团队必须要有共同的愿景和发展目标，只有这样才能增强团队成员的向心力和凝聚力，支撑团队不断攻克难关。

第 2 点：团队成员能够积极献策

正所谓"三个臭皮匠，顶个诸葛亮"。鼓励团队成员畅所欲言，共同出谋划策，有利于谋求更好的解决方案。而且，这能够增加他们的主人公意识。饿了么起初创业想法的形成，就是因为当时团队中成员的积极献言献策，而不断完善、不断丰富，最终形成了具体的实施方案。

第 3 点：团队成员优势得到最大化发挥

该案例中，叶峰负责"饿了么"平台的软件开发，陈强担任首席运营官，闵婕负责高校市场拓展。都是让合适的人做合适的事情，这是科学用人的原则。因为每个人有自己的优势和劣势，管理者需要充分了解团队中每位成员的特征，发挥他们的优势，不断提高整个团队的竞争力。

 理论梳理

一、马斯诺需求层次理论

马斯诺需求层次理论是管理学的基础理论之一，也是行为科学的理论之一。该理论在一定程度上反映了人的行为和心理活动规律，对于创业团队的激励举措的采取具有重要意义，有利于有效管理整个创业团队。该理论认为人有一系列的复杂需求，按照其先后次序可以形成需求梯状结构。它将人类的需求由低到高依次归纳为，生理需求、安全需求、归属需求、尊重需求以及自我实现的需求，详情请见图 6-3-1。

1. 生理需求

它是维持人类生存的最基本的需求，包括衣、食、住、行等。如果人类这些基本的需求都得不到满足，那么人类的生存就会面临问题。只有这些需求得到满足以后，人们才有时间和精力去追求其他更高级别的需求。

2. 安全需求

它是个体在追求身体健康、工作稳定、家庭幸福等方面的需求，例如人身安全、健康保障、家庭安全、工作稳定等。当这种需求得到满足以后，它就不再是激励因素，同生理需求一起构成人类的低层次需求。

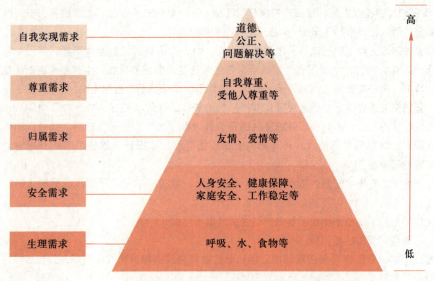

图 6-3-1 马斯诺需求模型

3. 归属需求

它是属于人类的中层次需求，包括感情方面的需求和归属方面的需求，比如友情、爱情、亲情等。其中，感情方面的需求是指个体存在得到关心和爱护的需求，归属需求是指个体希望融入集体的需求。

4. 尊重需求

它也是属于人类的中层次需求,是指个体希望能够得到认同和尊重的需求,包括内部尊重和外部尊重。其中,内部尊重是指个体的自尊,希望充满信心和有实力等。外部尊重是指能够得到别人的尊重和认同,能够体验到个人所存在的价值。

5. 自我实现需求

它是指个体的最高层次的需求,是指个体发挥自己才能、实现个人理想的需求。人生价值的实现以及人生目标的实现途径,会因个体的不同而存在差异。

由马斯洛层级需要理论可知,每个人的需求是具有差异性的。对于创业团队的管理者来说,需要对员工的需求展开充分调研,及时把握住他们的真实需求(生理需求、安全需求、情感需求、尊重需求以及自我实现需求)。并且,管理者们需要依据这些需求,有针对性地采取措施来激励团队成员。

二、股权激励

股权激励是企业为了激励和留住核心人才而推行的一种激励机制,它是目前企业所采用的用来激励员工的常用方法,已经在西方国家得到广泛运用。现如今,国内很多企业也采用此方法激励员工。它主要是通过股权或者期权的形式来激励员工,使其具有主人公的意识,能够以股东的身份参与企业决策、承担风险等,这有助于帮助企业实现稳定发展。

例如,珠海格力电器股份有限公司成立于1991年,是一家集研发、生产、销售、服务于一体的国际化家电企业,而且已经连续多年占据国内空调市场销量第一的位置。2007年经珠海市政府和国资委批准,它将所持格力电器股份中的8 054.1万股转让给了河北京海担保投资有限公司,这使得格力电器与经销商建立起了一种产权关系,此次股权转让也推动了格力集团的快速发展。

(一) 股权激励的模式

股权激励有业绩股票、股票期权、虚拟股票、股票增值权、限制性股票、延期支付六种类型。如图6-3-2所示。

图6-3-2　股权激励模式

业绩股票是指公司在年初的时候确定一个业绩指标,如果被激励对象在年末的时候达到了该业绩指标,则公司会授予其股票。一般来说,业绩股票的流通变现会有时间和数量的限制。

股票期权模式,被激励对象可以在规定的时间内,依据先前所规定的价格来购买本公司一定数量的流通股票。当然,被激励对象也可以放弃此权利。一般而言,股票期权的行使也会受到时间和数量的限制。

虚拟股票是公司授予被激励对象的一种虚拟的股票,被激励对象可以据此来享受一定数量的分红权和股价升值收益。但是,虚拟股票是既不能转让也不能出售的,当被激励对象离开公司时会自动失效。

股票增值权是指公司授予激励对象的一种权利。当公司股价上升的时候,激励对象可以获得一定数量的股价升值权益。

限制性股票是指事先授予激励对象一定数量的公司股票,当激励对象完成绩效指标后,它才能抛售该股票并从中获利。

延期支付是指公司为激励对象设计一系列的薪酬收入计划,其中一部分属于股权激励收入,这些不是在当年发放的,而是需要过一段时间,以公司股票形式或者根据当时股票市值以现金方式支付给激励对象的。

(二)股权激励的设计因素

很多公司在进行股权激励前,都会设计一个股权激励方案。那么,创业者在设计股权激励方案时需要考虑哪些因素呢?股权激励的设计因素,主要包括激励对象、购股规定、售股规定、权利义务、股权管理以及操作方式六大设计因素。如图6-3-3所示。

因素1:激励对象。创业者需要依据激励对象的不同,来设计股权激励方案。股权激励包括企业经营者的股权激励,也包括普通员工的激励方案等。

因素2:购股规定。关于经理人购买股权的相关规定,包括购买价格、期限、数量以及是否允许放弃购股等。

因素3:售股规定。关于经理人出售股权的相关规定,包括出售价格、数量、期限的规定。

因素4:权利义务。这是指需要对经理人是否享有分红收益权、股票表决权以及如何承担股权贬值风险等权利义务所做出的规定。

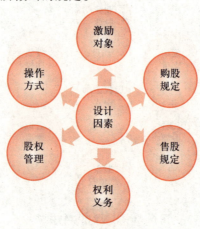

图6-3-3 股权激励的设计因素

因素 5：股权管理。包括管理方式、股权获得来源（经理人购买、奖励获得、管理入股以及岗位持股等），也包括股权激励占总收入的比例等。

因素 6：操作方式。需要考虑是否发生股权的实际转让关系、股票来源等情况。一般而言，在股权激励中实际上是不发生股权的实际转让关系的。

拓展阅读

股权激励的操作流程步骤

依据相关理论和案例，我们可以将股权激励的操作流程大致归纳为，确定激励目标、起草激励方案、起草考核条件、激励方案决议、召开说明会、签署协议、考核行权以及转让登记或者撤销回购等环节。

一、确定激励目标

1. 引进优秀人才。

2. 吸引和留住人才。

3. 调动公司高管和核心员工的积极性。

4. 降低公司高管的薪酬成本。

5. 将股东的利益和经营者个人的利益绑定在一起。

6. 完善企业的法人治理结构。

7. 约束短期行为，保障企业的长远发展。

二、起草激励方案

激励方案的内容主要包括：① 确定来源；② 确定对象；③ 确定模式；④ 确定额度；⑤ 确定约束条件以及其他。

由于激励方案会涉及相关的专业问题和操作细节，一般可以通过聘请专业的顾问或者指导来起草方案。起草方案的时候，需要与多方进行沟通来确定其中的细节。

三、起草考核条件

考核条件必须是明确具体的，并且需要是能够落地的。一般而言，我们最好能够形成量化的指标，这样员工的判断就会相对客观。依据学习目标设定的理论，考核条件需要适中，一方面避免员工觉得遥不可及，另一方面避免员工不需要努力就能轻易获得。

四、激励方案决议

当起草完股权激励方案和考核条件后，需要经过董事会或者股东会议的审核。这主要是因为有些激励方案会涉及实际股份的变更，需要进行增资或者原股东出让部分股份。而且，《中华人民共和国公司法》也明确规定没有股东会的决议是无法完成的。当不需要变更实际股份的时候，只需要公司管理层的最高决策者通过即可，它不需要股东层面的决议。

五、召开说明会

当激励方案决议通过后，最好能够召开一次说明会。这旨在于帮助激励对象理解自己可以获得的利益，真正发挥激励的效果。而且，说明会也有助于被激励对象能够理解行权条件和考核要求，从而对所获得的股份具有更加清晰的预期。除此之外，说明会也有助于被激励对象能明确获得股权的条件，从而明确接下来的行动方向。但是，由本企业员工进行说明可能会带有主观的色彩。因此，需要安排外部顾问来进行说明。

六、签署协议

实际上,股权激励方案是激励方和被激励对象所达成的一种涉及利益的协议安排。它通过对每位激励对象形成书面约定,来发挥自己的效用。在有了此签署协议后,激励对象才会对自己最终能够获得的利益放心。与此同时,公司能够依据此协议来处理被激励对象离职、违纪等情况。

七、考核行权

在签署协议后,就会进入到考核期。在考核期结束后,可以依据事前所确定的考核指标和考核方案来对被激励对象进行考评,看看他们是否有条件行使权利。

八、转让登记或者撤销回购

在实际取得股权的激励中,其最后结果就是激励对象获得了股份,成了真正的股东。当他们出现离职、违纪等情况的时候,可以合法收回他们已行权的部分。对于那些未行权的部分,就可以直接撤销。

相关链接

小 A 为何会离开该公司

2015 年,Z 总和 G 总一起创业,成立了一家教育培训公司,主要的工作是提供中小学课外辅导业务。起初,由于创业资金等的限制,公司里面只有七八个员工,整个公司的职能分布非常明确,管理也相对扁平化。

在公司运行了一年后,由于业务发展的需要,公司招来了一名课程主管小 A。他各方面的能力都很强,综合素质也很高,非常符合整个公司的现阶段发展需求。为了留住和激励人才,公司口头承诺会给他 15% 的股权,但是却没有任何法律文件来保障。小 A 之所以会留下来,也正是基于公司赠予股权这一承诺的考虑。起初他工作非常有激情,工作也很努力和认真。

但五个月过去了,公司起初的承诺却并没有兑现,小 A 开始对公司产生怀疑。在一个偶然的机会,他找公司的总经理谈了一下这件事情。总经理再次承诺会给他 15% 的股权,但是他在公司并没有任何的表决权,且在离职后这份股权要归还给公司。顿时,小 A 觉得自己被忽悠了,索性离职了。小 A 的离职给公司的运营带来了很大的影响。

通过这个案例,我们可以知道股权是一个很好的激励举措,它对于员工来说具有很大的吸引力。但是,它并不总是具有正面影响,操作不当所带来的后果将会是非常严重的。

拓展活动

需 求 匹 配

请你依据马斯诺层级需求理论,将小明在成长过程中所面临的需求进行分类(图 6-3-4)。

> 1. 吃饭　2. 睡觉　3. 玩耍　4. 交朋友　5. 得到老师夸奖
> 6. 获得将学金　7. 买房子　8. 创业　9. 家庭和谐

图 6 - 3 - 4　需求分类

生理需求：_____　　安全需求：_____

归属需求：_____　　尊重需求：_____

自我实现的需求：_____

实践与拓展

盲人方阵

"盲人方阵"游戏关注的是团队成员之间的信任和合作,游戏可以培养团队成员的协作能力。先让所有队员蒙上眼睛,然后在限定的时间内共同将一根绳子拉成最大的正方形。

该游戏的要求如下：

（1）时间限定在 40 分钟内完成；

（2）需要提供一根长绳；

（3）要求在一个空旷的大场地上完成。

接下来,就请你与班级同学组成小组,一起来尝试一下此游戏吧！众所周知,反思有助于人们总结过去的教训,实现个体的成长与发展。请你在参加此项游戏后,结合个人的亲身实践经验来展开反思。

第四节　创业团队提升

案例导入

关于大学生创业的小见解

随着现代互联网的快速普及,通过 APP 来创业成功的案例比比皆是。而且,这些创业者大部分都为"90 后"。例如,"脸萌"APP 因其可爱的卡通形象,而广受网络用户的喜欢,它的开发者是一群"90 后"的大学生。"超级课程表"APP 方便学生间共享学习资源,它的创业想法也是来自"90 后"。

说到底,创业其实不是简单的买卖。广州九尾信息科技公司 CEO 王锐旭,先后打造了魔灯传媒、兼职猫、喵任务等诸多品牌,对于创业有着自己独到的见解。在回答关于对大学生创业有什么建议的问题时,他认为创业是一个很艰辛的过程,需要创业者能够进行慎重选择。而且,他也认为大家创业,必然需要面对企业盈利的问题,若是创业者想要盈利,就必须要有先进的技术设备和完备的经营模式,这不仅会是企业在接下来的发展中能否获得投资的关键,也会对企业的未来发展具有决定性的作用。

除了盈利模式,创业团队是企业发展的另一个关键要素。尤其是在创业后期,很多创业团队都有可能会有这样的遭遇,即团队中的成员因为个人以及外在的因素等各种原因而选择离开团队的情况。对于此，王锐旭在创业过程中也遭遇了这一问题。尽管他的团队自大二的时候就已经很成熟了，但是后期随着团队的发展，还是有人选择默默地离开了。他认为，只要企业能够不断朝着将产品做得更好的方向努力，还是会有一些优秀的员工愿意留下来的。目前，他的团队也发展到了一定的规模。其中一半的员工是原创团队中的成员，剩下的一半是后期招聘进来的，但这些人都是具有一定的工作经验的。

目前创业是非常火热，很多的大学生在校期间都开始萌生了创业的想法。但是，大学生创业者不仅经验匮乏，而且创业资金也相对偏少。对于大学生来说，在选择创业的时候不能仅仅关注买卖，而且需要关注产品和服务的提升。可以通过学习专业知识和提炼专业技能，在创业的过程中将这些知识和技能给发挥出来，提高创业的成功率。

理论梳理

高效创业团队的特征

一、高效创业团队的 20 个特征

现如今，越来越多的人加入创业队伍之中。据统计，约有 75% 的在校学生对创业满怀期待，他们既羡慕创业者的勇敢和成就，也希望有这样的机会成就自我。目前返乡创业的人数，全国初步统计大约达到 740 万。由此可以体现出，创新创业已经呈现出一种欣欣向荣的态势。

创业团队是创业者取得成功的必要因素。但是，并不是所有的创业团队都是成功的。那么，何为高效的创业团队呢？它又具有哪些特征呢？

目前，"大众创业、万众创新"已经成为国家的发展战略，是中国经济发展的新引擎。因此，对高效创业团队的研究具有指导意义。

1. 具有共同的创业价值观

创业价值观作为价值观的重要组成部分，就是创业者基于自身的需要，对创业目标和创业方式的价值判断标准，指引和调节着创业者的创业方式和目标的选择。创业价值观的一致性，有利于创业团队凝聚力的形成和团队向心力的构建。具有一致创业价值观的创业团队，团队中的成员能够朝着最终目标齐心协力，不断推动创业项目。

2. 具有领导力强的团队领袖

在创业团队中，领导者的作用是非常重要的。他需要拥有博大的胸怀，并且能够宽厚待人。此外，也需要懂得沟通协作，具有远见和拥有强大人格魅力。这些特质有利于促进创业团队成员之间的合作，正确指引团队的前进方向，能够推动创业团队的有效运转。

3. 具有清晰明确的目标

选择科学的创业目标是成功创业的重要一步。创业团队具有共同创业目标，团队成员能够以主人公的姿态参与其中，有助于调动团队成员的积极性和主动性。具有清晰明确的创业目标，则大家所努力的方向会明晰，以防整个团队在创业道路上走偏。创业团队是由许多的成员所组成的，每个人除了具有团队集体目标以外，也会具有个人的目标。集体与个体之间的关系，要求每位成员要将团队目标和个体目标视为同等重要。例如，微软的创始人比尔·盖茨，从小就对计算机很感兴趣，也有志于在此领域有一番作为。为了此番事业，盖茨放弃了世界著名学府哈佛大学的深造计划，和当时拥有同样目标的保罗·艾伦共同创立了微软集团。

4. 制订合理可行的行动计划

创业计划的制订是创业过程中的一个很重要的环节。创业团队在形成创业目标以后，则需要依据该目标来形成创业计划。创业计划是创业者对创业目标和创业行动方案的概括，具有目标性、可行性、创造性、整体性等特点。为了提高创业计划的可行性和合理性，创业计划需要按照人员分工、创业流程、时间安排等进行合理分解。

5. 制定规范合理的各项决策

在创业团队的发展过程中，会面临很多的创业选择，这些都需要团队能够进行决策。而且，决策能力是创业者根据主客观条件，准确确定创业发展方向、战略目标以及选择实施方案的能力。它是一个创业团队的综合能力的体现，也是创业者的首要能力要求。当创业团队在制定各项决策的时候，需要遵循约定俗成的规范以及原则，以提高团队决策的规范合理性。例如，乐蜂网的创始人王立成在京东、苏宁、淘宝等百亿级电商的领航下，提出"做大自有品牌"的决策。仅仅利用四年的时间，就实现从零开始做到年收入 4 亿元的规模，这也成为该模式的一个样板。

6. 形成责权分明的组织体系

当创业团队中人员职责和权力不明晰的时候，就会出现人员工作相重叠的现象，这对于整个团队的工作的有效推进是不利的。因而，创业团队要形成责权分明的组织体系。在这样一个组织体系当中，大家能够合理分工，共同奋进。在推行创业项目的过程中，创业团队中的成员安排需要具有弹性，以满足相关变化的需求，例如市场环境的变化、人员的离职等。

7. 优化团队成员的组织结构

创业团队需要依据团队成员互补的原则进行组建，主要体现在知识、能力以及资源三方面。团队中的成员可能是某方面的专家，难以样样精通。因而，需要在基于创业现状的基础上，综合考虑各位成员的特征，形成互补性极强的团队的组合，以实现团队力量的最大化发挥。

8. 构建和谐文明的文化氛围

文化氛围是促进企业发展的隐性因素，难以为人所观测到，其作用的发挥一般需要经过一定时间间隔才能显现出来。一个和谐友好的文化氛围，有利于维持团队成员的心理健康，缓和潜在的团队冲突。而且，民主信任的文化氛围，有利于团队成员的合作，提高团队的运作效率。

9. 制定具体合理的考评制度

考评制度相当于一把戒尺，会让团队成员对于自己的行为形成衡量标准，发挥规范、约束团队成员行为的作用。但是，当我们在制定考评制度的时候，需要注意考评制度的可测量性及合理性。一旦团队制定了这类制度，团队成员需要严格执行。与此同时，也要依据实际情况定期改善绩效考评制度。

10. 形成良好的团队竞争氛围

一个团队的不断发展和壮大，不仅与团队成员之间的合作密切相关，也离不开团队内部竞争的有效落实。竞争与合作不是水火不容的，而是相互依存、相互影响的。团队之间的竞争有利于团队保持先进性和竞争优势，合作有利于实现"1 + 1 > 2"的效应。因此，在团队成员合作的同时，需要鼓励内部之间的竞争，以实现双赢。

11. 适当进行领导权力下放

当权力全部集中在领导手中的时候,容易导致领导的精力被分散,没有太多的时间进行团队战略发展方面的构思。并且,这样也容易形成集权制,不仅影响整个团队的工作效率,而且有时所制定的团队决策会带有个人偏见。因而,创业团队需要将领导的权力进行适当下放,让每位成员都有被授权、被重视的感觉,增加团队成员的主人公意识。

12. 定期召开团队会议

团队会议的定期召开,一方面有助于团队梳理项目的进展情况,明确需要努力的地方。另一方面,这给团队成员之间的沟通提供桥梁。大家可以就目前团队中所存在的问题展开集体研讨,集思广益,构思问题解决方案。大家也可以就近期的工作进行总结,加强团队成员的联络。但是,团队会议的召开需要注意效率。

13. 拥有解决内部冲突的机制

在创业团队中,团队成员难免会因观点不一致而产生冲突。团队需要拥有解决内部冲突的机制,能够及时解决矛盾,消除团队中的"火药味",形成和谐友好的团队氛围。

14. 形成开放包容的关系网络

创业团队是由不同的人所组成的关系网络。高效的创业团队需要具有开放性和包容性,允许团队成员进行沟通,也允许他人犯错误。与此同时,需要形成一种文明的氛围,鼓励团队成员之间相互坦诚、诚信。

15. 按需开展员工培训

没有人能精通所有行业,因而企业需要给员工提供培训机会,不断提升员工的职业素养和职业竞争力。现如今是知识型社会,人人都提倡"终身学习"理念,提供培训机会也是一种激励措施。但是需要注意,员工培训需要综合考虑实际需求,以及培训的持续性。

16. 时刻保持较强的创新力

随着信息技术以及网络技术的不断发展,目前企业与企业之间的竞争说到底是其创新力之间的竞争。谁拥有了创新力,谁就能够站在发展的制高点。这要求团队成员要乐于吸收新思想、新观念以及新技能,保持着较强的创新力。例如,巨人网络集团董事长史玉柱在遭遇了巨大挫折之后,仍能聚集原有人马重新创业。2008 年 10 月 28 日,史玉柱创办的巨人投资公司在北京人民大会堂宣布,正式开辟在保健品、银行投资、网游之后的第四战场——保健酒市场,即世界第一款功能名酒——五粮液黄金酒。巨人投资公司与酒业巨头五粮液签署了长达 30 年的战略合作,由巨人投资公司投资,担任黄金酒的全球总经销。

17. 敢于接受各种挑战

创业的历程充满不确定性,其途中存在很多风险和未知。但这些发生的时候,团队成员需要敢于直面它们,敢于接受各种挑战。千万不要因为眼前的苦难就退缩。

18. 能够解决各种问题

在创业的过程中,困难的发生总是难以避免的,比如创业资金的匮乏、创业信息缺乏等。一旦出现问题或者存在困难,大家需要发挥各自聪明才智,提出富有建设性的建议,或者形成具有成效性的问题解决方案。小红书在创业之初也面临着很多的问题,比如产品的时效性不强、缺乏社区运营的经验、共享笔记内容缺乏真实性等问题。但是,小红书并没有直接放弃,而是通过创业团队的共同努力,坚持下来了。目前,全球有超过一亿年轻用户在小红书 app 上分享吃穿玩乐买的生活方式。

19. 建立良好的外部链接

创业团队是处在社会体系之中的,它不仅需要具备完善的内部体系,也需要拥有充分的外部资源。外部资源的整合,能够为团队的进一步发展提供基础。因而,创业团队在注重内部体系构建的同时,需要与外部相联系,建立良好的关系。

20. 不断改进团队绩效

绩效是公司考核的重要内容之一,它能够代表团队的业绩情况。因而,创业团队需要不断改进绩效。可以通过为团队中每位成员设定目标,焕发出他们奋斗的激情,激励他们要全力以赴,不断提高团队绩效。

二、高效创业团队管理的策略

依据高效创业团队的特征,可以将其管理策略归纳如下:

1. 设立共同的团队愿景和目标

创业团队的形成必须要有共同的愿景和发展目标,这样对于指引团队成员有积极作用。一旦创业团队具有共同的目标,那么他们的奋斗方向会更加明确,不会在奋斗的途中迷失方向。具有共同的团队愿景,能够增强团队成员的向心力和凝聚力,对于整个创业目标的最终实现是非常重要的。

2. 鼓励团队成员积极献策

正所谓"三个臭皮匠抵过一个诸葛亮"。鼓励团队成员畅所欲言,共同为建设好创业团队来出谋划策,有利于群体智能的形成,也有利于谋求更好的解决方案。而且,这能够给团队成员提供发表言论的机会,增加他们的主人公意识,有利于调动团队成员的积极主动性。

3. 让合适的人做合适的事情

让合适的人做合适的事情,这是科学用人的原则。这主要是因为不同的人所具有的优劣势是存在差异的,管理者需要充分了解团队中每位成员的特征,充分发挥他们的优势,不断提高整个团队的竞争力。

4. 引导团队成员沟通协作

团队成员的合作,对于整个企业的成功与否具有决定性的作用。团队成员之间的有效沟通和协作,对于打造高效团队是非常重要的。正所谓"三人行必有我师焉"。作为团队管理者,需要积极引导团队成员互相学习、经验共享、避免团队成员之间的矛盾和冲突。

5. 主动倾听团队成员意见

主动倾听团队成员意见,不仅要求团队管理者能够主动了解团队成员的想法和建议,也要求团队中各成员能够相互倾听对方建议。对于大家所存在的意见冲突,可以通过相互沟通,相互讨论,来形成一个大家相互认同的观点。

6. 需要具备一定的规范制度

规范制度的制定,可以引导团队成员的行为变现。与此同时,规范制度的制定有利于企业来客观评估企业员工的工作。其中,规范制度需要具有层次性和明确性,包括人事类制度、法律类制度、行政类制度、财务类制度、业务运营类制度。

拓展阅读

创业公司 A

A 公司的人员组织架构图如图 6-4-1 所示。该公司的总经理是技术相关专业毕业的,是该公司的创始人。其中,财务部主管和采购部主管是总经理的亲戚,技术部主管是总经理的朋友,运营总监和销售部经理均为应聘入职。

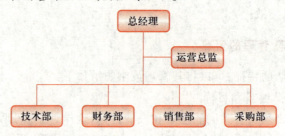

图 6-4-1 创业公司 A 的人员组织架构图

近期,公司承接了一个数据服务建设项目,客户来投诉,主要有以下三条:①项目需求分析不到位,影响数据处理结果;②终端机运行不稳定,故障多;③公司未按合同设立专用银行账户。他们迅速做出了反应,召集公司高层领导开会讨论。会上运营总监在陈述了自身管理不到位等问题后,将以上三个问题分别责任到技术部、采购部和财务部。此言一出,等于指向了总经理的所有"亲友团"。"亲友团"几乎是无意识地形成了一个攻守同盟,运营总监、销售部经理成了他们反击的对象。

技术部经理说,需求分析仓促是为了快速推进项目进度,出现的问题后面改进并不困难,是运营总监没有跟客户说清楚。

采购部经理说,他们是按照参数购买产品,质量是否合格取决于供应商。

财务部经理说,客户提出的特殊要求违背了公司一支笔制度,合同是销售部门签的,财务部门没有义务去操心。

很快会议室变得"硝烟弥漫",双方争得"面红耳赤"。总经理觉得大家都有错,不过既然问题都讲出来了,没有必要追求谁错得多、谁错得少了。让大家回去自我反省,就不再提这个事了。后来又发生类似情况,总经理都是各打五十大板的"平均分配",看似公平,却埋下了隐患。

在 A 公司创业团队的现状中不难看出,在创业团队这个正式的组织之下,存在着类似于"亲友团""员工队"这样的非正式组织。他们之间,由于沟通质量的低下,任务冲突很快就转变成人际冲突。

这就需要在沟通的过程中,设立一个渠道。而这个渠道的核心人物就是代表组织的总经理。案例中总经理应依据岗位职责来进行沟通,比如与采购部经理可这样沟通:采购部的职责是什么?简单来说八个字:保质、保量、按时、低价。采购部做到了吗?供应商是你选择的,产品检查验收工作你要参与,还要负责退、换货的管理,每个环节做到了,质量才会有保障。

所以,公司要高效运作还必须做到引导团队成员沟通协作。要点是:依据岗位职责进行沟通,避免任务冲突转变成人际冲突。

相关链接

沃尔玛的团队建设之道

沃尔玛公司是美国一家世界性连锁企业,其控股人为沃尔顿家族。沃尔玛主要涉足零售业,是世界上雇员最多的企业。

美国沃尔玛公司总裁萨姆?沃尔顿曾说过:"如果你必须将沃尔玛管理体制浓缩成一种思想,那可能就是沟通。因为它是我们成功的真正关键之一。"沟通就是为了达成共识。沃尔玛决心要做的,就是通过信息共享、责任分担实现良好的沟通交流。

沃尔玛公司的行政管理人员每周花费大部分时间飞往各地的商店,通报公司所有业务情况,让所有员工共同掌握沃尔玛公司的业务指标。在任何一个沃尔玛商店里,都定时公布该店的利润、进货、销售和减价的情况,并且不只是向经理及其助理们公布,也向每个员工、计时工和兼职雇员公布各种信息,鼓励他们争取更好的成绩。

管理界有许多关于团队建设的理念和方法,但都过于抽象或复杂,搞得"团队建设"神秘今兮的。其实"团队建设"不过是管理工作中的一项而已,存在"务实"和"务虚"的成分。所谓"务实"就是物质层面的东西,即表明团队建设始终要从工作出发,以工作结尾;所谓"务虚"就是精神层面的事情,即团队建设工作要搞好团队内人际关系,要始终关注人在工作过程中的感受,想方设法提高他们的工作满意度。有一个不好的倾向是许多人认为团队建设就是和稀泥,只要大伙高高兴兴就行了,这是大错特错的。

沃尔玛特别重视管理者在团队建设中的核心作用。权变管理理论认为领导力由"领导、环境、下属"互动决定,领导给予什么样的领导方式取决于下属综合素质和具体工作环境。在沃尔玛,有两种领导方式可供实施,即"指南针式"和"地图式"领导方式。针对那些新入门、技能较差、综合能力较低的员工,领导者要施以"地图式"领导方式,要手把手教会他们技能,非常详细地告诉他们工作目标和要求,经常给予工作支持,否则他们永远到达不了"目的地"。而对于那些能力、经验、动力都较高的员工,则只需施以"指南针式"领导方式,告诉他们你的期望,给予恰当的鼓励,他们就会像狮子一样冲向阵地。

沃尔玛特别擅长员工士气的塑造,只要员工有较好的表现,哪怕仅仅是一个天才的思想,管理者都会立刻做出积极的反馈,然后"公开地大声地"表扬,并号召全体同仁效仿。管理层的这种"以小见大"的认可会极大地鼓舞员工追求卓越,并成为他们长期的工作动力。

在沃尔玛,物质奖励较少,他们认为"物质激励"很容易把员工引导至"唯利是图"的不轨之路,结果就破坏了团队的正气,而精神奖励更会使团队积极向上。沃尔玛就是这样"小处着手,大处着眼",不断地积累员工对企业的满意度。

士气有正有负,如同月有阴晴。如果员工有怨气得不到发泄,也会导致团队气氛紧张,沃尔玛为此专门设置一些"向上"沟通的渠道。员工如果觉得不满意可以向直接上级的任意上级沟通,当然员工也可以直接走进任何更高管理层的办公室,向他诉说自己的"糟糕的心情",而不用担心会受到报复或打击。另外沃尔玛还有比如"草根会议"和"人事面谈"等由人力资源部门组织的管理层不在现场的保密的沟通方式,来了解员工对企业、管理层的看法。

现在许多企业都会有这样那样的一些绩效考核。沃尔玛的人事考核相对比较正规,不仅能够考核出一些"后进"的苗子,而且能提升团队的凝聚力,这就是区别所在。沃尔玛在做绩效考核时一般都会附具体的案例,以表明"考核是以事实为依据"的。

当然沃尔玛也在管理上因为团队沟通出现过一些问题,导致物流系统失灵、供货商关系不畅、低价不低、会员店遇冷、公关失策等问题。但是后来由于制定了合理的制度,优化了沟通,使效率更佳。

值得一提的是,突破沟通障碍,还有依赖于企业管理者是否在管理活动中潜心去做。如果企业管理者能把管理的过程视为沟通的过程,养成换位思考的习惯,学会使用多种表现路径,就可诱发和调动员工积极的心态。

从某种意义上讲,沟通已成为现在员工潜意识的重要部分,是员工激励的重要源泉。重视每一次沟通所产生的激励作用,企业管理者会发现对员工的最大帮助就是心存感激。沃尔玛做到了,所以它克服了困难,取得了现在的成绩。

(资料来源:百度文库。)

拓展活动

白凯明的自主创业

白凯明在大学期间学的是电子商务专业,于 2009 年从学校毕业。他毕业的时候正值国内外经济环境不好,导致整个社会的就业前景非常惨淡。于是,他萌生了进行自主创业的想法。想到农村老家的口罩制造业已经兴起,而且从事口罩生意的人都发家致富了,白凯明决定加入其中。

当时,白凯明的启动资金为 8 万元,他就是通过这些资金开始了自己的生产经营。他花费 1.2 万元购置了 4 台机器,并在当地雇用了 6 名工人。这些已经花去了一笔资金,幸好口罩的生产场地是自己的厢房,这为白凯明的创业节约了一大笔花销。之后,白凯明开始了自己的创业之路。

在经过了 4 个多月的摸索之后,白凯明渐渐摸索出了点门路,对于创业之路也越发清晰。而且,当时流感非常盛行,这导致人们对于口罩的需求不断地加大,白凯明所接到的订单也不断增加。当年年底,白凯明获得了 7 万元左右的净利润。

通过一年的经营经历,白凯明发现口罩的款式是一个非常关键的点。若是口罩的样式不够新颖,或者跟不上潮流,那么口罩的整个销售量将会难以有所增长。于是,在新的一年起初,白凯明决定将经营策略关注在口罩的样式上。并且他也从外面聘请了一位专业人士来帮助设计口罩的款式。通过这样一个策略的实施,白凯明的生意做得风生水起,当年的营业额也保持得不错,净收入达到了 15 万元。

2011 年初,白凯明开始借助自己所学的专业知识(电子商务),来不断拓展新的业务。通过充分发挥网络的优势,白凯明的企业的营业额也不断增加,业务范围也不断地扩大,很快就成为多家大型口罩批发商的供应商。随着业务的不断扩张,白凯明另外租了一处厂房,成立了凯明口罩制造有限公司。至此,白凯明的事业获得了新的发展。

通过案例,我们可以知道白凯明的自主创业是非常成功的。通过仔细分析,我们可以发现白凯明创业成功的原因主要有以下几点:第一,对行业前景预测准确。白凯明在创业之初,就很好地瞄准了创业商机,迅速进入口罩行业,而且通过对行业动态的洞悉,能够瞄准新的发展商机,不断地调整自己的销售策略。第二,不断进行产业升级。白凯明通过个人的洞察力,开始关注到产品款式这一关键要素,实现企业营业额的创收,后来也通过充分利用个人的专业知识,拓宽了自己的销售渠道。

请认真研读以上案例,思考案例中的主人公为何会取得创业成功? 并结合以上案例展开自我反思。

_____

_____

_____

_____

实践与拓展

创业团队的调研

现如今,参与创业活动的人数在不断增加,其中衍生出了一批成功的创业团队。请和班级同学组成学习小组,以小组形式去对身边比较有名的 1 个创业团队进行调研,并完成表 6 - 4 - 1。

小组名称:_____

人员名单:_____

_____

访谈日期:_____

访谈地点:_____

表 6 - 4 - 1　创业团队调研表

团队名称	人员简介	团队的特征	我的调研方法
			□ 文献研究法 □ 访谈法 □ 观察法 □ 其他:_____ _____ _____

当你在进行以上的调研后,请结合自己的亲身经历来展开自我反思,并将自己的启发写在表 6 - 4 - 2 中。

表 6 - 4 - 2　自 我 反 思

参考文献

[1] 刘玉. 大学生创新创业精神培育研究[D]. 成都:西南石油大学,2017.

[2] 朱建新,韩芳. 创业基础教程[M]. 上海:上海教育出版社,2017.

[3] 朱仁宏. 创业研究前沿理论探讨——定义、概念框架与研究边界[J]. 管理科学,2004,17(4):71-77.

[4] 谢洪伟. 九大步骤走好创业路[J]. 劳动保障世界,2017(13):40.

[5] 田淑波,刘红娟,金少梅. 浅析企业进行市场调研的必要性[J]. 经济研究导刊,2014(15):9-10.

[6] 武勇. 优秀的创业团队是创业成功的法宝[J]. 改革与战略,2006(7):100-101.

[7] 汪宜丹. 创业企业家心理特征识别与创业精神培育研究[D]. 同济大学,2007.

[8] 董进波,刘廷忠,李伟. 大学生创业心理品质研究[J]. 当代文化与教育研究,2012(3):9-12.

[9] 王麒凯,黄梅英,陈丽. 创业团队的3C结构特质与团队型创业[J]. 中国大学生就业,2016(2):55-60.

[10] 高艺. 初探创业团队的组建原则[J]. 劳动保障世界,2018(6).

[11] 尹敏. 论新时代背景下大学生创业团队的组建原则[J]. 太原城市职业技术学院学报,2018(3).

[12] 李肖鸣,孙逸,宋柏红. 大学生创业基础[J]. 2016:56-57.

[13] 种道平. 青年,设计好你的人生规划[J]. 中国青年研究,2003(8):68-71.

[14] 杨林. 西方企业战略管理理论的演变及其新发展[J]. 哈尔滨学院学报,2003,24(3):69-75.

[15] 刘力. 运用SWOT分析法识别项目的机遇和风险[J]. 项目管理技术,2008(s1):6-10.

[16] 佚名. SMART原则[J]. 管理与财富,2005(5):49.

[17] 河南大学就业中心. 围绕中心,自我规划,实现创业人生路[J]. 中国大学生就业,2013(9):54-55.

[18] 余柏华,高向华. 青年学生个性特征与心理健康关系研究[J]. 中华临床新医学,2006:341-342.

[19] 许燕. 当代大学生核心人格结构的研究[J]. 心理学探新,2002,22(4):24-28.

[20] 钟祖荣. 人人有八能, 扬长育成才——加德纳多元智能理论基本观点[J]. 北京教育: 普教版, 2003(11).

[21] 姚凯南. 儿童气质测量及其临床应用[J]. 中国妇幼健康研究, 2002, 13(5): 249-251.

[22] 马少奇. 领导群体的气质结构[J]. 领导科学, 1986(7): 29-31.

[23] 孔得宇. 心理学性格认知简述[J]. 科教导刊: 电子版, 2015(12): 178.

[24] 曹瑜, 郭立萍, 贾月亮等. 大学生人格影响因素的分析及完善其人格培养的对策[J]. 思想政治教育研究, 2017, 33(1): 150-154.

[25] 张玲. 加德纳多元智能理论对教育的意义到底何在[J]. 华东师范大学学报: 教育科学版, 2003, 21(1): 44-52.

[26] 黄天中. 生涯规划: 理论与实践[M]. 北京: 高等教育出版社, 2007.

[27] 霍娜, 李超平. 工作价值观的研究进展与展望[J]. 心理科学进展, 2009, 17(4): 795-801.

[28] 王蓝. 广州市属高等职业院校高技能人才培养路径研究[D]. 广东: 广东技术师范学院, 2017: 17-18.

[29] 江胜名, 潘植华, 张翔. 素质冰山模型对中小企业人力资源管理的启示[J]. 长春大学学报, 2012, 22(11): 1317-1319.

[30] 肖余春, 袁炳耀, 王怀秋. 大五模型在人员招聘中的应用[J]. 区域经济评论, 2009(1): 50-51.

[31] 先天特质沙盘. 新道科技股份有限公司.

[32] 李肖鸣, 孙逸, 宋柏红. 大学生创业基础[J]. 2016: 56-57.

[33] Robert Hogan. 领导人格与组织命运[M]. 北京: 中国轻工业出版社. 2009. 2.

[34] 陈飞, 王安民. 创业团队理论研究文献综述[J]. 科技与管理, 2012, 14(5): 74-78.

[35] 张亮, 赵铁权, 刘洁, 等. 浅谈大学生创业团队的建设与管理[J]. 现代商业, 2011(7): 272.

[36] 丁雨佳. 团队建设在创业中重要性研究[J]. 现代商贸工业, 2010, 22(15): 162-163.

[37] 徐万里, 林文滢, 陈艳萍. 高科技企业创业团队的成功特质——基于小米科技创业团队的案例分析[J]. 科技和产业, 2013, 13(6): 126-132.

[38] 郑翔文. 激情创业路 为梦想坚守[J]. 河南教育(高教), 2014(5): 24.

[39] 黄海燕. 浅析创业团队的组建[J]. 商场现代化, 2008(9): 65-66.

[40] 周波. MBA创业团队的组建与管理问题初探[D]. 西南财经大学, 2013.

[41] 赵世轩. 大学生创业的团队组建问题[J]. 现代商业, 2014(14): 174-176.

[42] 卢美月, 张文贤. 企业文化与组织绩效关系研究[J]. 南开管理评论, 2006, 9(6): 26-30.

[43] 倪佳琪, 史佳鑫, 林清. 大学生人际交往能力及其对心理健康影响的研究评述[J]. 好家长, 2016(7).

[44] 桑伟林. 大学生人际交往能力培养研究——以山东大学为例[D]. 山东大学, 2010.

[45] 马远, 叶秋苹. 广东省高职院校大学生人际关系状况调查探析[J]. 内江科技, 2015, 36(11): 114-115.

[46] 钱凤兴,王亚南.对大学生处理好人际关系的思考[J].中国电子教育,2002(2):124 – 125.

[47] 余君平.基于人际关系理论提升产品亲和力的设计策略研究[J].艺术科技,2016,29(11):17 – 18.

[48] 李寒松.现实与虚拟的沟通——从《美丽心灵》看人际关系的美妙[J].电影评介,2010(10):49.

[49] 黄晓京.霍曼斯及其行为交换理论[J].国外社会科学,1983(5):70 – 73.

[50] 林新奇,苏伟琳.社会交换理论视域下的新生代员工激励管理研究[J].现代管理科学,2017(5):6 – 8.

[51] 李强.人际关系管理沟通问题研究——以 PAC 人际交往理论为视角[J].现代商贸工业,2013(11).

[52] 车俊伟.信息技术教学中如何调节学生的情绪与情感[J].课外阅读旬刊,2010(12):102.

[53] 张东霞.人际交往必知的六禁忌[J].建筑工人,2010(4):57.

[54] 刘晓梦.论大学生的焦虑及焦虑过度的防治[J].教育科学,1989(3):31 – 34.

[55] 孙超.受人嫉妒可化解[J].秘书工作,2005(9).

[56] 马喜亭.阳光伴我行:大学生情绪管理[M].北京:高等教育出版社,2008.

[57] 唐登华.情绪表达的几种方式.光明日报,2009(2).

[58] 徐烨.高职生创业压力探析[J].中小企业管理与科技(上旬刊),2011(3):123 – 124.

[59] 刘雪.论创新创业的心理恐惧及压力应对[J].赤峰学院学报(自然科学版),2017,33(23):113 – 114.

[60] 李磊.基于 A 公司的高新企业创业团队的建设研究[D].西南财经大学,2016.

[61] 那国毅.决策是什么?[J].IT 经理世界,2001(16):79 – 81.

[62] 岳超源.决策理论与方法[M].北京:科学出版社,2003.

[63] 陈万军.谈决策的重要性[J].消费导刊,2015(10):183.

[64] 郭然,李媛,梁林,等.企业高层管理团队决策效果影响因素研究[J].领导科学,2016(23):34 – 37.

[65] 陈社育,余嘉元.领导决策风格量表的修订与应用研究[J].南京师大学报(社会科学版),2000(4):89 – 93.

[66] 黄祥辉.团队决策的过程机制:共识和参谋团队决策的视角[J].科技经济导刊,2018(10).

[67] 王辉艳,武锐,吕代中.头脑风暴综述[J].吉林省经济管理干部学院学报,2005,19(5):53 – 55.

[68] 周劲波.多层次创业团队决策模式研究[J].中国人力资源开发,2006(7):20 – 25.

[69] 贾小明,赵曙明.对马斯洛需求理论的科学再反思[J].现代管理科学,2004(6):3 – 5.

[70] 李源.小工具,大用途——360°反馈及其实践[J].中国人力资源开发,2007(4):32 – 36.

[71] 刘广生,马悦.中国上市公司实施股权激励的效果[J].中国软科学,2013(7):

110 – 121.

[72] 李平仪. 大学生创业价值观的建构研究[D]. 贵州财经学院,2011.

[73] 裴琦. 众创时代:互联网 + 创业[M]. 华南理工大学出版社,2016.

[74] 宋振文. 大学生创业目标的错位及其调整[J]. 云梦学刊,2004, 25(5):104 – 106.

[75] 杨惠丽. 高绩效创业团队特征分析[J]. 经贸实践,2016(4):167 – 168.

[76] 黄焕山. 论创业计划的制订[J]. 武汉市经济管理干部学院学报, 2003(z1):79 – 80.

[77] 武勇. 优秀的创业团队是创业成功的法宝[J]. 改革与战略,2006(7):100 – 101.

[78] 方展画. 创业教育开启中职学生创业之门[J]. 中国职业技术教育, 2010(34):38 – 40.

[79] Gawel J E. Herzberg's Theory of Motivation and Maslow's Hierarchy of Needs. ERIC/AE Digest[J]. 1997(July):4.

[80] Danny Miller. The Correlates of Entrepreneurship in Three Types of Firms[J]. Management Science,1983,29(7):770 – 791.

[81] Sharma P,Chrisman S J J. Toward a Reconciliation of the Definitional Issues in the Field of Corporate Entrepreneurship [M] // Entrepreneurship. Springer Berlin Heidelberg, 1999:11 – 27.

[82] Brown T E,Davidsson P,Wiklund J. An Operationalization of Stevenson's Conceptualization of Entrepreneurship as Opportunity – Based Firm Behavior[J]. Strategic Management Journal,2010,22(10):953 – 968.

[83] Schwartz S H. A theory of cultural values and some implications for work[J]. Applied Psychology,1999,48(1):23 – 47.

[84] Cooney T M. What is an entrepreneurial team? [J]. International Small Business Journal, 2005, 23(3):226 – 235.

[85] Francis DH, Sandberg WR. Friendship within entrepreneurial terms and its association with team and venture performance[J]. Entrepreneurial Theory and practice, 2000:5 – 25.

[86] Mohammed S, Ringseis E. Cognitive diversity and consensus in group decision making: The role of inputs, processes, and outcomes[J]. Organizational Behavior and Human Decision Processes, 2001, 85(2): 310 – 335.

[87] Simon M, Houghton SM. The relationship among biases, misperceptions, and the introduction of pioneering products: examining differences in venture decision contexts[J]. Entrepreneurship Theory and Practice, 2000:105 – 123.

[88] Kelly J R, Karau S J. Group decision making: The effects of initial preferences and time pressure[J]. Personality & Social Psychology Bulletin, 1999, 25(11):1342 – 1354.

郑重声明

高等教育出版社依法对本书享有专有出版权。任何未经许可的复制、销售行为均违反《中华人民共和国著作权法》，其行为人将承担相应的民事责任和行政责任；构成犯罪的，将被依法追究刑事责任。为了维护市场秩序，保护读者的合法权益，避免读者误用盗版书造成不良后果，我社将配合行政执法部门和司法机关对违法犯罪的单位和个人进行严厉打击。社会各界人士如发现上述侵权行为，希望及时举报，本社将奖励举报有功人员。

反盗版举报电话 （010）58581999　58582371　58582488

反盗版举报传真 （010）82086060

反盗版举报邮箱 dd@hep.com.cn

通信地址 北京市西城区德外大街4号　高等教育出版社法律事务与版权管理部

邮政编码 100120